Martin J. Dougherty

KRIEGSKUNST IM MITTELALTER

Martin J. Dougherty

KRIEGSKUNST IM MITTELALTER

Ausrüstung und Kampftechniken
von 1000 bis 1500 n. Chr.

Weltbild

Titel der Originalausgabe
Weapons and Fighting Techniques of the Medieval Warrior 1000–1500 AD
Die vorliegende Ausgabe wurde zum ersten Mal 2009 unter dem Titel
Kriegskunst im Mittelalter in Absprache mit Amber Books Ltd. veröffentlicht.

Deutsche Erstausgabe

Lektorart: Michael Spilling
Bildredaktion: Natascha Spargo
Design: Graham Beehag
Illustrationen: Brian Palmer
Koordination und Bearbeitung der deutschen Ausgabe: Dr. Alex Klubertanz, München
Übertragung ins Deutsche: Dr. Ulrike Kretschmer
Umschlaggestaltung: Uhlig, Augsburg / www.coverdesign.net
Umschlagmotiv: Darama/Zefa/Corbis
Gesamtherstellung: Oriental Press, PO Box 16916, Jebel Ali Free Zone, Dubai

Printed in Dubai (UAE)

ISBN 978-3-8289-0861-1

Einkaufen im Internet: www.weltbild.de

INHALT

Einführung

Spricht man von Kriegsführung im Mittelalter, taucht vor dem inneren Auge zunächst das Bild von Rittern auf, die zu Pferde aufeinander einhauen und -stechen, unterstützt von armen Bauern, die sich zu Fuß durchschlagen müssen. Manchmal vervollständigen Langbogenschützen das Bild, doch wähnt man das Schicksal der umkämpften Königreiche stets in den Händen der Adligen.

Dieses berühmte Gemälde von Eugène Delacroix (1798–1863) zeigt den französischen König Johann II. (1319–1364) in der Schlacht von Poitiers am 9. September 1356, in der er von den Engländern unter Edward of Woodstock (1330–1376), genannt der »Schwarze Prinz«, geschlagen wurde.

Wie es zu dieser Vorstellung kam, ist leicht nachzuvollziehen. Schließlich waren es die Ritter selbst, die Gobelins und andere Kunstgegenstände in Auftrag gaben, auf denen die geschichtlichen Ereignisse für die Nachwelt festgehalten wurden. Und natürlich ließen sie sich im Mittelpunkt des Geschehens darstellen, was teilweise auch der Wahrheit entspricht: Die Adligen stellten die Armeen auf und führten sie an, sie brachten den Stein gewissermaßen erst ins Rollen.

Dennoch bedeutet Kriegsführung im Mittelalter mehr als das Aufeinandertreffen berittener adliger Parteien in offenem Kampf. Aus vielen der ausgetragenen Schlachten ging kein eindeutiger Sieger hervor, da das Ziel der Schlacht eher ein strategisches war. Die beteiligten Armeen wollten sich einen politischen oder wirtschaftlichen Vorteil verschaffen, und dies erreichten sie, indem sie Burgen und Städte angriffen und einnahmen.

Das militärische Vokabular der Zeit kannte mehrere Begriffe für »Angriff«; jeder bezog sich auf eine ganz bestimmte Vorgehensweise. Man griff an, um den Feind zu zermürben und seinen Willen zu brechen oder um ihn in eine Falle zu locken. Oder man wollte mit einem Angriff den Feind bloßstellen, seine Glaubwürdigkeit herabsetzen, wollte zeigen, dass der Herrscher unfähig war, sein eigenes Land zu verteidigen.

Am weitesten verbreitet war das »Verwüsten«. Mit dieser althergebrachten, wenn auch ziemlich barbarischen Methode sollte die Wirtschaft und folglich der militärische und politische Einfluss des Gegners geschwächt werden. Man vernichtete Ernten, brannte Dörfer nieder und verringerte damit die Produktivität des Landes – manchmal für Generationen. Schmälerte ein Herrscher die Finanzkraft seines Nachbarn, vergrößerte er dadurch die eigene militärische Sicherheit.

Natürlich reagierte der Angegriffene unverzüglich, was meist zu kleineren Geplänkeln, gelegentlich auch zu größeren Schlachten führte. Zu Schlachten kam es zudem, wenn eine Armee auf einem Feldzug auf einen Verteidigungstrupp stieß.

Der Zweck eines groß angelegten Feldzugs war es, ein strategisches Ziel zu erreichen. Die meisten Städte und Dörfer waren befestigt und konnten somit nicht ohne Weiteres eingenommen werden. Man musste sie belagern, was sich meist über Monate, manchmal Jahre hinzog. Gelang es dem Stadtoberhaupt nicht, die Belagerung zu durchbrechen, versuchte man, das Blatt mit einer Schlacht zu wenden.

BELAGERUNGSMOTIVE

Auch die Einnahme von Burgen war eine langwierige Angelegenheit. Die Festungen hatten eine militärische und politische Funktion; als Militärlager wurden sie oft an strategisch günstigen Positionen – etwa einer seichten Flussstelle – errichtet, sie dienten ihren Besitzern und deren Herren aber auch als Machtsymbol.

Kam eine Armee auf einem Feldzug an einer Festung vorbei, konnten die dort stationierten Truppen ihr durchaus in den Rücken fallen. So war es manchmal notwendig, eine Festung einzunehmen, auch wenn diese das unmittelbare Fortkommen nicht behinderte. Eine solche Burg konnte der Armee auf dem Feldzug auch als Versorgungslager dienen – die Ernte und andere Güter der umliegenden Region kamen selbstverständlich dem neuen Burgherren zugute.

Ein weiterer Grund für Belagerungen war politischer Natur. Wer seine eigene Burg nicht verteidigen konnte, verlor auch massiv an politischem Ansehen und konnte kaum Verbündete gewinnen. Umgekehrt war mit jemandem, der in der Lage war, eine Festung einzunehmen, nicht zu spaßen. Wie zu jeder Zeit der Menschheitsgeschichte war Krieg auch im Mittelalter ein politisches Instrument; ein weiser König oder Herrscher wählte Ziele, die seine Position auf lange Sicht festigten.

Schlachten, die nur ausgetragen wurden, um die gegnerische Armee zu vernichten, waren selten. Meist verfolgte man mit der Schlacht ein anderes, wichtigeres Ziel. Beispielsweise wollte man verhindern, dass der Feind eine Belagerung begann oder durchbrach oder dass er Verstärkung schicken konnte. Kriege waren vergänglich – politische oder wirtschaftliche Vorteile genoss man viel länger. Und um sich diese Vorteile zu verschaffen bzw. sie dem Gegner zu entziehen, musste man eben manchmal in den sauren Apfel der Schlacht beißen.

Die Streitkräfte, die die Angriffe, Belagerungen und daraus resultierenden Schlachten ausführten, die über das Schicksal der Königreiche entschieden,

bestanden aus vier Hauptabteilungen: Kavallerie, Infanterie, Schützen und Spezialisten. Zu Letzteren gehörten die Artillerie sowie Truppen, die insbesondere für das Schleifen von Festungen verantwortlich waren. Der Nutzen der Artillerie in einer Schlacht war aufgrund ihrer mangelnden Beweglichkeit eingeschränkt.

Taktik wurde in dieser Zeit nicht gerade großgeschrieben, was vornehmlich an den gesellschaftlichen und militärischen Strukturen lag, die damals vorherrschten. Mit schlecht ausgebildeten Truppen komplexe militärische Schachzüge auszuführen ist unmöglich; selbst die Heerführer waren einigermaßen unerfahren.

Darüber hinaus hing der soziale Status eines Herrschers oder Ritters davon ab, wie er sich in der Schlacht schlug, was zur Folge hatte, dass jeder unbedingt besser, mutiger und kühner sein wollte als die anderen. In einer Zeit, in der Verzögerungen wie Zögern und dieses wiederum wie Feigheit wirkte, hatten ausgefeilte Taktiken keinen Platz. Ein Ritter, den man der Feigheit vor dem Feind bezichtigte, hatte keinerlei Aufstiegschancen und wurde von seinesgleichen geächtet.

Das Hügelstädtchen Carcassonne in Südfrankreich ist von Befestigungsmauern umgeben. Außerhalb der Mauern befinden sich Felder sowie der moderne Teil der Stadt.

Diese Illustration aus einer mittelalterlichen Handschrift zeigt eine Belagerungsszene: Ritter erklimmen die Mauern, einfache Bauern graben sich ihren Weg darunter hindurch.

Wurde die Armee von jemandem angeführt, der seine Untergebenen von der Weisheit seiner Entscheidungen überzeugen oder sie so einschüchtern konnte, dass niemand zu widersprechen wagte, war Taktik zumindest im Rahmen einer konzertierten Aktion von Infanterie, Schützen und Kavallerie möglich. Nur allzu oft glitten den Adligen jedoch die Zügel aus der Hand, weshalb auch die beste Taktik oft im Chaos endete.

Daran scheiterten die Franzosen beispielsweise in den Schlachten von Crécy und Agincourt. In beiden Fällen hätte eine maßvollere Vorgehensweise ihnen vermutlich den Sieg beschert, doch brachte ein ungestümer Teil der Armee das ganze Unternehmen zum Scheitern.

Da die hastig ausgehobene und schlecht ausgebildete Bauerninfanterie weder mit effektiven Waffen noch mit Rüstungen ausgestattet war, konnte sie auf dem Schlachtfeld auch wenig erreichen – was wiederum den Eindruck verstärkte, dass die einzig verlässlichen Truppen der sozialen Elite entstammten, d. h. den Reihen der Ritter und dem mittelalterlichen Äquivalent des heutigen Mittelstandes.

Dieses Militärsystem war nicht bewusst gewählt; es war vielmehr das Ergebnis eines jahrhundertelangen gesellschaftlichen Wandels in Europa und funktionierte recht gut – insbesondere im Kampf gegen

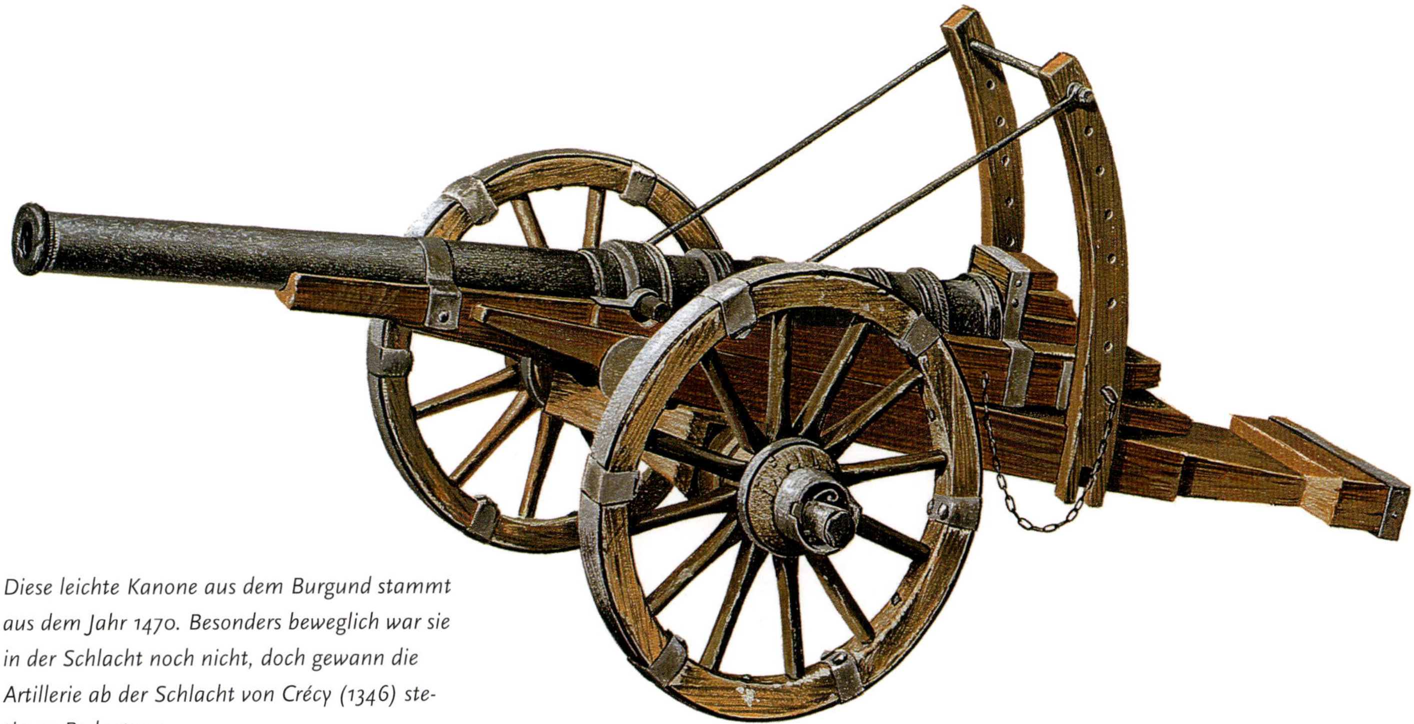

Diese leichte Kanone aus dem Burgund stammt aus dem Jahr 1470. Besonders beweglich war sie in der Schlacht noch nicht, doch gewann die Artillerie ab der Schlacht von Crécy (1346) stetig an Bedeutung.

ähnlich geartete Gesellschaftssysteme. Es hatte sich aus verschiedenen wirtschaftlichen und sozialen Faktoren heraus entwickelt, und da die gesellschaftliche Situation realtiv stabil war, waren Kriege keineswegs an der Tagesordnung.

Der militärische Apparat musste in erster Linie erschwinglich sein und hatte auch in Friedenszeiten Aufgaben zu erfüllen, etwa das Eintreiben von Steuern, das Durchsetzen von Gesetzen und das Abwehren kleinerer Übergriffe. Darüber hinaus mussten stets ausreichende Mittel vorhanden sein, um im Ernstfall auch größere Truppen auszuheben, ohne das Land dadurch in den finanziellen Ruin zu stürzen. Die ökonomische Basis des Reichs bildete die in kleinem Rahmen betriebene Landwirtschaft.

Nach dem Niedergang des Römischen Reichs gab es in Europa keine großen, durch Steuereinnahmen finanzierte Armeen. Am weitesten verbreitet war das feudale oder Stammessystem, in dem die Untergebenen auch einen Militärdienst ableisten mussten. Brauchte man eine Armee, griffen die Männer zu den Waffen, derer sie gerade habhaft werden konnten.

Einige konnten sich zwar eine recht gute Ausrüstung leisten, der durchschnittliche Bauernsoldat jedoch kämpfte mit landwirtschaftlichem Gerät – das ziemlich tödlich sein konnte – oder Pfeil und Bogen, die er auch für die Jagd benutzte. Die Waffen im eigentlich Sinn waren eher primitiv: ein Speer, ein Schild, ein Brustpanzer aus Leder.

Mit dieser Ausstattung waren die Bauern in der Schlacht naturgemäß wenig nützlich, und so hielten sich die höher gestellten Befehlshaber zusätzlich professionelle oder semiprofessionelle Kämpfer. Doch Pferde und Rüstungen waren ausgesprochen teuer, den Großteil der Truppe bildeten deshalb einfach ausgerüstete Fußsoldaten.

So bestanden mittelalterliche Streitkräfte aus einem kleinen berittenen Teil, aus einem größeren Teil professioneller Infanteristen und aus bunt zusammengewürfelten ausgehobenen Truppen. Letztere waren schlecht ausgebildet und ausgerüstet und gering geschätzt. Einfluss auf den Schlachtverlauf hatten sie kaum.

SCHLACHTENORDNUNG UND -TAKTIK

Die Schlachtenordnung war meist wenig komplex – und musste das auch nicht sein. Die Schützen beanspruchten einigen Raum zum Abfeuern ihrer Geschosse und kämpften in offener Formation, d. h., sie bewegten sich innerhalb ihrer Einheit relativ frei. Die Plänkler näherten sich dem Feind sogar einzeln, feuerten ihre Geschosse ab und zogen sich anschließend wieder zurück.

Die Mann-gegen-Mann-Einheiten folgten einer dichteren Schlachtenordnung – wie dicht, hing von den Waffen ab, mit denen sie kämpften. Schwerter und Äxte z. B. waren raumgreifender als Speere. Ebenso begrenzten die Waffen die Größe der jeweiligen Schlachtenordnung.

Kämpfte die Einheit mit Handwaffen, hatte zwar nur die erste Reihe direkten Feindkontakt; es konnte jedoch durchaus auch sinnvoll sein, die Schlachtenordnung in die Tiefe auszudehnen. Zum einen stärkte es die Moral der Truppe, die Kameraden hinter sich zu wissen; zum anderen konnte man dadurch die Wucht des Aufpralls auf den Feind abfangen. Die Männer, die zurückgedrängt oder getötet wurden, konnten ersetzt werden – so dienten die hinteren Reihen quasi als Reserve.

War die Einheit mit Speeren oder Langspießen bewaffnet, wurden diese aus den hinteren Reihen über die Köpfe oder zwischen den Kämpfern der vorderen Reihen hindurch geschleudert. Auf diese Weise hatte es der Feind mit einem dichten und tödlichen Teppich von Speerspitzen zu tun – vorausgesetzt, die Einheit konnte ihren Zusammenhalt behaupten.

Spieße waren in unebenem Gelände wenig effektiv; dort gelang es dem Feind relativ leicht, die Reihen zu durchbrechen und die Pikeniere in einen Nahkampf zu verwickeln, in dem diese eindeutig im Nachteil waren.

Gelegentlich bediente man sich auch speziellerer Formationen. Schottische Pikeniere benutzten den Schiltron, eine rechteckige, an den Enden abgerundete Formation, die auf allen Seiten von einer Mauer von Spießspitzen umgeben war, die sie vor der Kavallerie schützten. Beweglich war der Schiltron jedoch kaum, vor allem nicht in rauem Terrain.

Üblicher war die Keilformation: ein Dreieck mit der Spitze zum Feind und den am schwersten bewaffneten Männern außen. Die leichter bewaffneten Männer im Inneren verliehen der Formation Stoßkraft. Eine komplexere Variante des Keils umfasste auch Kavallerie und Infanterie; die Kavallerie schlug eine Bresche in die gegnerische Formation, die Fußsoldaten folgten nach.

Auch Kombinationen von Infanterie und Schützen gab es in zwei verschiedenen Taktikvarianten. Bei der einen Variante wechselten sich Blöcke von Schützen und Infanterie ab, die andere war eine

echte kombinierte Einheit, bei der die Bogen- oder Armbrustschützen im Rücken von Speerträgern oder anderen Truppen beschützt wurden. Eine solche Einheit war zwar nicht so schlagkräftig wie ein reiner Infanterie- oder Bogenschützenblock, dafür aber viel sicherer. Die Speerträger hielten die gegnerische Kavallerie und Infanterie auf Distanz, die Schützen schossen den Feind nieder.

Komplexe Formationen erforderten ein gewisses Maß an Vertrauen in die eigenen Reihen. Dieses Vertrauen entwickelte sich durch wachsende Erfahrung und eine gute Ausbildung – Letztere war zwar nicht allgemein üblich, doch erreichten einige professionelle Streitkräfte einen erstaunlich hohen Grad an Effektivität. Ein starker Führer trug das Seinige dazu bei. Und doch kam es in der

So stellt man sich mittelalterliche Schlachten vor: Hier greifen französische Ritter die Engländer bei Agincourt (1415) an. Der historischen Wahrheit kommen die Belagerungen von Burgen oder Städten jedoch wesentlich näher als offene Kämpfe auf dem Schlachtfeld.

Eine Rüstung wie diese aus dem 15. Jahrhundert war zwar immens kostspielig, verschaffte ihrem Träger aber einen entscheidenden Vorteil.

Schlacht auf jeden Einzelnen an. Viele Einheiten – ob Ritter oder Bauern – bestanden aus Individuen, die auf derselben Seite kämpften und deren Persönlichkeiten den Charakter der Truppe bestimmten. Das galt auch für die Führer der verschiedenen Teile der Armee. Vertrauten sie einander, war die Zusammenarbeit gut. Öfter kam es jedoch vor, dass sich manch Untergebener aufgrund der sozialen Verhältnisse außer Stande sah, einen Kameraden zu unterstützen, oder so beschäftigt damit war, den eigenen Ruhm zu mehren, dass er die Befehle von oben schlicht missachtete.

Natürlich war auch der Oberbefehlshaber von großer Bedeutung. Im Mittelalter erwartete man von einem heldenhaften Anführer einfach, dass er an vorderster Front kämpfte. Er diente als Vorbild: Fiel er in der Schlacht, war die Truppe ernsthaft demoralisiert, wich er dem Mann-gegen-Mann-Kampf aus, konnte er nicht damit rechnen, dass seine Männer ihn respektierten und ihm gehorchten. Der Nachteil eines in den vorderen Reihen kämpfenden Anführers war allerdings, dass dieser sich von dort aus kaum einen Überblick über die Schlacht verschaffen konnte.

Kriegsführung im Mittelalter war demnach viel mehr als das bloße Aufeinandereindreschen farbenprächtiger Ritter oder halb verhungerter Bauern. Nichtsdestotrotz war sie an diverse – insbesondere soziale – Umstände gebunden; ganz allgemein kann man sagen, dass die militärische Erfahrung innerhalb der gesellschaftlichen Klassen erheblich variierte.

Ein Adliger hatte die Erwartungen seiner Mitadligen zu erfüllen – andernfalls fiel er in Ungnade. Ein Bewaffneter oder Sergeant aus der Mittelklasse hatte die Möglichkeit, in den Adelsstand erhoben zu werden, wenn er die

Diese Illustration aus einer Handschrift von 1484 zeigt französische Ritter, die 1436 englische Soldaten aus Paris vertreiben. Kriege zwischen England und Frankreich waren im Mittelalter an der Tagesordnung.

Aufmerksamkeit eines Höhergestellten auf sich ziehen konnte. Der gewöhnliche, freie Soldat erhielt in diesem Fall eine finanzielle Anerkennung. Einzig die Aussichten der bäuerlichen Fußsoldaten waren bescheiden: Sie konnten nur hoffen, die Schlacht einigermaßen heil zu überstehen, nach Hause zurückzukehren und ihre Ernte einzubringen.

ARSUF, 1191

Der englische König Richard I. war ein eher ungewöhnlicher Heerführer: Er hielt nicht nur viel von Truppendisziplin, sonder verstand sie auch durchzusetzen – beispielsweise in der Schlacht von Arsuf.

Gemeinsam mit 1200 Rittern und berittenen Bewaffneten sowie rund 10 000 Fußsoldaten brach Richard zum Dritten Kreuzzug auf. Die Infanterie bestand überwiegend aus Armbrustschützen und Speerträgern, die durch wattierte Panzer und einen Schild geschützt waren.

Schon mehrfach war übereiltes Handeln den Kreuzzugarmeen zum Verhängnis geworden. Ihre muslimischen Gegner waren in der Regel leichter ausgerüstet und deswegen beweglicher; zudem waren sie Meister der Taktik, die Kreuzritter so lange unter Beschuss zu setzen, bis diese entnervt angriffen. Dann zogen sich die Sarazenen zurück, isolierten die Ritter vom Rest der Truppe und kreisten sie ein.

Die schwer beladenen Pferde der Ritter konnten nur für eine kurze Zeit schnell dahinpreschen; verlor ein Ritter sein Pferd, war seine Hauptwaffe – die Lanze – nutzlos geworden. So konnte man der Streitkraft der Ritter vor allem durch eine zahlenmäßige Übermacht begegnen. Gelang es den Rittern, anzugreifen und sich dann wieder bei der unterstützenden Infanterie zu sammeln, konnten sie schon bald mit ausgeruhten Pferden einen neuen Angriff wagen.

Richard war klar, dass er seine Ritter unter Kontrolle halten musste, bis er sie auf ein erreichbares Ziel ansetzen konnte. Bildlich gesprochen, nutzte er seine Ritter als Schwert, mit dem er wiederholt zustoßen konnte, und nicht als Stein, mit dem er den Gegner beim ersten Versuch treffen musste. Die Infanterie diente den Rittern dabei als Schutz.

Richards Armee marschierte an der Küste entlang von Akkon nach Jaffa, als sie auf eine doppelt so große Streitmacht stieß. Der Führer der Sarazenen, Saladin, galt zu Recht als exzellenter Befehlshaber; er entsandte seine berittenen Bogenschützen, um die Kreuzritter auf die übliche Weise zu provozieren.

Dies wollte Richard jedoch keinesfalls zulassen. Er stellte die Ritter, deren Flanke vom Meer geschützt war, hinter der Infanterie auf und ließ die Armee weiter gen Arsuf vorrücken.

So blieben die Angriffe der muslimischen Bogenschützen weitgehend wirkungslos. Viele Fußsoldaten marschierten mit Pfeilen in ihren wattierten Panzern weiter, die Disziplin der Truppe hielt. Die Ritter ärgerten sich zwar darüber, sich hinter der Infanterie verstecken zu müssen, gehorchten ihrem Anführer jedoch. Bei den Fußsoldaten wehrten die Speerträger die gegnerische Kavallerie ab, während die Armbrustschützen nachluden und ihre Waffen abfeuerten.

DIE SCHLACHT VON ARSUF, 1191

In der Schlacht von Arsuf konnte Richard I. von England seine Streitkräfte (rot) davon überzeugen, als gemischter Verband zu operieren: Die Speerträger und Armbrustschützen schirmten die Ritter auf dem Vormarsch ab, sodass die Armee trotz konstanter Angriffe der Sarazenen (blau) die Stadt Arsuf sicher erreichte. So war der nachfolgende Angriff der Kreuzritter am effektivsten.

Der englische König Richard I. (1157–1199), genannt Löwenherz, war ein ausgezeichneter Taktiker, dessen Persönlichkeit zudem charismatisch genug war, um die ungestümen Kreuzritter im Zaum zu halten.

Als Saladin erkannte, dass die Disziplin der Kreuzritter trotz wiederholter Angriffe vonseiten seiner Bogenschützen hielt, beschloss er, der Angelegenheit mehr Nachdruck zu verleihen. Wo auch immer die Formation der Ritter zu zerfallen drohte, ließ Saladin seine Kavallerie angreifen. So wurde aus dem Marsch eine Folge kleinerer Schlachten.

Als sich Richards Armee der Stadt Arsuf näherte, wurde der Druck auf die Kreuzritter schließlich zu groß. Mehrere hundert Ritter brachen aus ihrem schützenden »Versteck« hervor – genau die Aktion, die Saladin tagelang hatte provozieren wollen. Doch waren die muslimischen Streitkräfte ein wenig zu sehr zufrieden mit sich selbst: Mit einem Gegenangriff hatten sie nicht wirklich gerechnet, und so gelang es den Kreuzrittern, die nächstgelegenen sarazenischen Truppen zu überwältigen.

Richard indes stand vor einer schweren Entscheidung. Eilte er den Rittern zu Hilfe, konnte er seine ganze Kavallerie verlieren; tat er dies nicht, waren auf jeden Fall die Ritter verloren. Nach Arsuf war es nicht mehr weit, und so setzte Richard alles auf eine Karte – oder wurde vielleicht von anderen ungestümen Rittern dazu gezwungen. Wie auch immer: Eine zweite Angriffswelle vonseiten der Kreuzritter folgte der ersten, und als die Vorhut die Stadt erreichte, führte Richard persönlich den letzten Teil seiner Kavallerie in die Schlacht. Angesichts dieser drei unerwarteten und simultan ausgeführten Angriffe flohen die Sarazenen.

Der Marsch nach Arsuf war ein Beispiel an Heeresdisziplin und der Taktik des gemischten Verbandes; er zeigte, was ein guter Heerführer auch mit einer schlecht ausgebildeten Armee ausrichten kann. Obwohl die Kavallerie den vernichtenden Schlag führte, konnte dies nur mithilfe einer stoischen Infanterie und der Schützen geschehen.

Berittene Soldaten

Im Mittelalter war der berittene Soldat der wichtigste Bestandteil einer Streitkraft. Die meisten Menschen denken bei dem Stichwort »Mittelalter« unweigerlich an Ritter in Rüstungen, die hoch zu Ross mit Lanzen aufeinander losgehen. Für Hollywood-Filme mag diese Vorstellung ausreichen – die historischen Tatsachen gehen jedoch weit darüber hinaus.

Diese mittelalterliche Darstellung zeigt Ritter aus dem frühen 13. Jahrhundert, die im Zuge des von Papst Innozenz III. ausgerufenen Albigenserkreuzzugs ketzerische Katharer bedrohen. Gut zu erkennen sind die Kettenpanzer und geschlossenen Helme der Ritter.

Die meisten Ritter trugen viel leichtere Rüstungen, als gemeinhin angenommen wird. Plattenpanzer, die den Schutz der Reiter optimierten, gab es erst relativ spät. Auch der aufwändige Wappenschmuck entwickelte sich erst mit der Zeit.

Reiter mit Rüstungen existierten in verschiedenen Epochen und an zahlreichen Orten; der Ritter als Krieger-Adliger war jedoch ein örtlich begrenztes Phänomen. Er entstand sowohl aus einem Gesellschaftssystem als auch aus einer militärischen Notwendigkeit heraus, was die Kriegsführung der Zeit wesentlich mitbestimmte. Natürlich gab es im Mittelalter auch andere Arten der Kavallerie – einige unterstützten die Ritter, andere bekämpften sie, wieder andere erfüllten ähnliche Funktionen wie die Ritter selbst.

HISTORISCHE PERSPEKTIVE

Die Pferde in frühen Zeiten waren nicht kräftig genug, um einen Reiter auch in der Schlacht zu tragen und wurden deshalb als Lasttiere sowie für Späher und Boten benutzt. Die Kavallerie bestand aus Streitwagen, die von zwei, vier oder mehr Pferden gezogen wurden und mit zwei bis vier Mann besetzt waren. Diese Wagen waren sehr wendig und dienten Speerträ-

Wie aus diesem Relief im Grab eines römischen Generals hervorgeht, legte die römische Armee ab dem 2. Jahrhundert v. Chr. immer mehr Wert auf die Kavallerie.

ANGLONORMANNISCHER RITTER, UM 1100

Speer oder Lanze erlaubten es dem Ritter, beim Kämpfen sowohl zu Fuß als auch zu Pferde eine gewisse Distanz einzuhalten, das Schwert war für den Nahkampf gedacht. Durch Rüstung und Schild war er in der Schlacht besser geschützt. Ein Ritter, der ohne Rüstung kämpfte, konnte auch durch einen Zufallstreffer niedergestreckt werden.

Mit dem Schild wehrte man aktiv Schläge oder Geschosse ab, er bot dem Ritter aber nur an der linken Seite einen gewissen Schutz. Ein weiterer effektiver Schutz war der Kettenpanzer: Im Chaos der Schlacht erwies er sich oft als unerlässlich, dann etwa, wenn der Ritter von hinten oder seitlich angegriffen wurde, weil er dem Feind zahlenmäßig unterlegen war.

gern und Schwertkämpfern als Plattform. An den Rädern waren Klingen – meist nur zur Abschreckung – angebracht.

Am wichtigsten waren die Streitwagen als mobile Plattform für Bogenschützen, die sich schnell entfernen konnten, wenn ihnen die mit Handwaffen ausgerüsteten Truppen zu nahe kamen. Wieder andere Krieger verließen ihre Streitwagen, um zu kämpfen, konnten mit ihnen jedoch jederzeit rasch fliehen.

Streitwagen wiesen eine Reihe von militärischen Vorzügen auf. Beispielsweise konnte man die Streitkräfte an einem entscheidenden Punkt sammeln und schnell auf günstige Gelegenheiten oder Rückschläge reagieren. Dazu eigneten sich Pferde – waren sie einmal stark genug, Reiter auch in der Schlacht zu tragen – allerdings noch besser. Da sie sowohl strategisch als auch taktisch

Dieses Bleiglasfenster aus Deutschland (12. Jh.) zeigt Fußsoldaten oder Huscarls mit Speer und Schild. Der vordere Soldat trägt ein Schuppenpanzer-Kettenhemd.

beweglicher waren, lösten sie die Streitwagen allmählich ab. Die Pferde kamen auch in rauerem Terrain gut voran, brauchten für eine effektive Attacke also kein ebenes Gelände.

Nicht überall kamen Pferde in der Schlacht zum Einsatz. In vielen Kulturen war es gängige Praxis, zu Fuß zu kämpfen; die wohlhabenden Krieger ritten zwar zur Schlacht, stiegen zum Kämpfen aber ab. Doch bot das große, starke Tier einige militärische Vorteile: Auch mit schwererer Rüstung ermüdete der Reiter nicht so schnell, zudem befand er sich außerhalb der Reichweite mancher Waffen. Der Reiter konnte seine Schläge von oben nach unten führen, was sie kräftiger machte.

Nicht zu vergessen ist auch der psychologische Faktor: Ein Angriff zu Pferde konnte die gegnerischen Reihen brechen, bevor es überhaupt zu direktem Kontakt kam. Ob das Pferd nun aktiv am Kampf beteiligt ist oder nicht: Ein berittener Krieger wirkt immer angsteinflößend und fühlt sich den gegnerischen Fußsoldaten meist auch überlegen – ein wichtiger psychologischer Vorteil. So löste die Kavallerie die Infanterie als entscheidendes Element im Kampf allmählich ab, bis sie mit dem Niedergang des Römischen Reichs schließlich die ganze Schlacht dominierte. Die Römer selbst benutzten immer mehr Pferde im Kampf, und im sogenannten finsteren frühen Mittelalter waren Überfälle berittener Barbaren in Europa keine Seltenheit.

Um das Jahr 1000 also hatte sich das Bild des berittenen Soldaten fest etabliert. Ein Kavallerist repräsentierte im Allgemeinen eine größere militärische Macht als ein Fußsoldat; doch waren Pferde ausgesprochen teuer, auch musste man sich um sie kümmern. Für den Steppennomaden drehte sich das ganze Leben um sein Pferd, das er von früh bis spät umsorgte; für den Bauern im Mittelalter dagegen war es vordringlich, sich um Felder und Vieh zu kümmern.

Aus diesem Grund stellten Pferde nur für diejenigen eine Option dar, die die Zeit oder die Untergebenen hatten, die Pferde zu pflegen. Also konnten nur reiche Männer in die Schlacht reiten. Die wohlhabendsten unter ihnen konnten sich sogar ein kleines berittenes Gefolge leisten, das meist jedoch weniger gut ausgestattet war.

Einige Herrscher unterhielten auch eine stehende professionelle Kavallerie. Andere nahmen die Dienste von Mitgliedern berittener Stämme in Anspruch, die im Gegenzug das Recht zu plündern oder Geld oder beides erhielten. Schließlich gab es noch die Möglichkeit, eine berittene Truppe aus zufällig zusammengewürfelten Männern mit der richtigen Ausrüstung aufzustellen. Diese Ausrüstung mussten die Männer zwar selbst bezahlen, doch stieg mit jeder gewonnenen Schlacht auch ihr Prestige.

RITTER ZU PFERDE

Der mit einer schweren Rüstung ausgestattete Ritter war das Ergebnis der tiefgreifenden militärischen, gesellschaftlichen und finanziellen Veränderungen der Zeit. In vielen Gesellschaften stellten die Krieger die herrschende Klasse dar; ob diese das Volk unterdrückten oder beschützten, hing von einer Reihe sozialer Faktoren ab. Die herrschende Klasse also bestand aus reichen Männern, deren Status von ihrer Fähigkeit, sich im Kampf zu behaupten, geprägt war.

So ist es völlig verständlich, dass ein Mann, dem genügend Geld zur Verfügung steht und von dem zu kämpfen verlangt wird, sich bestmöglich ausstattet. Und diese Ausstattung folgte in der Regel einem erkennbaren Muster.

AUSRÜSTUNG

Die militärische Grundausrüstung eines Ritters bestand aus Pferd, Seitenwaffe (fast immer ein Schwert), Speer oder Lanze für den Kampf zu Pferde und möglichst viel persönlichem Schutz, d. h. meist ein Schild und eine Rüstung, wobei Letztere Ersteren später überflüssig machte.

Das Feudalsystem verpflichtete die Adligen zur Heerfolge, d. h. zum jährlichen Ableisten einer militärischen Dienstzeit, zu der sie eine Reihe bewaffneter Männer mitbringen mussten. Alternativ konnten sie eine Schildpfennig genannte Steuer entrichten, mit der jemand an ihrer Stelle gedungen wurde. Die Pflichten der Adligen waren komplex und variierten von Ort zu Ort, das übergeordnete System war jedoch überall gleich.

Dieses System hatte zur Folge, dass der soziale Status der Aldigen untrennbar damit verknüpft war, wie sie sich im Kampf behaupteten. Waffen und Rüstung waren Statussymbole und Lebensversicherung in einem. Ein guter Krieger konnte auf der sozialen Leiter emporklettern, ein

GEGENÜBER: *Sieg des Herakleios über die Sassaniden. Die Schlacht fand zwar 600 v. Chr. statt, doch sind hier Waffen und Ausrüstungsgegenstände im westeuropäischen Stil gezeigt, die aus dem 15. Jahrhundert stammen.*

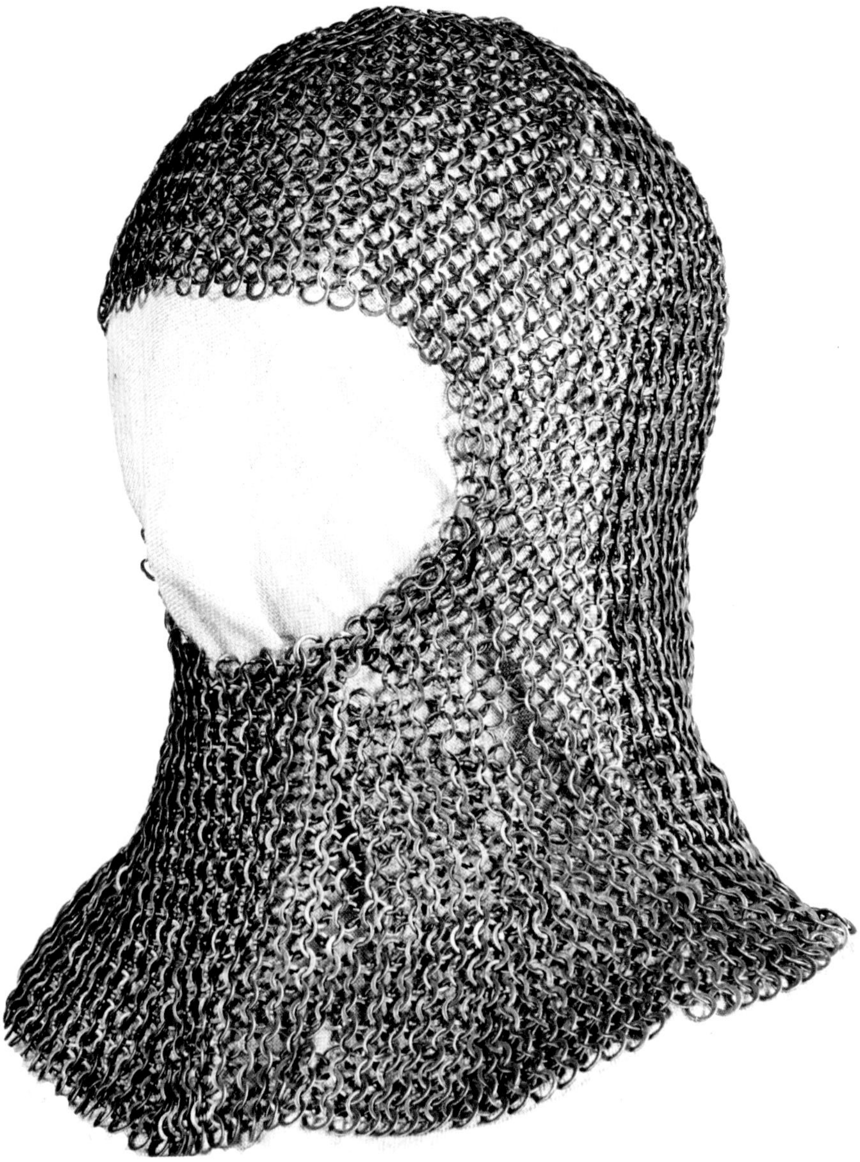

Kettenpanzerhauben dieser Art trug man für zusätzlichen Schutz noch unter dem Helm. Die Hauben liefen hinten lang aus, um auch Hals und Schultern des Kriegers zu bedecken.

schlechter seinen gewonnenen Status aber auch wieder verlieren. Das System brachte es zudem mit sich, dass sich die Streitmacht eines Landes auf wenige extrem gut ausgerüstete Krieger konzentrierte, zu deren Pflichten es auch gehörte, für die Schlacht zu trainieren. Kühnheit galt als Tugend, denn man durfte keinesfalls weniger tapfer wirken als der Nachbarkämpfer.

Das Feudalsystem war mit kleineren regionalen Abweichungen in fast ganz Westeuropa etabliert. Mit der Zeit schälten sich für die Pflichten und Privilegien eines Ritters bestimmte Normen heraus; es bildete sich ein Ritterstand heraus, dessen verschiedene Titel verschiedene Grade des Rittertums bezeichneten.

Ab dem 13. Jahrhundert waren diese Titel erblich; was als Ad-hoc-System begonnen hatte, entwickelte sich schließlich zu einer strikten sozialen Ordnung mit eigenen Regeln und Hierarchien. Einigen Rittern gewährte man ein Rittergut, andere herrschten bereits über ein bestimmtes Gebiet. Durch Steuereinnahmen konnten sich einige Herrscher auch eine eigene kleine Ritterarmee leisten; sie mussten zwar für deren Lebensunterhalt aufkommen, konnten im Gegenzug aber jederzeit auf deren militärische Dienste zurückgreifen. Diese Leibritter bildeten das Rückgrat der jeweiligen herrscherlichen Streitkräfte. Verstärkt wurden sie noch durch die Vasallenritter, die zwar eigene Güter hatten, ihrem Herrscher jedoch verpflichtet waren und ebenfalls jederzeit zum Militärdienst herangezogen werden konnten.

BEFEHL UND KONTROLLE

Im Mittelalter war es recht schwierig, das Kommando zu führen und dafür zu sorgen, dass die Befehle auch ausgeführt wurden. Die Befehlsgewalt hatte immer der älteste anwesende Adlige, ungeachtet seiner Fähigkeiten oder Erfahrung. Unter bestimmten Umständen waren jedoch andere Adlige die Ranghöheren; in den meisten Reichen gab es beispielsweise eine Art Marschall, der dem Heer in Abwesenheit des Königs die Befehle erteilte.

Ein weiteres Beispiel: Den Posten des französischen Konnetabels hatte immer ein hochrangiger Adliger inne; darüber hinaus wurde er durch diesen Titel automatisch zum Oberbefehlshaber jeder Armee, der er sich anschloss – außer in dem Fall, wenn der König selbst anwesend war. Theoretisch konnte auch ein einfacher Ritter oder Baron zum Konnetabel ernannt und damit zum Oberbefehlshaber aller militärischen Streitkräfte der Region werden; damit stand er dann über den anderen Baronen sowie über den eigentlich höher gestellten Grafen und Herzögen.

Königliche Offiziere oder auch der König selbst befehligten eine große Armee; Untereinheiten innerhalb dieser Armee oder kleinere Armeen wurden von dem jeweils ranghöchsten Adligen, der anwesend war, angeführt. Kleine Gruppen von Rittern standen unter dem Befehl eines Bannerherrn oder Baronets, der in der Schlacht ein Banner tragen durfte. Daran konnten ihn seine Untergebenen auch im Gefechtsgetümmel erkennen.

GEGENÜBER: *In der Schlacht bei Bouvines am 27. Juli 1214 erwies sich der französische König Philipp II. als äußerst fähiger Heerführer. Er zerschlug ein Bündnis des Welfenkaisers Otto IV. mit Vertretern der englischen Krone.*

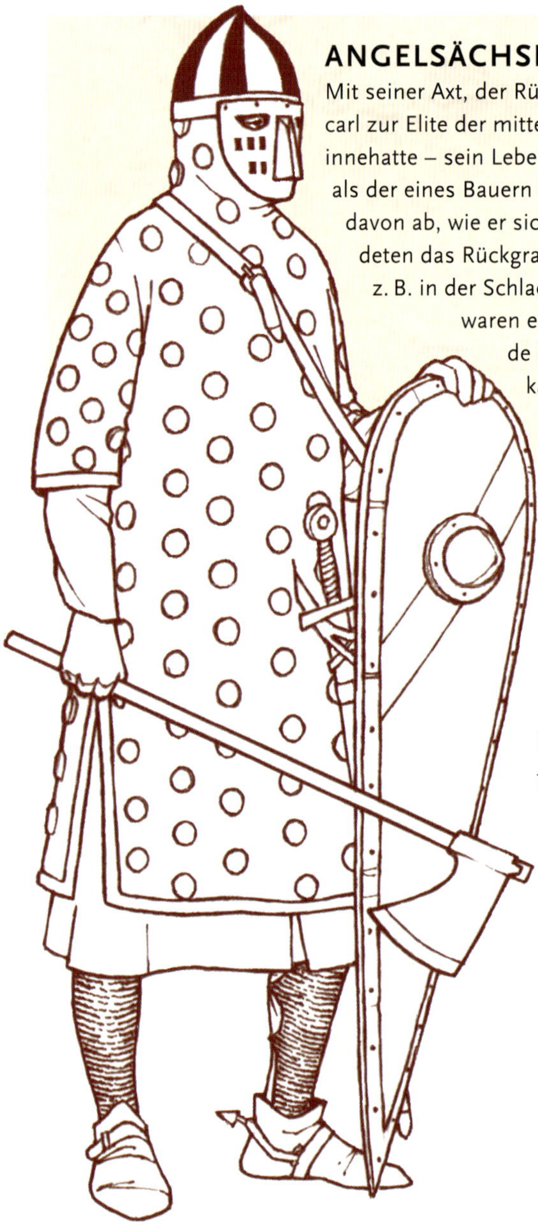

ANGELSÄCHSISCHER HUSCARL

Mit seiner Axt, der Rüstung und dem Schild gehörte der Huscarl zur Elite der mittelalterlichen Infanterie. Welchen Status er innehatte – sein Lebensstandard lag auf jeden Fall weit höher als der eines Bauern – und welche Anstellung er fand, hing davon ab, wie er sich im Kampf bewährte. Die Huscarls bildeten das Rückgrat der angelsächsischen Armeen, wie sie z. B. in der Schlacht bei Hastings (1066) kämpften. Sie waren enorm effektiv; gegen einen Reiter zu Pferde konnten sie sich zwar nur verteidigen, kam es jedoch zu einem Handgemenge, trugen die Huscarls oft den Sieg davon.

Der Bannerherr hatte einen etwas höheren Status als die anderen Ritter inne. Meist besaß er ein etwas größeres Rittergut, war aber dennoch kein wirklich großer Herrscher. In der Rangfolge über dem Bannerherrn gab es noch weitere Adelstitel – etwa Baron, Graf oder Herzog –, die darauf verwiesen, welche Macht der Träger des Titels ausüben konnte.

Das Feudalsystem schrieb vor, dass jeder Ritter seinem Lehnsherrn verpflichtet war; dieser wiederum schuldete seinem Herrn Loyalität. Der Lehnsherr konnte seinen Vasallen Befehle erteilen, woraus sich eine Befehlsstruktur entwickelte, die auf sozialen Hierarchien fußte. Höhere Herrscher verfügten über Leib- und Vasallenritter, die ihnen direkt unterstanden.

Das Maß an Herrschaft, das man in diesem System auf eine ritterliche Streitmacht ausüben konnte, war begrenzt. Disziplin gab es praktisch keine: Jeder wollte in der Schlacht so schnell wie möglich zum Zug kommen, um den persönlichen Ruhm zu mehren, oder zumindest dort nicht zurückfallen, wo andere vorpreschten. Deshalb gab es unter den Rittern auch meist nur eine Taktik: den Frontalangriff auf den nächsten Feind. Wobei der Feind durchaus ein würdiger Gegner sein musste: Das Niedermetzeln einfacher Bauern oder Fußsoldaten brachte dem Ritter wenig Ruhm ein – und auch wenig Geld. Schlug ein Ritter dagegen einen namhaften Feind, also einen anderen Ritter oder Adligen, stieg sein Ansehen. Nahm er seinen besiegten Gegner gefangen, konnte er ein Lösegeld fordern – eine oft lukrative Angelegenheit. Die Höhe des Lösegelds variierte je nach Adelstitel und war festgelegt; den höchsten »Gewinn« erzielte man natürlich, fiel einem ein König in die Hände.

Für einen Ritter gab es demnach kaum einen Grund, Schlachten aus dem

Die konische Form dieses angelsächsischen Helms macht den Helm stabiler und fängt die Wucht von oben ausgeführter Schläge effizient ab.

Weg zu gehen. Im Gegenteil: Er war eher gezwungen, sich so schnell wie möglich an einer Schlacht zu beteiligen. Ausgefeilte Taktiken hatten da keine Chance. Gelang es einem Befehlshaber, einen Teil seiner Truppe als Reserve zurückzubehalten, war er am Standard der Zeit gemessen schon ein taktisches Genie. Der wichtigsten Streitkraft einer mittelalterlichen Armee, den Rittern, ging es bei einer Schlacht in erster Linie um persönliche Interessen, d. h. um die finanziellen und gesellschaftlichen Vorteile, die ihnen eine gewonnene Schlacht einbrachte. Sie kämpften nicht als Team für ein gemeinsames militärisches oder politisches Ziel. Es wurden auch Schlachten verloren, weil Ritter sich weigerten, nicht standesgemäße

ANGRIFF

Für die Kavallerie war die effektivste Form des Angriffs der mit der Lanze. Der Anblick einer heranpreschenden Reiterhorde hatte meist eine verheerende psychologische Wirkung auf die gegnerischen Fußsoldaten. Auch wenn diese standhaft blieben, war die Wucht des Aufpralls meist vernichtend. Vor dieser Wucht schützte selbst ein Schild nicht immer: Entweder gelangte die Spitze der Lanze ober- oder unterhalb des Schildes dennoch an ihr Ziel, oder der Aufprall selbst verletzte den Soldaten. Entkam der Fußsoldat der Lanze, war es immer noch möglich, dass er vom Pferd des Gegners niedergetrampelt wurde.

STOSS ODER WURF?

Die Lanze war eine sehr vielfältige Waffe. Außer einem Angriff mit gesenkter Lanze, bei dem es – wie im Turnier – auf den effektiven Zusammenprall ankam, konnte man mit ihr zustoßen, wobei sie im Unter- (rechts) oder Obergriff (links) gehalten wurde. Darin war sie den meisten anderen Handwaffen überlegen. Einige Krieger warfen ihre Lanzen auch; der Schwerpunkt der Waffe lag direkt hinter der Spitze. Saß der Krieger dabei auf einem sich bewegenden Pferd, erhielt die Lanze eine enorme Stoßkraft. Eine einmal geworfene Lanze war aber natürlich verloren. In der Schlacht bei Hastings (1066) kamen Lanzen verschiedentlich zum Einsatz; am weitesten verbreitet war der Angriff mit gesenkter Lanze.

Gegner anzugreifen. Ein solches Vorgehen ist uns heute weitgehend unverständlich; wir können kaum begreifen, warum eine schwere Kavallerie die gegnerische Infanterie nicht angriff und damit die Schlacht entschied. Für den mittelalterlichen Ritter läge die Antwort auf der Hand: Fußsoldaten waren einfach keine würdigen Gegner.

Doch wie disziplinlos auch immer die Ritter gewesen sein mochten – sie waren letzten Endes Krieger, die sich auf ihren »Beruf« verstanden. So kollidierte die Bereitschaft, Befehlen zu gehorchen, und das Pflichtbewusstsein der Ritter mit dem sozialen Druck und dem Wunsch nach persönlicher Unsterblichkeit; der Ritter war eine mächtige, aber nicht immer verlässliche Waffe.

HASTINGS, 1066

Die Schlacht bei Hastings ist ein Bilderbuchbeispiel dafür, dass eine disziplinierte und konzertiert agierende Kavallerie im frühen Mittelalter eine Schlacht für sich entscheiden konnte. Die meisten Mitglieder der Kavallerie, die den normannischen Herzog Wilhelm den Eroberer auf seinem Weg nach England begleiteten, waren Adlige. Die Ritter, die Wilhelm in seinem Anspruch auf den englischen Thron unterstützten, versprachen sich einige Vorteile davon: War Wilhelm erfolgreich, gehörten sie in den neuen Ländereien auf jeden Fall zur herrschenden Klasse. Die Risiken dagegen waren berechenbar: Sie befanden sich zwar auf feindlichem Gebiet, konnten sich jedoch über den Ärmelkanal zurückziehen.

In England herrschten zu dieser Zeit relativ chaotische Zustände. Der König, Harold II., musste sich mit dem Thronanspruch seines im Norden ansässigen Feindes Harald III. Hardråde auseinandersetzen. Als sich Wilhelms normannische Streitkräfte im Land festgesetzt hatten und schon erste Festungen zur Konsolidierung ihrer Macht erbauten, hatte Harold II. seinen Rivalen endlich besiegt und marschierte den Invasoren entgegen. In der Schlacht, die später als die Schlacht bei Hastings in die Geschichte einging, trafen Harold und Wilhelm schließlich aufeinander. Am Standard der Zeit gemessen, war der normannische

***GEGENÜBER:** Die Illustration (12. Jh.) zeigt Karl den Großen und seine Ritter, die sich von Aachen aus auf Pilgerfahrt nach Santiago de Compostela begeben.*

DIE SCHLACHT BEI HASTINGS, 1066

Die Schlacht bei Hastings hatte Vorbildfunktion. Die angelsächsischen Streitkräfte (blau) bestanden hauptsächlich aus Infanterie, die sich gegen die Kavallerie und Bogenschützen der Normannen (rot) verteidigen musste. Die Bogenschützen zermürbten die Angelsachsen, die Kavallerie gab ihnen dann gewissermaßen den Rest.

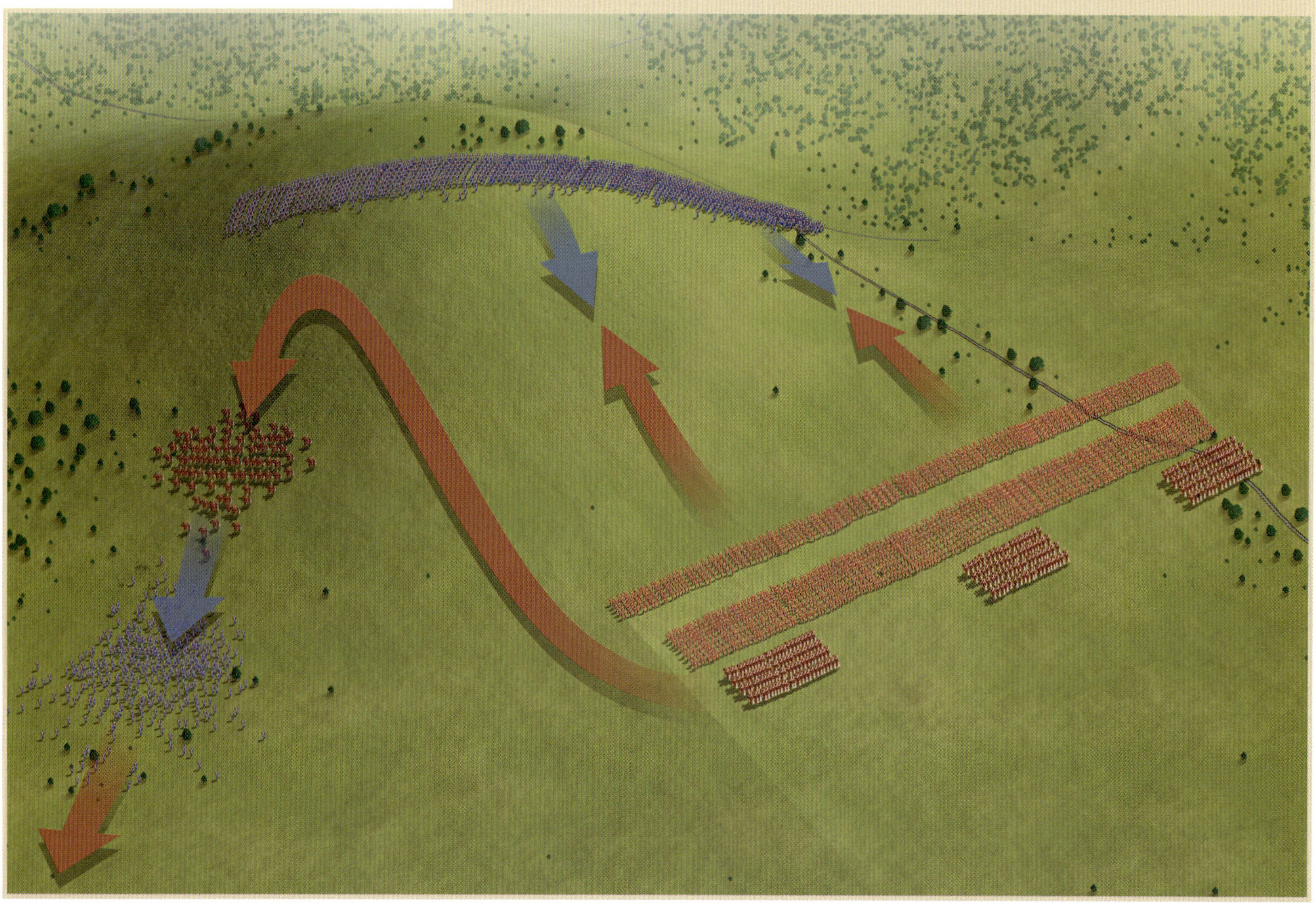

Kavallerist im Jahr 1066 extrem gut ausgerüstet. Er trug ein Kettenhemd, den »Haubert«, der mit Leder unterfüttert oder wattiert war und seine Oberarme und Oberschenkel schützte. Vorne und hinten war der Haubert geschlitzt, damit der Krieger reiten konnte. Das hohe Vorderteil des Sattels schützte die Lenden des Reiters, die Unterschenkel steckten in stabilen Stiefeln. Reichere Adlige konnten sich auch Kettenpanzerhosen leisten. Die Ärmel des Kettenhemds schützten die Arme des normannischen Ritters vor Verletzungen. Wahrscheinlich trug er auch Lederhandschuhe, da Handschuhe aus Kettenpanzer noch nicht in Gebrauch waren. Ein offener Helm mit Nasenschutz und ein Drachenschild rundeten die Ausrüstung ab. Das Pferd trug keine Rüstung.

Wichtigste Waffe des normannischen Ritters war die Lanze, ein langer und relativ leichter Speer. Obwohl die Normannen Steigbügel benutzten, führten sie die Angriffe nicht immer mit gesenkter Lanze aus – sie hielten sie auch im Ober- oder Untergriff und konnten auf diese Weise damit zustoßen oder die Lanze wie einen Speer mitten ins Getümmel der feindlichen Fußsoldaten werfen. Brach eine Lanze, erhielt der Ritter nach Möglichkeit eine neue aus den hinteren Reihen. War dies nicht möglich, kämpfte er mit dem Schwert weiter. Die zweischneidige Waffe mit langer Klinge ähnelte dem traditionellen Wikingerschwert und wurde vor allem zum Schlagen und Schlitzen verwendet, obwohl man mit der Spitze auch zustechen konnte. Darüber hinaus war der keulenförmige Knauf bestens dazu geeignet, dem Gegener im Zweikampf einen Keulenschlag zu versetzen.

In der Schlacht bei Hastings stand die normannische Kavallerie der angelsächsischen Infanterie gegenüber, die eine große Anzahl Speerträger und eine kleinere Anzahl mit Äxten ausgerüsteter Huscarls umfasste. Die Angelsachsen positionierten sich auf dem Senlac Hill und bildeten einen Schildwall zur Verteidigung, der zwar statisch, aber schwer zu durchdringen war. Ansonsten konnten sie wenig tun – eine Kavallerie stand ihnen nicht zur Verfügung.

Die Normannen hatten auch viel mehr Bogenschützen als die Angelsachsen und zermürbten ihren Gegner mit einem unablässigen Geschosshagel, während die Kavallerie versuchte, den Schildwall zu durchbrechen. So machten die

Der Ausschnitt aus dem Teppich von Bayeux zeigt die Niederlage des angelsächsischen Königs Harold II. Auffällig sind die Pfeile in den Schilden und die über Kopf geführten Lanzen.

SCHWERTKAMPF ZU PFERDE

ANGRIFF

Der Reiter rechts will einen Überkopfschlag (»Zornesschlag«) auf Kopf und Schultern des Gegners ausführen. Dafür müssen die Pferde Seite an Seite stehen. Viele Schwertkämpfer stiegen in die Steigbügel, um dem Schlag eine größere Wucht zu verleihen.

PARADE

Der Reiter links pariert, indem er sein Schwert nach oben in die Angriffslinie führt. Dabei ist seine Hand aufwärts gedreht, die Knöchel zeigen nach unten. Die Parade gleicht einem Angriff, da die Verteidigungswaffe mit der Schneide auf die Angriffswaffe trifft.

HIEB

Der Angreifer führt seine Attacke fort, indem er die Hand dreht und das Schwert unter der Parade hindurchführt. Bevor der Verteidiger selbst angreifen kann, schlägt der Angreifer mit der Rückhand auf das Bein des Gegners ein.

Bogenschützen die gegnerische Formation allmählich porös, die durch den drohenden Angriff der Kavallerie zur Unbeweglichkeit verdammt war; dann schließlich erfolgte der Hauptangriff.

Zunächst entsandte Wilhelm seine Infanterie. Ihr gelang es noch nicht, den Schildwall zu durchbrechen, weshalb Wilhelm der Kavallerie den Befehl erteilte, wieder und wieder anzugreifen. Die Ritter mussten sich dabei zwar stets bergauf kämpfen, doch versprach die Taktik der wiederholten Angriffswellen, den Feind zu ermüden. Eine Weile blieb dieses Vorgehen ergebnislos. Das Gerücht, Herzog Wilhelm sei getötet worden, demoralisierte die Normannen vorübergehend; es wurde jedoch rasch aus der Welt geschafft. Auch aus diesem Grunde führte man die Wappen in der Schlacht ein: Sie erlaubten es, den Heerführer zu identifizieren. Angeblich soll Wilhelm während der Schlacht zweimal einen Rückzug vorgetäuscht haben; ob er nicht doch echt war, ist umstritten, allerdings nahmen die Angelsachsen beim zweiten Mal die Verfolgung auf und schwächten somit den eigenen Schildwall. Die Normannen setzten der Verfolgung schnell ein Ende.

Der Großteil der angelsächsischen Streitkräfte war auf dem Hügel zurückgeblieben, allerdings ermüdet und um die an der Verfolgung beteiligten Truppe dezimiert. Eine Zeitlang konnten die Angelsachsen auf dem Hügel ihren Schildwall noch aufrechterhalten – dann wurde Harold getötet.

Ein Ritter aus der Zeit um die Mitte des 13. Jahrhunderts im Kettenpanzer. Damals war es üblich, über dem Kettenpanzer ein Kleidungsstück mit dem jeweiligen Wappen zu tragen.

Das persönliche Wappen schmückte meist den Schild des Ritters. Der englische König Edward II. wählte drei Leoparden als Wappentiere.

Nicht unbedeutend ist, dass Harold durch einen Pfeil, nicht durch eine Lanze getötet wurde; mit seinem Fall löste sich auch der Widerstand der Angelsachsen auf. Sie waren die einzigen gewesen, die Wilhelms Invasion hätten aufhalten können, und der einzige Mann, der eine zweite Armee hätte aufstellen können, war nun tot. Nach dem Sieg in der Schlacht bei Hastings war die Eroberung Englands eine sichere Sache.

Entscheidend für den Verlauf der Schlacht war, dass die normannische Armee viel beweglicher war als die angelsächsische. Sie konnte überall gnadenlos zuschlagen und sich bei Bedarf schnell zurückziehen. Die Angelsachsen hingegen waren in die Defensive gedrängt und stellten ein leichtes Ziel für die normannischen Bogenschützen dar.

BANNER UND WAPPEN

Da die Krieger auf dem Schlachtfeld meist geschlossene Helme mit schmalen Sehschlitzen trugen, war es nicht immer ein-

Die Darstellung von 1483 zeigt die Ritter des Ordens »St John of Jerusalem«, die sich auf die Verteidigung von Rhodos vorbereiten.

fach, dem Verlauf der Schlacht zu folgen oder genau zu wissen, wer wer war. Am einfachsten war es, sich in der Nähe des Banners des eigenen Kriegsherrn zu platzieren und gemeinsam als Gruppe anzugreifen. Dennoch war es im Getümmel des Gefechts oft nicht möglich, Freund von Feind zu unterscheiden.

In der Schlacht bei Hastings im Jahr 1066 war es allerdings nicht besonders schwer, die Normannen von den Angelsachsen zu unterscheiden. Zum einen hatten die Normannen Pferde, zum anderen war die Ausrüstung der gegnerischen Parteien unterschiedlich. Dies war jedoch, wie bereits erwähnt, eher die Ausnahme als die Regel.

Eine Uniform oder jeweils einheitliche Abzeichen auf den Schilden hätten Abhilfe geschaffen, doch widersprach dies dem höchst individuellen Charakter des ritterlichen Kampfes. So brauchte jeder Kriegsherr und jeder Ritter ein eigenes Identifikationsmerkmal, damit »friendly fire« möglichst vermieden werden konnte. Darüber hinaus diente es der nachträglichen Analyse der Schlacht und zur Herausstellung persönlicher Heldentaten.

Hatte sich ein Ritter in einer Schlacht besonders hervorgetan, konnte er zu Recht hoffen, dass ein anderer Krieger sein persönliches Wappen auf dem Schild erkannt hatte. Umgekehrt konnte man dem Vorwurf der Feigheit vor dem Feind leicht mit dem Verweis darauf begegnen, dass das Wappen dort gesehen worden war, wo der Kampf am heftigsten getobt hatte.

Der Wunsch nach einem persönlichen Abzeichen mündete schließlich in dem, was wir heute als Wappenkunde bezeichnen. Diese entwickelte ab dem 12. Jahrhundert im Laufe der Zeit ihr eigenes, sehr komplexes Regelsystem. Das Wappen eines jeden Ritters musste einzigartig sein. Gelegentlich gab es auch Doppelungen; dies führte jedoch fast immer zu Konflikten zwischen den Parteien, von denen jede das Wappen für sich beanspruchte.

Zu den Regeln der Wappenkunde gehörte auch, dass festgelegt wurde, welches Familienmitglied das Wappen erbte und wie das Wappen der nachfolgenden Söhne, die zum Ritter geschlagen wurden, abgeändert werden musste. Verbanden sich zwei Familien durch Heirat, wurden die jeweiligen Wappen miteinander kombiniert – auch dies folgte strikte Regeln.

Im Laufe der Jahre wurden die Wappen immer komplizierter; ihre ursprüngliche Funktion – das schnelle Identifizieren im Kampf – ging dabei verloren. Zudem kam auch der Schild, an dem das Wappen üblicherweise appliziert war, immer mehr aus der Mode. Ab dem 13. Jahrhundert prangte das Wappen auf einem Überrock, dem sogenannten Wappen- oder Heroldsrock; von diesem Kleidungsstück leitet sich der englische Begriff für Familienwappen – »coat of arms« – her.

In einigen Verbindungen der damaligen Zeit kam auch so etwas Ähnliches wie eine Uniform auf. Die Tempelritter beispielsweise kennzeichnete ein einfaches rotes Kreuz auf weißem Untergrund, das anstelle persönlicher Insignien entweder auf dem Wappenrock oder dem Schild getragen wurde. Einige Lehnsherren verfügten auch, dass ihr Wappen auf den Schilden der Leibritter erschien, und erzeugten damit einen gewissen Grad an Uniformität.

Im späteren Mittelalter tauchten in manchen Teilen Europas Söldnerritter auf, deren Schilde eine Version des Wappens ihres Auftraggebers zierte. Die Ritter, die gerade nicht im Dienst eines Herrn standen, hatten meist gar kein Wappen. Das Gefolge eines Söldnerritters wird im Englischen als »lance« – Lanzenträger – bezeichnet; daraus entwickelte sich der moderne Begriff des »free lancers«, mit dem man einen selbstständig bzw. für verschiedene Auftraggeber Tätigen meint.

In dieser Illumination einer spanischen Handschrift König Alfons' X. (13. Jh.) sind die heraldischen Symbole des Herrschers abgebildet.

Die Veränderungen, die sich hinsichtlich der Wappen ergaben, berührten die grundlegende Funktion des Ritters nicht. Seine Aufgabe bestand darin, den Feind mit Speer oder Lanze anzugreifen und zu besiegen. Verlor er die Lanze, musste er mit dem Schwert oder einer anderen Waffe – meist mit Axt oder Keule – weiterkämpfen; damit war er allerdings weit weniger effektiv.

Militärisch gesehen, war die Funktion der Ritterstreitmacht die der schweren Kavallerie; der Ritter war weder Plänkler noch Vorposten. Er diente gewissermaßen als finale Durchschlagswaffe, die jederzeit mit tödlicher Wirkung gegen den Feind gerichtet werden konnte. Gegen einen gut geführten Angriff war der Feind fast machtlos – außer dieser setzte statt roher Gewalt seine Fantasie ein.

SCHWERE KAVALLERIE

Nicht die ganze schwere Kavallerie bestand aus Rittern. Viele Reiter waren auch professionelle Soldaten, die wiederum meist im Dienst eines Ritters standen. Dazu gehörte auch eine Art Unteroffiziere oder Sergeanten, die sozial zwischen dem

CONDOTTIERI-SÖLDNER

Die Abbildung zeigt einen Condottiere aus dem 15. Jahrhundert – perfekt geschützt und mit Schwert und Pike ausgerüstet. Die ersten Condottieri tauchten gegen Ende des 13. Jahrhunderts als Söldner in Europa auf. Zu ihnen gehörten auch Ritter, manchmal waren sie jedoch wenig mehr als eine Ansammlung von Banditen. Bestechlichkeit war gewissermaßen Teil des Berufsethos, Ruhm und Ehre galten ihnen weniger als das persönliche Hab und Gut. Dennoch hatten sie den schlechten Ruf, der sie umgab, nicht immer verdient.

MONGOLISCHER SCHWERER KAVALLERIST

Die mongolische Kavallerie war zwar mit einer leichteren Rüstung ausgestattet, dafür jedoch viel beweglicher. Sie war in Einheiten von 100, 1000 und 10 000 Mann eingeteilt. Meist verbindet man mit mongolischen Kriegern berittene Bogenschützen, es gab aber auch eine mit Bogen ausgerüstete schwere Kavallerie, die den Feind unter Beschuss setzte und zermürbte, bis man mit Schwertern und anderen Handwaffen angriff. Die Mongolen waren ausgezeichnete Taktiker, die sich beispielsweise des vorgetäuschten Rückzugs bedienten. So auch im Jahr 1241 in der Schlacht von Liegnitz.

Adel und den Bauern angesiedelt waren – die Mittelschicht des Mittelalters. Ausgerüstet waren sie ähnlich wie die Ritter, unterstanden diesen jedoch. Zeichneten sie sich im Kampf aus, konnten sie in den Adels- und Ritterstand erhoben werden.

Auf der nächsten Stufe der sozialen Leiter standen die schwer bewaffneten Kavalleristen, im Großen und Ganzen professionelle Soldaten, darunter auch Bogen- und Armbrustschützen, Speerträger, Artilleristen und Reiter. Eigentlich war jeder professionelle Soldat – ob Ritter oder nicht – ein schwer bewaffneter Kavallerist; in der Praxis bezeichnete man mit dem Begriff jedoch nur Nicht-Adlige. Diese Soldaten waren in der Regel nicht so gut ausgerüstet wie die Ritter, doch hat-

MAMLUKEN-KAVALLERIE

Die sehr effektiven Mamluken – eine Folge harter Ausbildung und strenger Disziplin – dienten jahrhundertelang in muslimischen Armeen. Die Art der Waffen und ihre Kampfesweise waren strikten Regeln unterworfen. Rückte man, wie in der Abbildung, in einer Linie vor, bereitete man sich möglicherweise auf einen Lanzenangriff vor. Gegen Fußsoldaten durften die Mamluken nur mit Lanzen oder Bogen bewaffnet kämpfen – der Schwertkampf war zu gefährlich.

ten sie ein Pferd, eine Lanze und auch eine Art von Rüstung und konnten somit die Reihen der Ritter füllen, auch wenn sie nicht adelig waren.

Einige Kriegsherren stellten eine schwere Kavallerie auf, ohne auf das Krieger-Adliger-Modell zurückzugreifen. Diese Truppen waren zwar ähnlich, hatten aber keinen vergleichbaren politischen oder sozialen Status. Zu ihnen gehörten etwa die Kataphrakten des Byzantinischen Reichs, das sich im Mittelalter bereits seinem Ende näherte. Die Kataphrakten – schwer bewaffnete, mit Lanzen und Bogen ausgerüstete Reiter – banden ihre Lanzen oft mit Ketten an die Pferde, um die Wucht des Aufpralls zu mildern. Die Pferde der Krieger trugen ebenfalls Rüstungen, die überwiegend aus einander überlappenden Schuppen anstelle eines Kettenpanzers bestanden.

Eine schwere Kavallerie gab es auch in den muslimischen Reichen Nordafrikas und des Mittleren Ostens, obwohl diese Truppen leichter gerüstet waren als ihr okzidentales Äquivalent. Die Streitkräfte wurden auch von Adligen angeführt, allerdings waren diese keine Ritter

SELDSCHUKISCH-TÜRKISCHE HELME

Die seldschukischen Türken bevorzugten kegel- oder keilförmige Helme, die die Wucht eines von oben ausgeführten Schlags abfingen. Im Gegensatz zu den starren europäischen Helmen waren die der Seldschuken seitlich mit Kettenpanzer ausgestattet. Dies hing mit den jeweiligen Waffen zusammen: Die westeuropäischen Ritter kämpften mit der Lanze, die Seldschuken mit dem Schwert. Zum muslimischen Helm gehörte meist auch eine Maske, die entweder nur Stirn und Nase oder das ganze Gesicht bedeckte. An der Spitze des Helms waren oft Federn zum Schmuck oder zur Identifizierung der Einheit angebracht.

– und wesentlich disziplinierter. So war die muslimische schwere Kavallerie insgesamt viel flexibler als die schwerfällige europäische.

DIE MAMLUKEN

Auch in der muslimischen Kavallerie gab es Krieger von herausragendem sozialem Status, die sich von den Kriegsherren des westlichen Europa dennoch unterschieden: die Mamluken. Die Krieger wurden schon als Kinder – Sklaven aus nichtmuslimischen Gebieten oder bereits von mamlukischer Herkunft – ausgebildet und stark religiös indoktriniert. Auf diese Weise wollte man Truppen schaffen, die an keine Stämme oder politischen Gruppierungen gebunden, dafür aber hochprofessionell waren.

Hatten die Mamluken ihr Training absolviert, waren sie keine Sklaven mehr und konnten bedeutende gesellschaftliche Positionen einnehmen, gleichwohl man immer darauf achtete, sie aus der Lokalpolitik herauszuhalten. Das gelang nicht immer; manchmal riss ein Mamluke die Macht an sich, in der überwiegenden Zahl der Fälle waren sie ihrem Kriegsherrn jedoch loyal ergeben.

Die Mamluken waren die Elite der muslimischen Armeen des Mittelalters. Darin glichen sie den Rittern der westeuropäischen Streitkräfte, denen sie an Disziplin jedoch weit überlegen waren. Auch sie trugen Kettenpanzer und kämpften mit Lanzen; zudem waren sie mit Krummsäbeln und Rundschilden ausgerüstet. Mehr als einmal erwiesen sich die Mamluken als würdige Gegner der Ritter.

Im Großen und Ganzen gesehen war die Rolle der schweren Kavallerie überall auf der Welt mit der der westeuropäischen Ritter vergleichbar: Sie griffen als Gruppe an, zersprengten den Feind und widmeten sich dann Einzelkämpfen, in denen sie die Gegner endgültig besiegten.

LA FORBIE, 1244

Nach vielen Jahren der Kreuzzüge war der Anblick von Westeuropäern im Heiligen Land keine Seltenheit mehr; meist hatten sie es dort sogar schon zu einigem politischem Ansehen gebracht. Dennoch war die politische Situation nicht annähernd stabil und sowohl einheimischen Konflikten als auch den Geschehnissen im weit entfernten Europa unterworfen.

1244 kam ein harter Schlag: Jerusalem fiel an die Choresmier, einen von den Mongolen vertriebenen Stamm, der sich in der Nähe von Jerusalem angesiedelt hatte. Die Kreuzfahrer wollten die Heilige Stadt zurückerobern und erhielten Unterstützung von muslimischen Syriern, die Jerusalem weder den Barbaren noch den eigenen, in Ägypten ansässigen muslimischen Rivalen überlassen wollten.

DIE SCHLACHT VON LA FORBIE, 1244

In der Schlacht von La Forbie errangen die Mamluken (rot) und die verbündeten Choresmier einen entscheidenden Sieg über die mit Muslimen aus Damaskus und Aleppo verbündeten Kreuzfahrer (blau). Nachdem man die Muslimen vertrieben hatte, griffen die Kreuzfahrer unklugerweise die Mamluken vor sich an; dadurch wurden sie von ihrer Infanterie abgeschnitten.

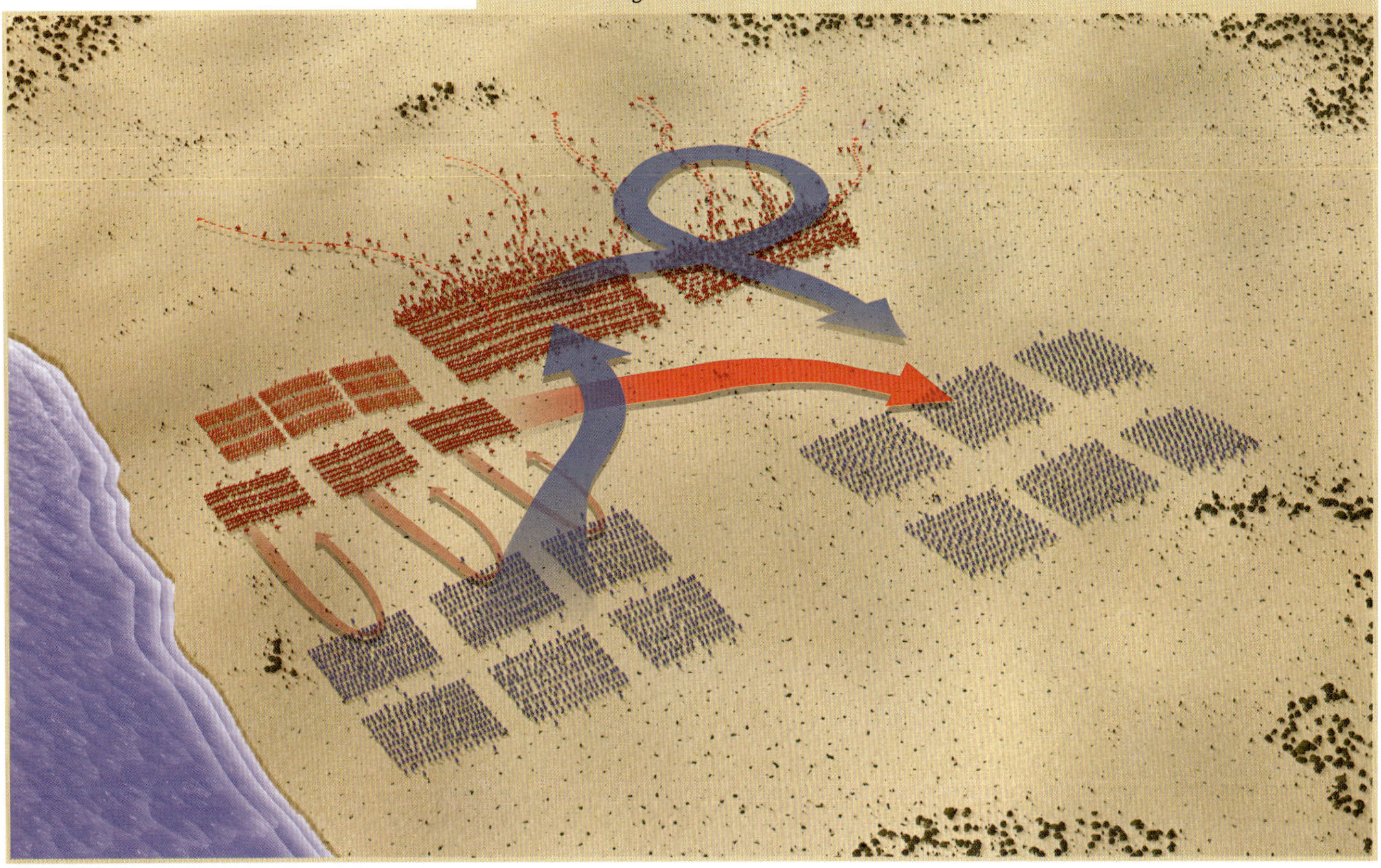

RITTER DES JOHANNITER-ORDENS (1250)

Die Ritter des Johanniter-Ordens waren mit der Verteidigung des Heiligen Landes beauftragt, wurden schließlich jedoch durch die wachsende Macht des Islam verdrängt. Der religiöse Orden brachte disziplinierte, fähige und fromme Krieger hervor. Wie die Tempelritter, die ebenfalls einem religiösen Orden entstammten, trugen auch die Johanniter einen einfachen Überrock mit dem Wappen des Ordens; sie selbst besaßen nichts. Dennoch entsprach ihre Ausrüstung höchstem Standard, die von ihnen bemannten Festungen waren sehr imposant. Nach ihrer Vertreibung aus dem Heiligen Land und von Rhodos erlebte der Orden 1535 mit der Verteidigung seines neuen Zuhauses – Malta – seine Sternstunde.

Die Streitmacht von rund 1000 berittenen Kreuzfahrern und 6000 Fußsoldaten sowie 4000 Syriern – überwiegend schwere Kavallerie – und ein wenig leichter beduinischer Kavallerie marschierte der gegnerischen Streitmacht entgegen, die aus etwa 10 000 Choresmiern und 6000 Mamluken – ebenfalls schwere Kavallerie – aus Ägypten bestand. Die Choresmier hatten sich mit der ägyptischen Ayyubiden-Dynastie verbündet, die ihre besten Reiter entsandte.

Die schwere Kavallerie der Mamluken war hochprofessionell; die Sklavenjungen waren in einer religiös und kriegerisch geprägten Umgebung aufgewachsen, die sich von der eines jungen christlichen Ritters kaum unterschied. Ihre Pferde waren ungeschützt, die Rüstungen der Mamluken bestanden aus einer Mischung von Ketten- und Schuppenpanzer. Zudem umfasste ihre Ausrüstung Lanze, Schwert, Schild, Streitkolben und Dolch.

SCHWERE KAVALLERIE DER CHORESMIER (1250)

Choresmien lag östlich des Heiligen Landes zwischen dem Aralsee und dem Persischen Golf. Einst war es Teil des Perserreichs und erlebte vom 11. bis zum 13. Jahrhundert seine Blütezeit. Die mongolische Invasion von 1218 v. Chr. setzte dem ein Ende, die Choresmier wurden nach Westen ins Heilige Land vertrieben. Die schwere Kavallerie war ein wichtiger Teil der Choresmier-Armee; jahrhundertelang musste sie ihr Heimatland gegen nomadische Übergriffe aus Asien verteidigen. Zur Ausrüstung gehörten Bogen und Lanze sowie ein Schuppenpanzer für Krieger und Pferd.

Die Armeen der Widersacher trafen in der Nähe der Küste aufeinander. Die Kreuzfahrer standen den Choresmiern, ihre syrischen und beduinischen Verbündeten der mamlukischen schweren Kavallerie gegenüber. Die Chance, die Choresmier zu zersprengen, wäre groß gewesen, hätte man die Kriegshandlungen einige Tage hinausgezögert. Doch der Oberbefehlshaber der Kreuzfahrer, Walter von Brienne, entschloss sich dazu, sofort anzugreifen. Am ersten Tag der Schlacht trugen die Kreuzfahrer einen Teilsieg davon. Ihre Angriffe fügten dem Gegner große Verluste zu, doch waren die Choresmier in der Überzahl und konnten so die endgültige Niederlage abwenden. Der Kampf zwischen Syriern und Mamluken ging unentschieden aus.

Am zweiten Tag der Schlacht ließ der mamlukische Anführer Baibars seine Streitkräfte die Plätze tauschen. Nun standen die Choresmier den Syriern gegenüber und die Mamluken den Kreuzfahrern. Baibar befahl, die Syrier und Beduinen anzugreifen. Letztere flohen, die Syrier wurden umzingelt. Diese waren zwar besser ausgerüstet, aber deutlich in der Unterzahl – die Choresmier siegten. Dank guter Disziplin gelang es einigen syrischen Reitern, zusammenzubleiben und sich gemeinsam ihren Weg freizukämpfen – von ursprünglich 4000 Mann waren dies jedoch nur 300. Die Kreuzfahrer reagierten mit einem Angriff auf die Mamluken: Rund 1000 Ritter preschten auf sechs Mal so viele Mamluken los, die dem Gemetzel allerdings standhielten. Die Kreuzfahrer verloren an Schwung und wurden in zahlreiche Handgemenge verwickelt; eine zweite oder dritte Einheit, die eingreifen und die Situation hätte retten können, gab es nicht. Die Kreuzfahrer hatten gewissermaßen ihr ganzes Pulver verschossen.

Während die Mamluken nach und nach die Kavallerie der Kreuzfahrer dezimierten, widmeten sich die siegreichen Choresmier den Fußsoldaten der Kreuzfahrer. Überlebende gab es in dieser Schlacht fast keine; die meisten Krieger, die entkamen, waren Ritter, die im Zweikampf siegten und danach flohen.

So führte die Schlacht von La Forbie zur beinahe vollständigen Auslöschung der Kreuzfahrerarmee. Hätte es eine Reserve gegeben oder hätte Walter von Brienne sich nicht dazu entschlossen, einen zahlenmäßig überlegenen Feind mit einer ungeschützten Flanke anzugreifen, wären die Dinge sicher anders verlaufen. Doch unter den gegebenen Umständen hätte kein noch so großer Heldenmut der einzelnen Kreuzritter die Niederlage abwenden können.

KROATISCHE LEICHTE KAVALLERIE (1280)

Das zwischen Westeuropa und dem Mittleren Osten gelegene Kroatien wurde militärisch von beiden Seiten beeinflusst. Die eher arme Region konnte sich eine ausgefeilte Kriegstechnologie jedoch kaum leisten. Der abgebildete leichte Kavallerist aus dem 13. Jahrhundert trägt ein Kettenhemd, das weiter westlich schon aus der Mode gekommen war, sowie einen offenen Helm mit Kettenpanzer-Gesichtsschutz. Gegen Lanzen konnte diese Rüstung wenig ausrichten, besser geeignet war sie im Kampf gegen Pfeil und Bogen sowie Handwaffen. Der Kamm des Helms schützte vor Schlägen, die von oben ausgeführt wurden.

LEICHTE KAVALLERIE

Die leichte Kavallerie unterschied sich von der schweren sowohl durch ihre Ausrüstung als auch durch ihre Rolle. Sie konnte die schwere Kavallerie zwar bei einem Angriff begleiten und tat dies manchmal auch, besser geeignet war sie jedoch für andere Aufgaben.

Den berittenen Bogenschützen als mobiler Teil der Schützeneinheit einer Armee widmen wir uns an anderer Stelle (siehe S. 150ff.). Ebenfalls zur Aufgabe der leichten Kavallerie gehörte der Nahkampf mit Lanze oder Handwaffe, in erster Linie waren die leichten Kavalleristen jedoch als Späher tätig und für die taktische Unterstützung zuständig. Die Krieger waren schnell, kamen auch in unwegsamem Gelände gut voran, spähten geeignete Routen aus und verhinderten Überraschungsangriffe des Feinds. Darüber hinaus waren sie auch für die Vorräte verantwortlich.

Viele Kriegsherren bedienten sich der leichten Kavallerie allerdings nur zum Überfallen und Plündern. Als Späher setzte man sie seltener ein, was oft zumindest teilweise an gewissen Formalitäten der Kriegsführung lag. Zu diesen For-

malitäten gehörte es beispielsweise, den Gegner schriftlich zu einer Schlacht einzuladen; diese Einladung enthielt Ort und Zeit der »Zusammenkunft«. Hier musste nicht erst lange spioniert werden – zumindest nicht, wenn die Kontrahenten sich beide an die Regeln hielten.

In der ritterlichen Gesellschaft mit ihren strikten Vorschriften hatte man für die leichte Kavallerie demnach wenig Verwendung. Ihre Fähigkeit, schnell auf eine kritische Situation in der Schlacht zu reagieren, wurde ignoriert oder als Behinderung der Ritter aufgefasst. In einer Zeit, in der man rasch angriff und sich auf individuelle Handgemenge einließ, zog kaum ein Kriegsherr die Möglichkeit eines Flankenmanövers mit leichter Kavallerie in Betracht. Zumindest in einigen Kulturen.

Andere schätzten die leichte Kavallerie: In Osteuropa, wo sich viele Reiterstämme aus Asien angesiedelt hatten, blickte die leichte Kavallerie auf eine viel ausgeprägtere Tradition zurück. Hier bedienten sich zahlreiche Kriegsherren dieser besonderen Form der Reiterei.

Der typische leichte Kavallerist des Mittelalters war entweder ein Berufssoldat recht niedrigen Ranges, der nur wenig über dem Bauern auf einer der untersten Stufen der sozialen Leiter stand, oder ein Stammesmitglied, das mit seinen Verbündeten kämpfte. Letztere waren allerdings nicht immer verlässlich – vor allem dann nicht, wenn etwas schiefging.

Manchmal benutzte man die leichte Kavallerie auch zum Aufstocken der ritterlichen Reihen, insbesondere wenn der Ritter ohnehin leichte Kavallerie im Gefolge hatte. Waren verbündete Reiter einer anderen gesellschaftlichen Schicht – etwa Stammesmitglieder – anwesend, fasste man diese zu Grüppchen zusammen und erteilte ihnen meist relativ unbedeutende Aufgaben.

Darstellung einer Schlacht zwischen Persern und Turanern (1000 v. Chr.) aus dem »Shahnama« (Buch der Könige) des Abu'l-Qasim Manur Firdawsi. In Asien schätzte man die leichte Kavallerie, vor allem berittene Bogenschützen.

GRUNWALD, 1410

Zur Schlacht bei Grunwald kam es durch die unablässigen Versuche des Deutschen Ordens, sein Territorium zu erweitern. Der Kaiser des Heiligen Römischen Reiches hatte den Rittern des Ordens die Herrschaft über Preußen und die umliegenden Gebiete gewährt; in den folgenden 200 Jahren fanden immer wieder Kämpfe zur Eroberung neuer Gebiete statt. Die Einheimischen widersetzten sich und wurden darin von den Polen unterstützt.

Daraufhin erklärte der Deutsche Orden den Polen den Krieg, bot ihnen jedoch ein Jahr Vorbereitungszeit an – genügend Zeit, um alle verfügbaren Streitkräfte zu sammeln, die dann, so hofften die Ritter, in einer einzigen Schlacht vernichtet werden konnten. Ein langer Feldzug oder zermürbende kleinere Schlachten wären so unnötig gewesen. Die Möglichkeit einer Niederlage kam den Rittern offenbar nicht in den Sinn.

1410 schließlich zog der Deutsche Orden mit überwiegend schwerer Kavallerie in die bevorstehende Schlacht: rund 4000 Ritter, unterstützt von professionellen Speerträgern und Armbrustschützen sowie einheimischen Soldaten und einigen Kanonenschützen.

Die Streitmacht, die dem Deutschen Orden gegenübertrat, bestand aus rund 6000 Rittern und schwerer Kavallerie. Die Rüstungen dieser Männer waren zwar ebenso gut wie die der deutschen Ritter, allerdings erheblich leichter. Die Waffen waren die gleichen. Zur Unterstützung der schweren Kavallerie gesellte sich noch leichte Kavallerie der Litauer und Tataren, die keine Rüstungen trugen. Einige kämpften mit Bogen oder Wurfspieß, andere mit der Lanze. Neben primitiven Kanonen gab es auch fast 20 000 Fußsoldaten. Bereits auf dem Weg zur Schlacht führten die polnisch-litauischen Verbündeten mithilfe der leichten Tataren-Kavallerie einige kleinere Angriffe aus. Sie zwangen den Deutschen Orden dazu, Streitkräfte zurückzulassen, die die hinteren Reihen beschützten, was die vorderen Reihen natürlich schwächte.

Die Armeen trafen in der Nähe von Grunwald aufeinander. Nach etwas Vorgeplänkel der Kavallerie eröffnete die leichte Kavallerie der Litauer und Tataren die Schlacht. Sie überrannten die teutonische Artillerie und Infanterie vor sich, nur ein Gegenangriff der Ritter des Deutschen Ordens konnte sie aufhalten. Es kam zu einem Handgemenge im großen Stil, bei dem die Überzahl der leichten Kavallerie ihren geringeren Schutz ausglich.

Vorübergehend gelang es den Rittern des Deutschen Ordens, den Gegner zu zersprengen und zu vertreiben, doch zu diesem Zeitpunkt waren schon die gan-

DIE SCHLACHT BEI GRUNWALD, 1410

In der Schlacht von Grunwald (1410) schlugen die Polen und ihre litauischen Verbündeten (rot) die mächtige, aber zu siegessichere Streitmacht des Deutschen Ordens (blau). Der entscheidende Faktor war die Mobilität; die gesammelte litauische Kavallerie drang in der kritischen Phase der Schlacht hinter die feindlichen Linien vor.

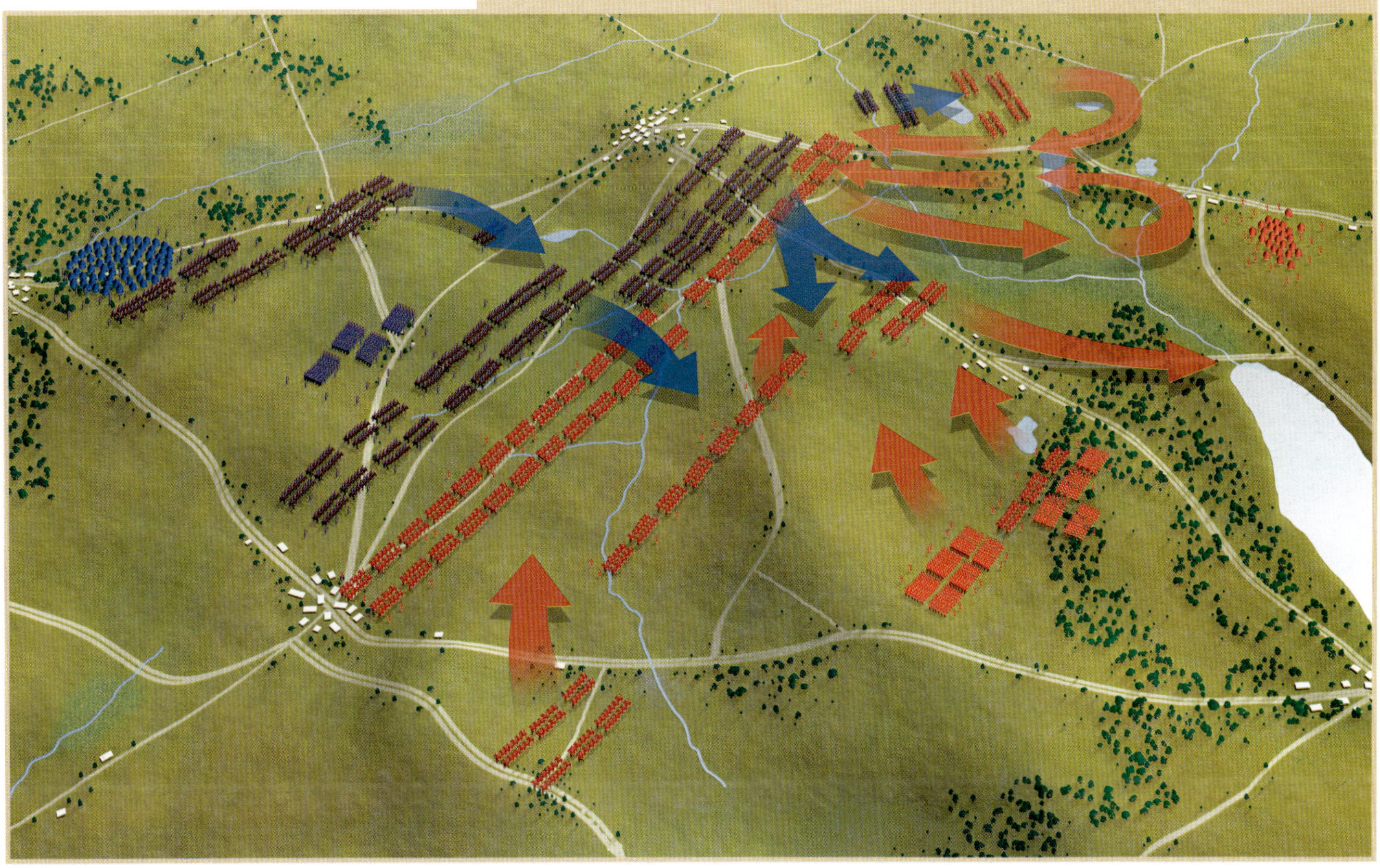

RITTER DES DEUTSCHEN ORDENS

Der Deutsche Orden wurde 1192 als Kreuzritterorden im Heiligen Land gegründet. Nach seiner Niederlage zogen die Ritter nach Osteuropa, wo sie die Ungarn gegen die Kyptschaken verteidigten. Anschließend zogen sie nach Norden, um gegen die Nicht-Christen in Nordosteuropa einen Kreuzzug zu führen. Auf dem Höhepunkt seiner Macht konnte der Orden Tausende gut ausgerüsteter Ritter und andere Streitkräfte sammeln.

zen eigenen Reihen in die Schlacht verwickelt. Beide Seiten griffen bereits auf die Reservetruppen zurück. Den Verbündeten gingen die Männer zuerst aus, woraufhin der Deutsche Orden nun auch die letzte Reserve einsetzte, um den vernichtenden Schlag zu führen. Doch hatte sich die vorher vertriebene litauische Kavallerie erneut sammeln können und griff die Teutonen im Rücken an. Diese sahen sich umzingelt, die Schlacht war verloren.

Den Ausschlag in der Schlacht bei Grunwald gab die leichte Kavallerie, die dem Feind im entscheidenden Augenblick in den Rücken fiel. Dies hätte den Polen und Litauern natürlich nichts genützt, wäre die schwere Kavallerie nicht imstande gewesen, es mit den Rittern des Deutschen Ordens aufzunehmen.

KAMELREITER

Bei wüstenbewohnenden Völkern war das Kamel traditionellerweise nicht nur ein Last-, sondern auch ein Reittier. In der Schlacht erwiesen sich die Tiere den Pfer-

Die Schlacht bei Grunwald, auch bekannt als die Schlacht bei Tannenberg, fand am 15. Juli 1410 statt und endete mit der Niederlage des Deutschen Ordens, der sich davon nie erholte. Das Gemälde von Wojciech Kossak (1931) zeigt den Sieg des polnisch-litauischen Königs Wladyslaw II. Jagiello.

SATTEL UND STEIGBÜGEL

Der hohe Sattel schützte den Unterleib des Reiters und verlieh ihm Stabilität. Auch durch die Steigbügel konnte sich der Reiter abstützen und die Wucht des Aufpralls bei einem Lanzenangriff mildern. Zudem konnte er sich aufrichten und einen – sehr effektiven – Schlag von oben ausführen. Seit wann genau es Steigbügel gibt, ist umstritten, doch weiß man, dass normannische Ritter sie benutzten.

den zwar unterlegen, hatten jedoch auch einen großen Vorteil: Ihr Geruch und Anblick ängstigte die Pferde, die nicht an diese Tiere gewöhnt waren. So konnten Kamelreiter eine gegnerische Kavallerie durch ihre bloße Anwesenheit in die Flucht schlagen. Zumindest scheuten einige der gegnerischen Pferde vor den Kamelen, was die Effektivität der gesamten Kavallerie schwächte.

Manchmal benutzten die Krieger, die mit Wurfspießen kämpften, sowie Bogenschützen Kamele, oft wurden sie jedoch wie bei der klassischen Kavallerie für den Kampf mit Lanze oder Schwert gebraucht. Generell ähnelte die Kamelreiterei der Kavallerie, wie sie andernorts üblich war; in einigen Armeen gab es neben der schweren auch eine leichte Kamelreiterei. Ebenso häufig kam es vor, dass Kamel- und Pferdereiter in der gleichen Armee Seite an Seite kämpften; diese Pferde waren an den Geruch, den Anblick und die Geräusche der fremden Tiere natürlich gewöhnt.

WAFFEN

Von einigen Ausnahmen abgesehen, kämpfte der berittene Soldat mit Waffen, die er in einer Hand tragen konnte, damit die andere Hand für den Schild frei war. Zu einer für einen Reiter nützlichen Waffe gehörte auch, dass sie über eine genügend große Reichweite verfügte. Die bevorzugte Waffe der Kavallerie war demnach der Speer bzw. die Lanze, mit der er den Feind erreichen konnte, ohne selbst von kürzeren Waffen getroffen zu werden; zudem erreichte er den Feind damit auch dann, wenn sein Pferd sich weigerte, allzu nah heranzureiten, was relativ häufig geschah.

Der Angriff mit gesenkter Lanze wird meist mit Rittern in Rüstungen assoziiert, kam aber auch in anderen Fällen vor. Die Einführung von Steigbügeln und extra stabilen Sätteln verbesserte die Wirkung des Lanzenangriffs; die Lanze konnte nun auch schwere Rüstungen durchbohren – dafür musste der Angriff jedoch mehr oder weniger frontal ausgeführt werden. Manchmal wurde die Lanze auch seitlich geführt, manchmal wurde sie sogar geworfen.

Der Angriff mit gesenkter Lanze entwickelte sich erst allmählich. Auf dem Teppich von Bayeux sind normannische

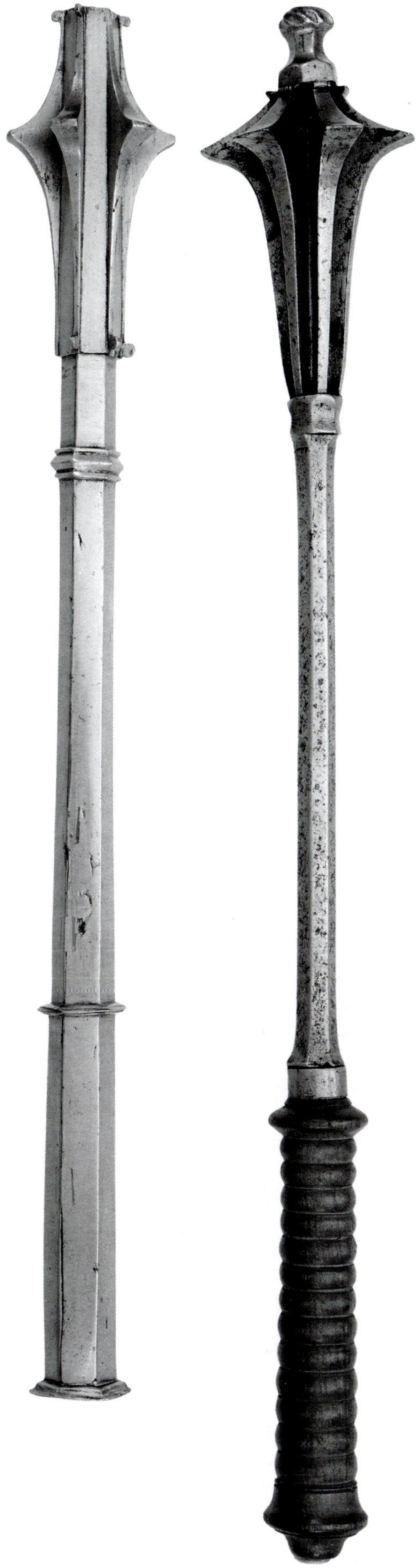

Der Streitkolben war gewissermaßen eine verfeinerte Keule. Der kurze Griff und der schwere Kopf verstärkten die Wirkung des Schlags um ein Vielfaches.

Italienisches Schwert aus dem 14. Jahrhundert. Es verfügt sogar über einen zusätzlichen Fingerschutz; so konnte man den Zeigefinger vor das Heft setzen und den Stoß zielgerichteter ausführen.

Zwei Langschwerter aus dem 13. Jahrhundert. Das eine verfügt über eine ausgeprägtere Spitze, doch waren beide Waffen in erster Linie dazu gedacht, auf den Gegner einzuhacken.

Ritter dargestellt, die die Lanze gesenkt oder mit beiden Armen führen oder sie werfen. Auch die Art des Speers oder der Lanze variierte von Ort zu Ort. Die schwersten Lanzen eigneten sich nur für den Frontalangriff in gesenkter Position; damit konnte der Ritter allerdings auch feindliche Rüstungen und Schilde durchbohren. Ein leichterer Speer eignete sich besser für Handgemenge, da man damit nach allen Seiten zustoßen konnte.

Generell kann man sagen, dass schwere Lanzen überwiegend von Rittern benutzt wurden, während sich die übrige schwere und leichte Kavallerie der leichteren Speere bediente. Fast alle Reiter verfügten zudem über eine Seitenwaffe – meist, aber nicht immer, ein Schwert.

WAFFEN MIT SCHNEIDE

Das Langschwert war nicht nur eine Waffe, sondern auch ein Statussymbol. Es erforderte großes handwerkliches Können, eine lange Klinge zu schmieden, die im Kampf nicht zerbrach oder sich verbog – entsprechend teuer war die Waffe. In manchen Kulturen wurde das Langschwert von Generation zu Generation vererbt; mit Kurzschwertern und Dolchen war kein so hohes Prestige verbunden.

Das westeuropäische Langschwert hatte eine gerade Klinge und eine Spitze, die in erster Linie zum Schlitzen gedacht war. Gegen eine Rüstung konnte man damit allerdings nicht viel ausrichten; so diente das Schwert vielen Rittern nur als Zweitwaffe, im Kampf bedienten sie sich eher der Lanze.

Die meisten Schwerter waren mit einem quer angebrachten Heft ausgestattet, das die Hand des Kämpfers schützte.

Der schwere Knauf balancierte das Gewicht des Schwerts aus und diente zudem als Nahkampfwaffe – im Ernstfall konnte man ihn wie eine Keule benutzen.

Trotz des schweren Knaufs lag das Hauptgewicht des Schwerts auf der Klinge, damit von oben ausgeführte Schläge mehr Wucht erhielten. Selbst wenn die Klinge durch wiederholte Schläge auf Rüstungen oder Schilde stumpf geworden war, hatte das Langschwert immer noch eine eindrucksvolle Wirkung. Man konnte einen Gegner in Rüstung damit niederknüppeln oder ihm die Gliedmaßen brechen, auch wenn das Schwert die Rüstung selbst nicht durchdrang.

KAMPFSCHWERT DER KAVALLERIE

Kämpfte ein Reiter gegen einen Fußsoldaten, richtete er sich mithilfe der Steigbügel im Allgemeinen im Sattel auf, um seine Schläge von weiter oben auszuführen. Dies machte den Reiter jedoch auch angreifbarer, da viele Arten von Rüstungen kaum einen Schutz für das Gesäß vorsahen – was auch nicht nötig war, solange der Reiter im Sattel saß. Hinterrücks von einem Speer getroffen zu werden, war zwar kein ruhmvoller Tod, jedoch kein ungewöhnlicher.

Osteuropäische und nordafrikanische Reiter bevorzugten gebogene Schwerter, die sich in der Handhabung vom Schwert mit gerader Klinge unterschieden. Letzte-

SCHWERTER DER REITEREI

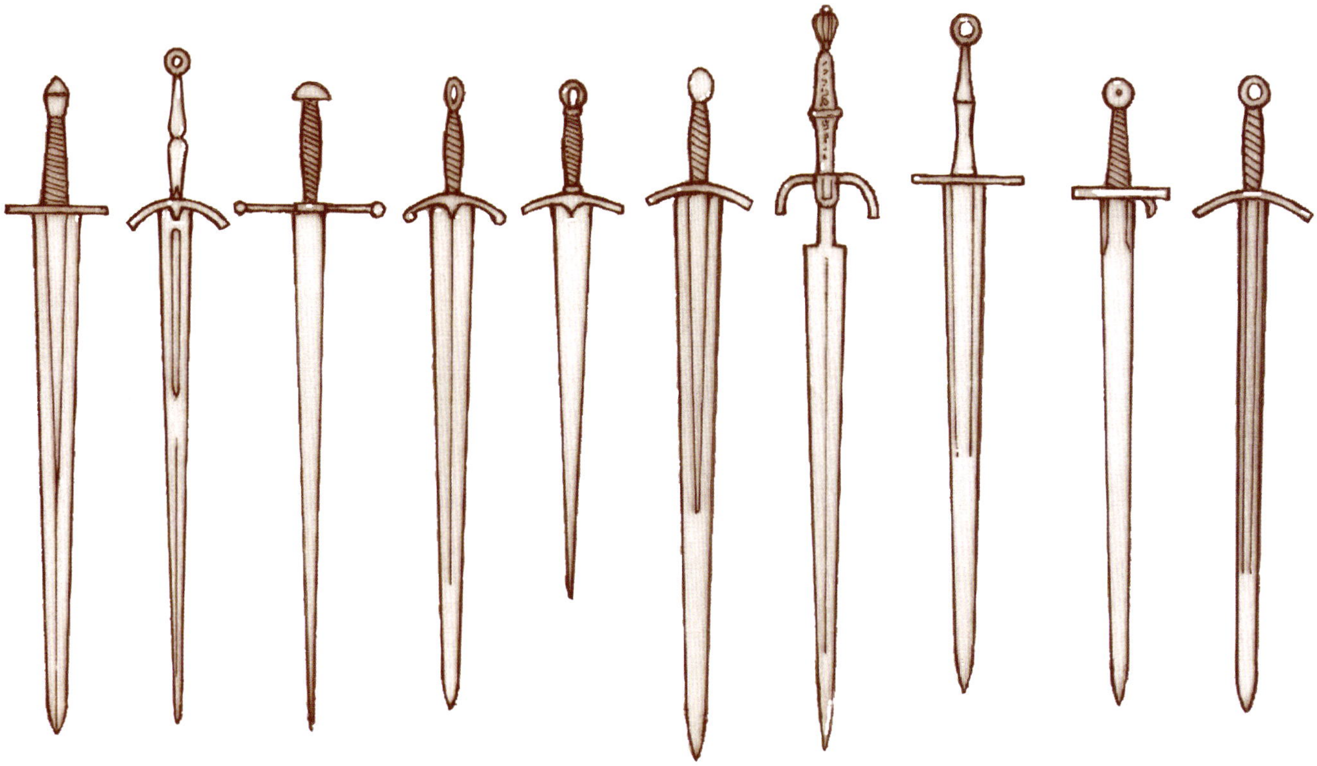

EUROPÄISCHE LANGSCHWERTER

Im Westen Europas bevorzugte man gerade und schwere Klingen, mit denen man gegnerische Rüstungen durchbohren konnte. Auf die Schärfe der Klinge kam es weniger an, da man in erster Linie auf die Wucht des Schlags setzte. Die Spitze des Schwertes ermöglichte das Zustoßen, was jedoch eher selten vorkam.

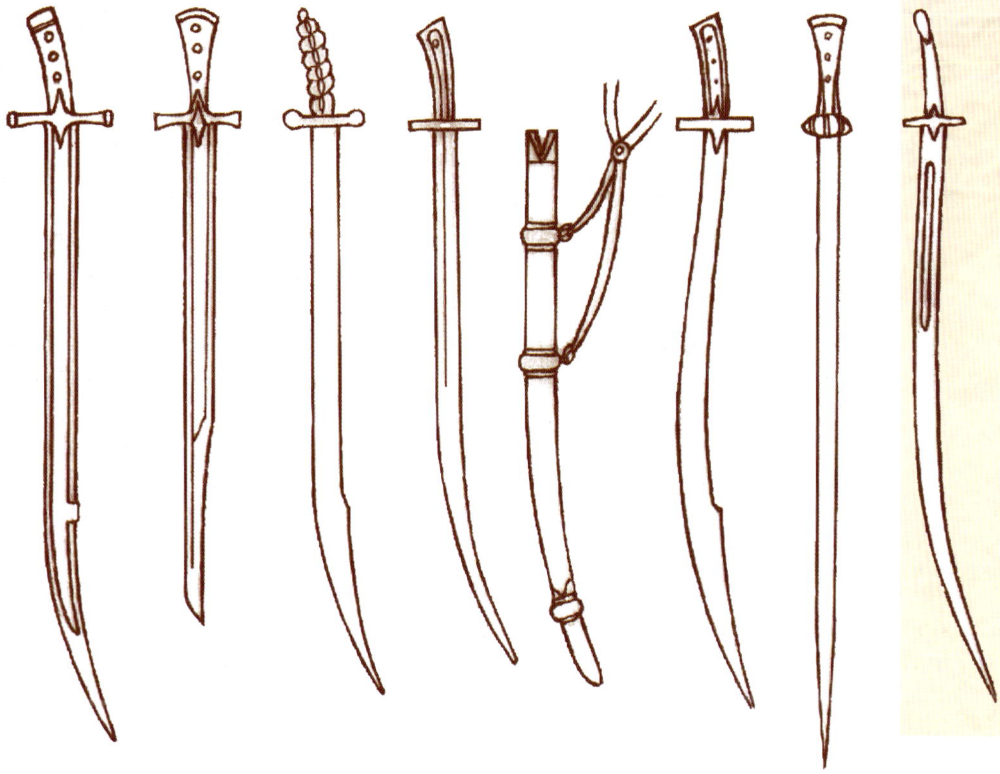

TÜRKISCHE SÄBEL

In östlichen Kulturen bevorzugte man gebogene Schwerter. Diese eigneten sich vor allem dazu, einem leicht gerüsteten Gegner Schnittwunden zuzufügen – mit welchem Teil der Klinge man auch traf, sie schlitzte und schnitt sich tief ins Fleisch. Einige Krummschwerter verdickten sich zur Spitze hin, was dem Schlag zusätzliche Wucht verlieh, doch wurde die Waffe dadurch unhandlicher und drehte sich leichter.

res setzte auf die Wucht der schweren Klinge, Ersteres eignete sich besser für schnelle Angriffe, bei denen man darauf abzielte, dem Gegner Schnittwunden zuzufügen.

Welcher Teil der gebogenen Klinge auch immer zuerst Kontakt mit dem Feind hatte, sie glitt am Körper des Gegners entlang und vergrößerte den Schnitt. Das hatte zur Folge, dass der Krummsäbel eines muslimischen Reiters effektiver gegen einen Mann in leichter Rüstung als gegen einen Ritter im Kettenpanzer eingesetzt werden konnte. Durch die Krümmung lag das Hauptgewicht der Waffe dort, wo sie auf den Feind traf, was dem Schlag zusätzliche Wucht verlieh. Dies glich den Nachteil eines leichteren Schwerts zumindest teilweise aus.

Der Krummsäbel und ähnliche gebogene Schwerter verfügten über eine Schneide und eine Spitze, mit der man zustoßen konnte, wenn auch eher unbeholfen. Der Hieb war in der Schwertkampftechnik der damaligen Zeit nicht sehr weit verbreitet. Hacken und Schlitzen dagegen waren an der Tagesordnung, Aggression und gutes Timing ersetzten ausgefeilte Finten. Das bedeutet nicht, dass der mittelalterliche Schwertkämpfer sein Handwerk nicht verstand; es bestand nur eben darin, den Gegner möglichst schnell vom Schlachtfeld zu entfernen, und nicht aus eleganten und ausgedehnten Fechtduellen.

AXTKAMPF

Die Axt war eine tödliche Waffe mit langem Griff und scharfer Schneide. Sie durchdrang Schilde und Rüstungen, war jedoch unhandlich zu tragen. Zudem musste man recht kräftig zuschlagen; wurde der Schlag vom Schild abgelenkt oder traf der Angreifer nicht, war er selbst angreifbar, bis er erneut ausholen konnte.

SONSTIGE WAFFEN

Das Schwert war zwar die am weitesten verbreitete Handwaffe der Kavallerie, es standen jedoch auch noch andere zur Auswahl. Viele Ritter setzten die Handaxt gegen einen Feind in Rüstung ein: Sie vereinte die Vorteile des Schwerts und des Streitkolbens. Das Hauptgewicht der Axt lag direkt hinter der Schneide, mithilfe des Griffs konnte der Krieger die Hebelwirkung seines Schlags verbessern.

Mit den immer besser werdenden Rüstungen kamen auch Hämmer immer mehr in Mode. Auf der anderen Seite des Kopfes befand sich meist eine Spitzhacke, auch ein Heft konnte angebracht werden. So konnte der Krieger zwischen einem stumpfen Schlag und einem Stoß mit der Spitzhacke wählen.

Ebenfalls beliebt waren auch Streitkolben, derer sich nicht nur Ritter, sondern auch Mönche bedienten, die zwar in die Schlacht zogen, aber im wortwörtlichen Sinn kein Blut vergießen durften – eine Haarspalterei, denn auch ein eingeschlagener Schädel blutet nicht gerade wenig. Doch mit diesem »Kompromiss« konnten die Mönche offenbar leben.

Im Wesentlichen ist ein Streitkolben eine technisch verbesserte Keule mit einem schweren Kopf aus Metall und einem kurzen Griff. Der Kopf kann kugelförmig sein oder eine andere geometri-

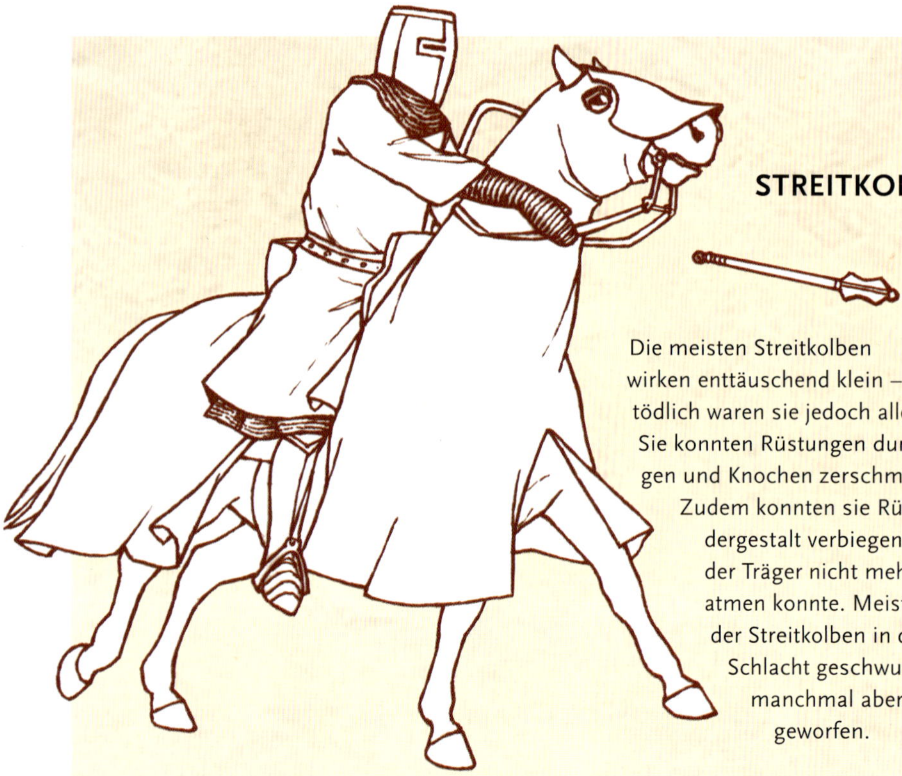

STREITKOLBEN

Die meisten Streitkolben wirken enttäuschend klein – tödlich waren sie jedoch allemal. Sie konnten Rüstungen durchdringen und Knochen zerschmettern. Zudem konnten sie Rüstungen dergestalt verbiegen, dass der Träger nicht mehr atmen konnte. Meist wurde der Streitkolben in der Schlacht geschwungen, manchmal aber auch geworfen.

sche Form haben, manchmal waren noch Dornen oder Bolzen daran angebracht. Einige Streitkolben verfügten sogar über einen Handschutz, das war jedoch eher die Ausnahme. Ein Streitkolben verursachte in der Regel ein stumpfes Trauma; er zerschmetterte Gewebe und Knochen. Insbesondere ein Schlag auf den Kopf des Gegners war sehr wirkungsvoll, man konnte ihn mit der Waffe regelrecht zu Tode prügeln. Trug der Feind einen Plattenpanzer, konnte man mit dem Streitkolben die einzelnen Platten verbiegen – der Gegner konnte sich dann schwerer bewegen oder sogar nicht mehr atmen. Einige Kämpfer warfen den Streitkolben wie einen Vorläufer der Handgranate. Die Waffe war dann zwar weg, der Gegner jedoch meist tot.

OBEN: Handaxt mit einfachem hölzernem Griff. Die preiswerte Waffe entwickelte sich aus einem Werkzeug heraus. Bauern, die sich keine Waffen leisten konnten, zogen mit ihren Holzfälleräxten in die Schlacht.

DER MORGENSTERN

Einige Streitkolben waren an ihrem oberen Ende mit Dornen ausgestattet und in manchen Gegenden auch unter dem Namen »Morgenstern« bekannt. Diese dreschflegelähnlichen Waffen bestanden aus einem Griff, der mit einer kurzen Kette verbunden war. Am Ende der Kette

LINKS: Diese Art Streitkolben war ebenfalls leicht herzustellen. Die Länge des Griffs konnte der Größe des Kämpfers angepasst werden. Für den Gebrauch des Streitkolbens waren keine besonderen Kenntnisse erforderlich.

UNTEN: Eine komplexere Waffe war der Morgenstern: Die Kugel konnte bei richtiger Handhabung mühelos Rüstungen durchdringen. War der Kämpfer im Gebrauch der Waffe ungeübt, gefährdete er jedoch auch sich selbst.

KETTENHEMD

Das Kettenhemd (der »Haubert«) schützte den Rumpf und zumindest Teile der Gliedmaßen durch Ärmel und einen Rock, der die Oberschenkel bedeckte. Es lastete schwer auf den Schultern des Trägers, ermöglichte aber eine gewisse Beweglichkeit. Meist bestand es aus einem Unterkleid aus Leder und einem Überrock. Es war einfacher, den Überrock aus Schuppenpanzer anzufertigen; ein Kettenpanzer bot zwar größeren Schutz, erforderte jedoch auch großes handwerkliches Geschick.

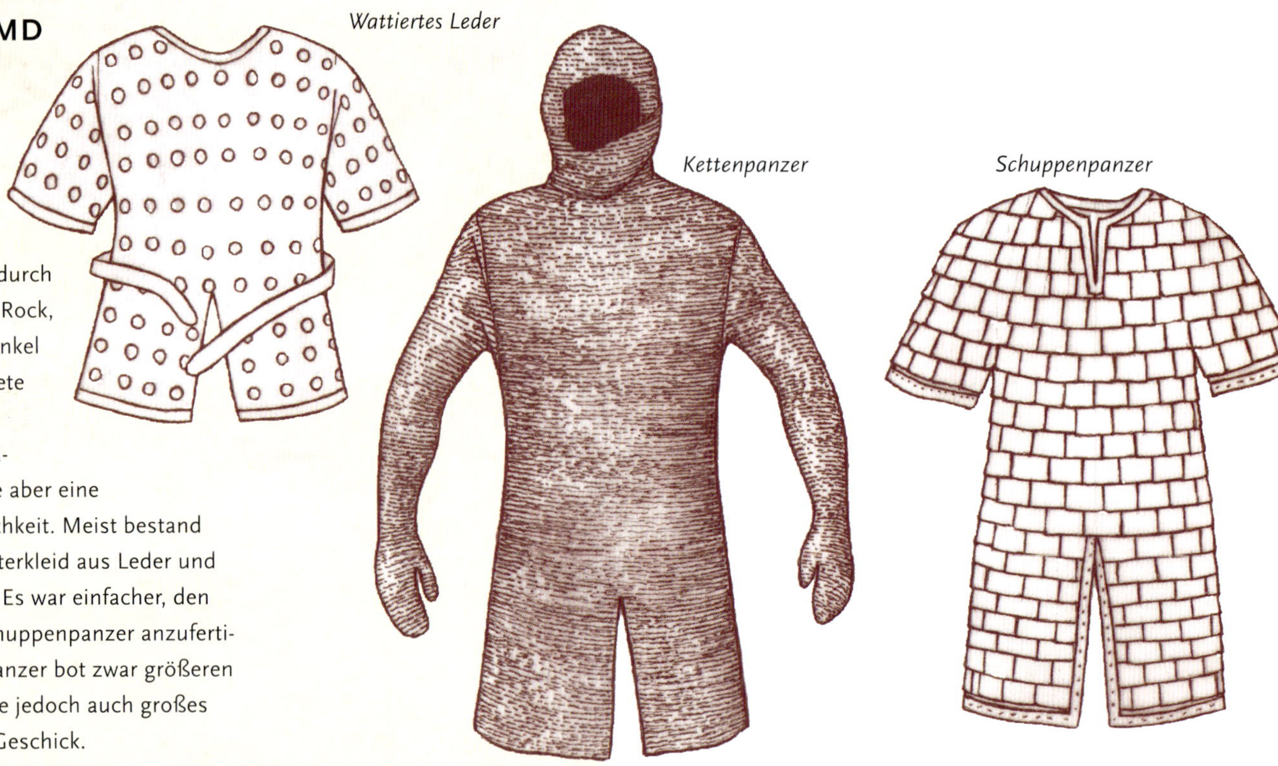

ENGLISCHER RITTER (1350)

Auch im Laufe der Jahre änderte sich die Grundausrüstung eines Ritters kaum. Schwert und Sporen waren nicht nur Waffen, sondern auch Statussymbole; sie blieben während des gesamten Mittelalters im Großen und Ganzen gleich. Dennoch machte die militärische Technologie Fortschritte. Der Schild wurde kleiner und leichter, der Rüstung wurden an kritischen Stellen Platten hinzugefügt. Auch die Waffen entwickelten sich weiter. Zusätzlich zum Langschwert trägt dieser Ritter eine Streitaxt und einen Anderthalbhänder, auch bekannt als Bastardschwert. Man konnte es mit einer Hand führen oder die zweite zu Hilfe nehmen, wenn der Ritter ermüdete oder dem Schlag besonderes Gewicht verleihen wollte.

Gegenüber: *Die Schlacht von Bannockburn wurde von einem einzelnen englischen Ritter eröffnet, der den schottischen König Robert the Bruce angriff. Dieser wehrte den Angreifer mit einem tödlichen Schlag auf den Kopf ab. Dieser Stich zeigt, was eine Axt sogar gegen einen guten Helm ausrichten konnte.*

hing ein schweres Gewicht, beispielsweise eine Kugel oder ein anderer Gegenstand aus Metall, mit oder ohne Dornen. Im Gebrauch des Morgensterns oder ähnlicher Waffen musste man schon geübt sein – insbesondere, wenn man zu Pferde kämpfte –, doch konnte die furchterregende Waffe dem Gegner entsetzliche Wunden zufügen. Damit gelangte man auch am Schild des Feindes vorbei oder konnte ihn an den Armen sowie um den Hals herum fesseln und bewegungsunfähig machen. Einige Morgensterne verfügten über zwei oder mehr Köpfe an separaten

MAILÄNDISCHE RÜSTUNG, 15. JAHRHUNDERT

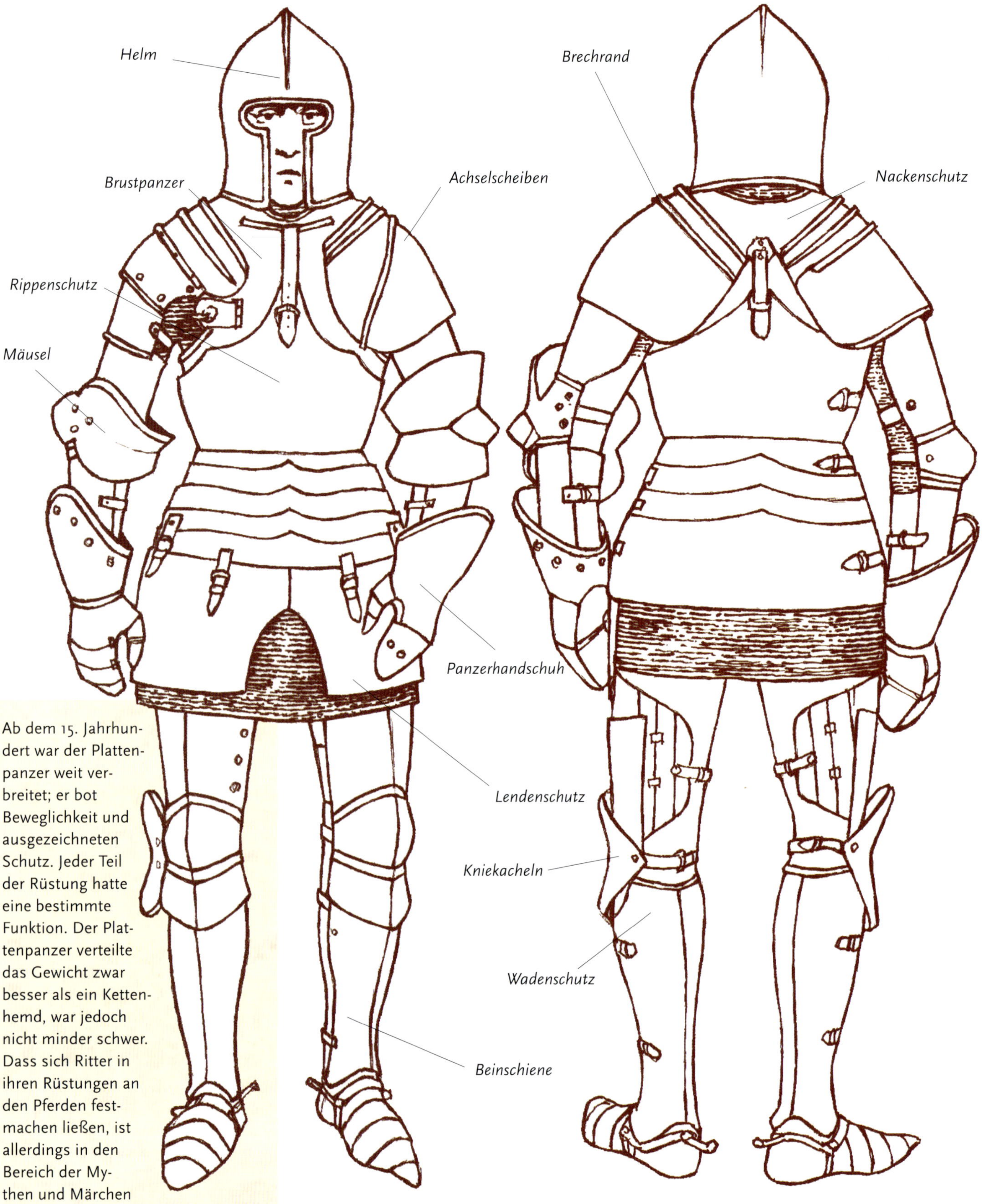

Ab dem 15. Jahrhundert war der Plattenpanzer weit verbreitet; er bot Beweglichkeit und ausgezeichneten Schutz. Jeder Teil der Rüstung hatte eine bestimmte Funktion. Der Plattenpanzer verteilte das Gewicht zwar besser als ein Kettenhemd, war jedoch nicht minder schwer. Dass sich Ritter in ihren Rüstungen an den Pferden festmachen ließen, ist allerdings in den Bereich der Mythen und Märchen zu verweisen.

Ketten. Welche Waffe man benutzte, hing nicht nur von rein praktischen oder taktischen, sondern auch von sozialen Überlegungen ab. Ein Schwert etwa erwies sich im Kampf gegen Rüstungen nicht immer als effektiv, galt jedoch auch als Statussymbol. Als solches blieb es noch lange nach dem Aufkommen von Feuerwaffen in Gebrauch, obwohl es im Grunde als Waffe auf dem Schlachtfeld längst obsolet geworden war.

RÜSTUNGEN

Im Frühmittelalter trugen die Ritter noch relativ leichte Rüstungen. Normannische Ritter um 1066 etwa waren mit einem langen »Rock« aus Kettenpanzer – einem Kettenhemd –, das mit Leder unterfüttert oder wattiert war, sowie mit robusten Stiefeln bekleidet. Den Kopf bedeckte ein offener Helm mit Nasenschutz. Das Kettenhemd war vorne und hinten geschlitzt, um das Reiten zu ermöglichen; es bedeckte Rumpf, Oberarme und Oberschenkel.

TURNIERRÜSTUNG

Die frühen Turniere fochten die Ritter in der Rüstung, die sie auch in der Schlacht trugen; später kamen spezielle Turnierrüstungen in Mode. Für die Schlacht waren diese zu schwer, doch boten sie einen besseren Schutz vor Lanzen. Man fügte Platten an besonders verletzlichen Stellen wie Achsel oder Hals hinzu. Auch der Gesichtsschutz war unerlässlich: Der französische König Heinrich II. kam 1559 bei einem Turnier ums Leben, da ein Lanzensplitter in sein Auge gedrungen war. Der Helm sollte die Wucht des Aufpralls ableiten. Trotz dieser Rüstungen waren Turniere meist eine tödliche Angelegenheit.

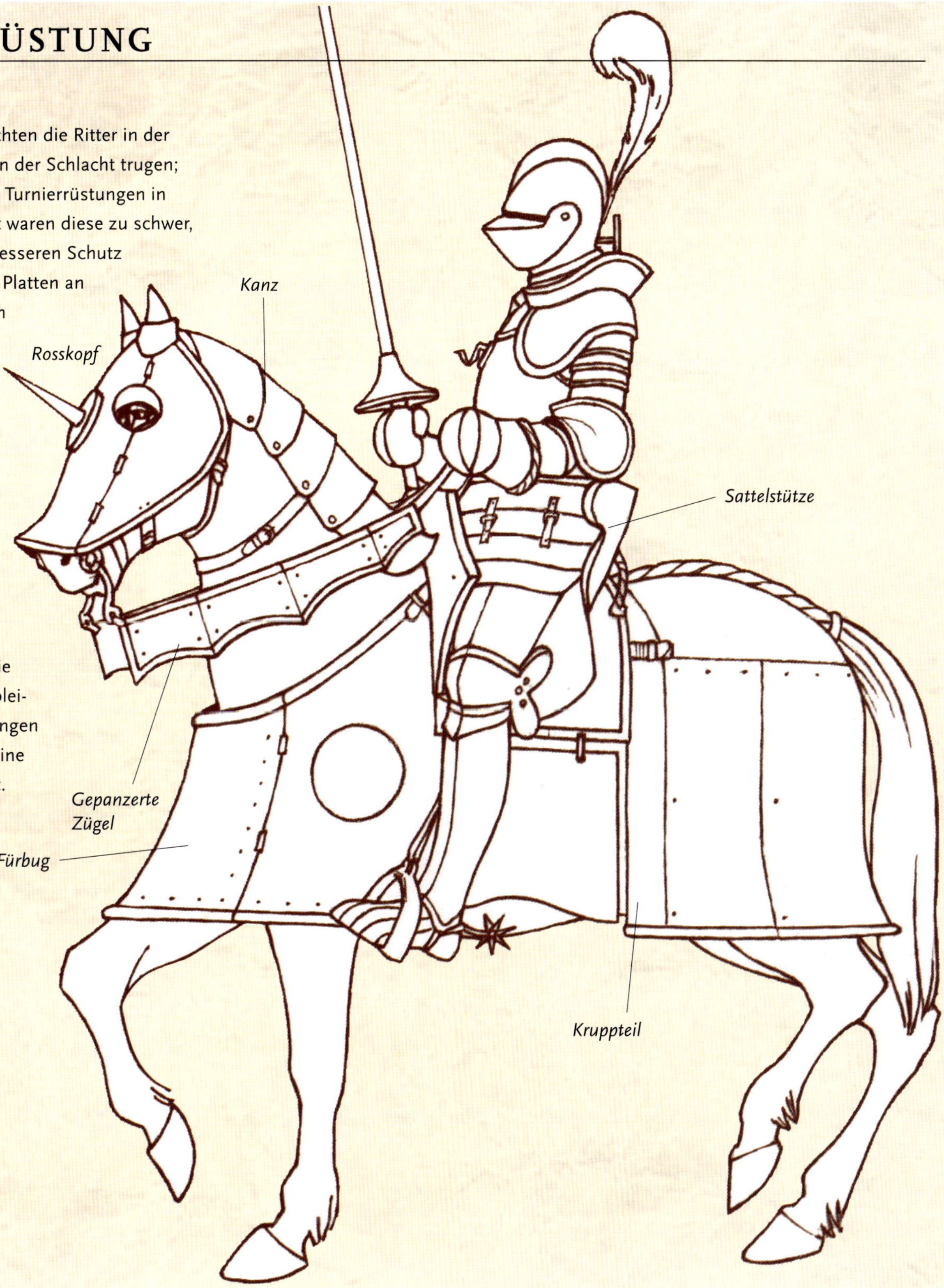

Im Mittelpunkt dieser ausgesprochen effektiven Rüstung aus dem 15. Jahrhundert stehen der Brustpanzer und der zweiteilige Helm. Gelang es dem Träger der Rüstung, in Bewegung zu bleiben und einem direkten Schlag des Gegners auszuweichen, war er praktisch unbesiegbar.

Wohlhabendere Ritter konnten sich auch Hosen aus Kettenpanzer leisten, die anderen mussten auf hohe Stiefel zurückgreifen und auf den Schutz der langen Kettenhemdschöße hoffen.

In manchen Gegenden war eine kürzere, meist ärmellose Variante des Kettenhemdes in Gebrauch. Sie bot zwar weniger Schutz, war dafür aber leichter und erschwinglicher. Die Herstellung von Kettenhemden war eine sehr aufwändige Arbeit, das fertige Produkt war entsprechend teuer – zu teuer für viele Krieger. Lehnsherrn, Ritter und gut situierte Sergeanten konnten sich eine solche Rüstung gerade noch leisten, das ärmere Volk musste sich mit Leichterem zufriedengeben – es sei denn, der Lehnsherr oder ein anderer Patron stellte die Ausrüstung zur Verfügung. Der einfachste Körperschutz bestand aus einem Wams aus dickem, wattiertem Stoff oder Leder, das sogenannte Koller. Es ähnelte dem Kleidungsstück unter dem Kettenpanzer; ist die Panzerung direkt daran befestigt, spricht man von Brünne. Unter einer schwereren Rüstung trug man einen sogenannten Gambeson; das gesteppte Gewand sollte vor Hautabschürfungen durch die eigene Rüstung schützen und natürlich feindliche Schläge abmildern.

Manchmal trug der Krieger auch zwei wattierte Kleidungsstücke: eines unter und eines über der Rüstung. Es gibt Historiker, die zwischen den beiden unterscheiden; ob dies im Mittelalter auch schon der Fall gewesen ist, weiß man nicht. Das über der Rüstung getragene Kleidungsstück war aus Satin, Samt oder anderen teuren Stoffen gefertigt; im späteren Mittelalter war es mit dem Wappen seines Inhabers verziert.

Das Wams – genauer: der Gambeson – bestand aus zwei oder mehr Schichten dicken Stoffs, meist aus Segeltuch oder Wollstoff, die man zusammennähte und durchsteppte. Dabei entstanden Taschen, die man mit verschiedenen Materialien – Tierhaar oder Wolle – auffüllte. Das Koller, unabhängig davon, ob es aus Leder oder wattiertem Stoff gefertigt war, wurde an besonders kritischen Stellen manchmal noch mit Metallteilen verstärkt.

Dadurch wurde es zwar deutlich schwerer und auch teurer, konnte im Ernstfall jedoch das Leben seines Trägers retten.

PLATTENPANZER

Je mehr Kenntnisse man von Metallen und ihrer Verarbeitung hatte, desto üblicher wurde es, Kettenpanzer mit Metallplatten zu verstärken. Große Platten wie Brustpanzer oder Beinschienen ließen sich relativ leicht herstellen; bereits die alten Griechen kannten diese Rüstungen, die damals allerdings noch aus Bronze gefertigt waren.

Je kleiner diese Rüstungsteile wurden, desto mehr Schutz boten sie ihrem Träger. Daraus entwickelten sich allmählich speziell geformte Platten, die einander überlappten, sowie schließlich der Plattenpanzer, dem nun viele Waffen nichts mehr anhaben konnten.

Im Gegensatz zur landläufigen Meinung schränkt der Plattenpanzer weder über Gebühr in der Bewegung ein noch ist er außergewöhnlich schwer. Natürlich ermüdete auch ein Ritter, der einen Plattenpanzer trug, doch mit etwas Training gewöhnte er sich rasch an das Gewicht. Es war sogar möglich, in einem Plattenpanzer einen Handstand oder andere gymnastische Übungen auszuführen, wenn der Träger körperlich fit war. Und es gehörte zur Pflicht, ja zum Beruf dieser Männer, für eine gute körperliche Kondition zu sorgen.

Als das Mittelalter sich seinem Ende entgegenneigte, hielten die Rüstungen den meisten Waffen – auch einer Musketenkugel – stand. Man testete sie sogar, indem man eine Arkebuse aus nächster Nähe auf sie abfeuerte. Die Delle diente als eine Art Prüfsiegel und Garantie dafür, dass die Rüstung ihren enormen Preis auch wert war.

Die verbesserten Rüstungen machten den Schild im Großen und Ganzen überflüssig. Das wiederum bedeutete, dass ein Ritter, der vom Boden aus kämpfte, nun beide Hände frei hatte und dem Gegner mit einem Zweihänder – einem zweihändig geführten Schwert – doch wieder großen Schaden zufügen konnte. Die schwere Kavallerie außerhalb Westeuropas

Die mit einem Visier versehene Kesselhaube war im 14. und frühen 15. Jahrhundert beliebt. Die spitze Schnauze und ebenfalls spitz zulaufende Krone sollten die Wucht des Schlags abfangen und von den Sehschlitzen und anderen kritischen Stellen ablenken.

bediente sich im Spätmittelalter etwas anderer Rüstungen. Die Kataphrakten des Byzantinischen Reichs etwa waren wie in den vorhergehenden Jahrhunderten mit Ketten- oder Schuppenpanzern ausgerüstet. Bei Letzteren wurden kleinere Metallplatten, keine Ringe verwendet.

Die muslimische schwere Kavallerie der Zeit trug leichtere Kettenrüstungen als ihr westeuropäisches Pendant, den spiralförmigen Helm zierte ein Turban. Dies ermöglichte ihr eine größere Beweglichkeit, zudem litten die Soldaten nicht so sehr unter der Hitze.

HELME

Mit der besseren Rüstung kamen auch bessere Helme in Gebrauch. Offene Helme mit Nasenschutz – auch Nasal genannt –, wie sie die normannischen Ritter getragen hatten, waren jahrelang gang und gäbe; daneben existierten aber auch andere Helmformen. In manchen Gegenden bevorzugte man den sogenannten Spangenhelm, der dem offenen Helm ähnelte und mit Wangenklappen ausgestattet war. Mit der Zeit bedeckten die Helme allerdings den ganzen Kopf, auch das Gesicht. Die Form dieser Helme variierte von Ort zu Ort und wurde immer ausgefeilter. Im Großen und Ganzen erinnerten sie an ein Fass, es gab Sehschlitze und manchmal auch Löcher im Mundstück, um das Atmen zu erleichtern.

Mit einem geschlossenen Helm war der Krieger zwar besser geschützt, aber auch in der Sicht eingeschränkt; zudem behinderte der Helm die Sauerstoffaufnahme. Das ausgeatmete Kohlendioxid konnte kaum entweichen und wurde

HELME

TURNIERHELME

Turnierhelme mussten einem Angriff mit gesenkter Lanze standhalten. Sie waren sehr stabil; zudem konnte sich die Lanze nirgends »verhaken«, auch nicht im Sehschlitz. Das Gesichtsfeld des Ritters, der einen solchen Helm trug, war allerdings extrem eingeschränkt. Bei einem Turnier war dies nicht weiter von Bedeutung, in der Schlacht undenkbar.

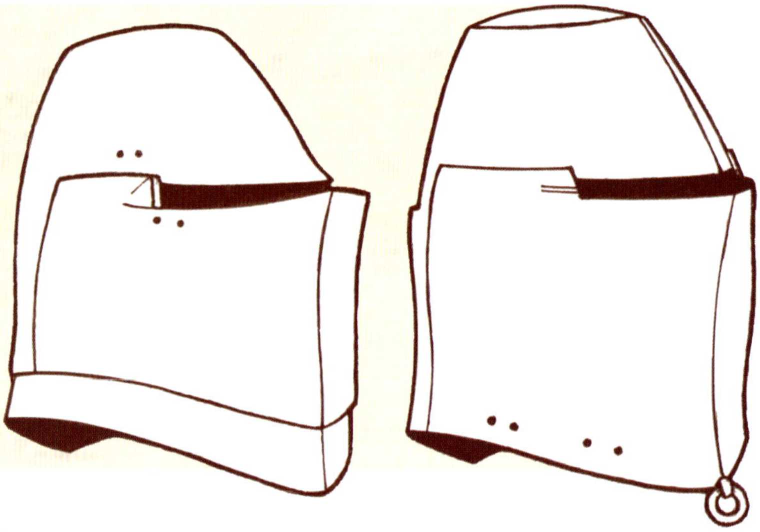

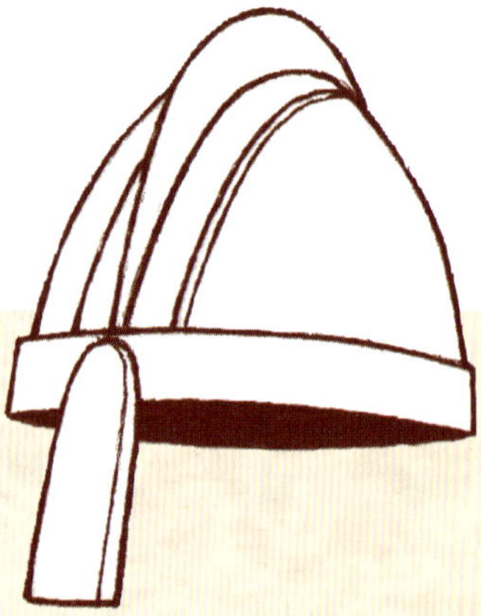

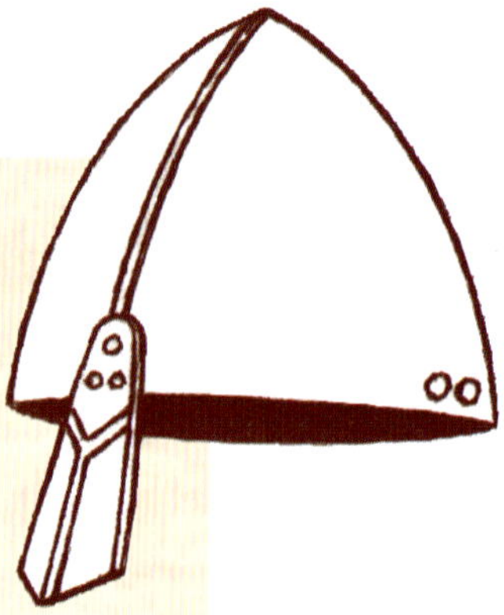

NASALHELME

Diese konischen Helme mit Nasenschutz werden oft fälschlicherweise als Normannenhelme bezeichnet. Sie weisen ein gutes Verhältnis von Gesichtsfeld, Gewicht und Schutz auf; darüber hinaus waren diese Helme auch erschwinglich.

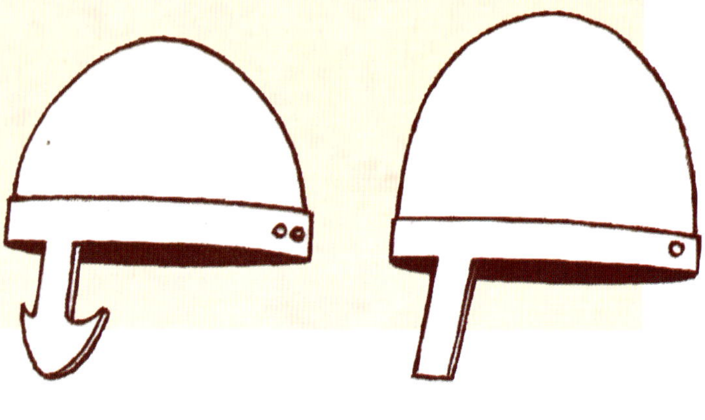

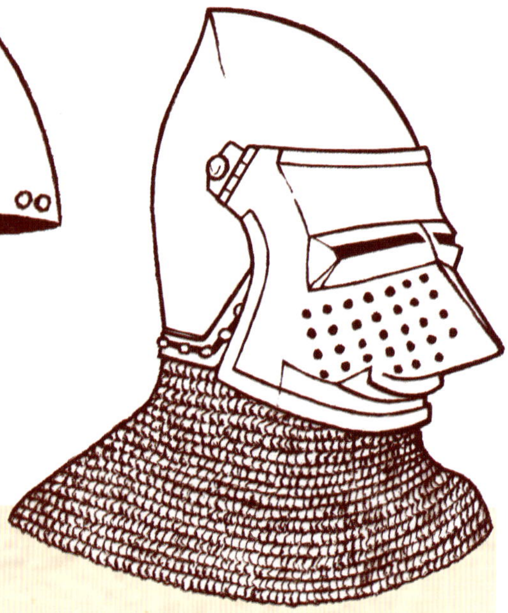

KESSELHAUBEN

Kesselhauben trug man sowohl beim Turnier als auch in der Schlacht. Viele verfügten nur auf der rechten Seite über Luftlöcher, da die linke öfter getroffen wurde. Das Atmen in einem geschlossenen Helm wie diesem konnte schwierig sein, der Krieger ermüdete rasch. Die Sehschlitze des Helms waren meist verstärkt.

größtenteils wieder eingeatmet, was das klaustrophobische Gefühl noch verstärkte. Blieb der Krieger ruhig, bekam er in der Regel genug Sauerstoff ab – dennoch war das psychologische Problem nicht zu unterschätzen.

Die meisten geschlossenen Helme verfügten über Visiere, die sowohl die Sicht als auch die Atmung erleichterten. Doch öffnete ein Ritter in der Schlacht das Visier, um sich umzuschauen oder freier zu atmen, war er auch angreifbarer. Der Gegner sah es auf ein offenes Visier natürlich besonders ab.

Dennoch hatte das offene Visier einen weiteren Vorteil: Der Ritter konnte so von den eigenen Männern leichter erkannt werden. So wurde es zur Regel, das Visier hochzuklappen, näherte man sich seinem Kriegsherren; aus dieser Geste entstand später der bis heute übliche militärische Gruß.

Unter einigen Helmen trug man auch eine Kettenpanzerhaube zum zusätzlichen Schutz, ein Kettengeflecht an der Rückseite und den Seiten des Helms schützte Hals und Nacken. Das hintere Kettengeflecht nannte man auch Bischofskragen. Manchmal bedeckte der Bischofskragen nicht nur den Nacken, sondern reichte bis auf die Schultern.

Der ausgeprägte Kamm dieses spätmittelalterlichen Helms mit Visier machte ihn besonders robust. Nackenschutz und Helm sind aus einem Stück gefertigt.

HELME MIT KETTENGEFLECHT

Einen guten Kompromiss zwischen ausreichend Schutz und freier Sicht und Atmung boten Helme mit Kettengeflecht. Für Turniere eigneten sich diese Helme nicht: Fand die Spitze einer Lanze das Kettengeflecht oder das ungeschützte Gesicht, konnte sie dem Träger des Helms ernsthaften Schaden zufügen oder ihn sogar töten. In der Schlacht dagegen erwiesen sich die Helme meist als recht effektiv. In der Regel war das Kettengeflecht am Rand des Helms angebracht und bedeckte Nacken und Schultern. Manchmal waren die Helme mit einem zusätzlichen festen Augen- und Nasenschutz ausgestattet.

In dieser Darstellung der Schlacht bei Bouvines, die am 27. Juli 1214 stattfand, wird deutlich, dass die Kavallerie einen ungewöhnlich hohen Prozentsatz der Armeen ausmachte.

In einigen Gegenden verwendete man auch vielteilige Helme; sie wiesen eine separate untere Hälfte auf, die auf den Schultern ihres Trägers ruhte und Nacken und Kiefer schützte. Ein Visier mit Scharnier oder ein Gesichtsschutz mit Sehschlitzen bedeckte das Gesicht. Helme dieser Art sollten schweren Waffen standhalten, vor allem dem Angriff mit gesenkter Lanze.

Ebenfalls als Schutz vor Angriffen, die mit großer Wucht ausgeführt wurden, war die Kesselhaube gedacht. Sie bestand aus einem konischen Helm mit spitz zulaufendem Visier; an ihr sollte die Lanzenspitze gewissermaßen abgleiten, sich

also nicht »verhaken« und damit den Hals des Kesselhaubenträgers brechen.

Im Laufe der Zeit wurden die Rüstungen und Helme nicht nur den Erfordernissen des Schlachtfelds angepasst, sondern dienten auch einer Form der Unterhaltung. Turniere und Zweikämpfe gehörten zum Training der Ritter; so unterhielten sie nicht nur die Massen, sondern blieben auch in Friedenszeiten fit und kampfbereit.

BOUVINES, 1214

Die Schlacht bei Bouvines war das Ergebnis komplexer Entwicklungen in der Politik Westeuropas. Auf der einen Seite stand der Kaiser des Heiligen Römischen Reiches, Otto IV., der englische Adlige und französische Rebellen zu seinen Verbündeten zählte. Auf der anderen Seite stand der französische König Philipp II. August, der vom Papst unterstützt wurde. Die Gründe für diese Ausgangssituation waren komplex.

Beide Armeen bestanden zu einem ungewöhnlich hohen Prozentsatz aus Reitern. Normalerweise gab es viel mehr Fußsoldaten als Reiter, auch wenn man in Betracht zieht, dass auf Illustrationen deswegen so viele Reiter erscheinen, weil sie aufgrund ihrer gesellschaftlichen Stellung als wichtiger galten. Doch in der Schlacht bei Bouvines überwog die Kavallerie: Die Ritter und ihr Gefolge machten 20 bis 25 Prozent jeder Streitkraft aus. Die Franzosen zogen mit rund 1300 Rittern in die Schlacht, ihre Gegner mit rund 1500.

Die Armeen standen sich auf dem Schlachtfeld in der Nähe von Bouvines in Nordfrankreich gegenüber; die Franzosen wollten die Verbündeten Ottos IV. ebenfalls so schnell wie möglich involviert wissen. Gute Späher besaß die Armee Ottos IV. offenbar nicht, denn sie wurde der Franzosen erst gewahr, als diese nur noch zwölf Kilometer entfernt waren. Doch Otto trat ihnen mutig entgegen.

Die Franzosen erwarteten ihren Gegner bei Bouvines, ihre Armee war in die drei Standarddivisionen unterteilt. Jede Division bestand aus Rittern in den vorderen Reihen und Fußsoldaten in den hinteren. Ottos Armee kam etwas derangiert auf dem Schlachtfeld an, einige Abteilungen waren zu ungestüm vorgeprescht. So wartete die Vorhut nicht auf den Rest und griff an. Damit verspielte Otto den Vorteil seiner zahlenmäßigen Überlegenheit; ein Teil der Armee kam erst an, als die Schlacht bereits tobte. Die Kavallerie des linken Flügels griff ihr Gegenüber an, das seinerseits zum Massenangriff mit gesenkter Lanze ausholte. Das erste Aufeinandertreffen verlief ausgesprochen blutig, erbitterte Zweikämpfe folgten. Die französische, leichter gerüstete Kavallerie konnte dem Lanzenangriff nicht standhalten, behielt aber im Zweikampf die Oberhand. Innerhalb einer Stunde ging der linke Flügel von Ottos Armee unter.

DIE SCHLACHT BEI BOUVINES, 1214

Die Schlacht bei Bouvines ist ein klassisches Beispiel mittelalterlicher Übereifrigkeit. Die Vorhut von Ottos Armee (blau) griff an, ohne auf den Rest zu warten und wurde nach nur einstündigem Zweikampf vom Schlachtfeld gefegt. Der Rest der Armee wurde dann von den Streitkräften Philipps II. August (rot) vernichtend geschlagen.

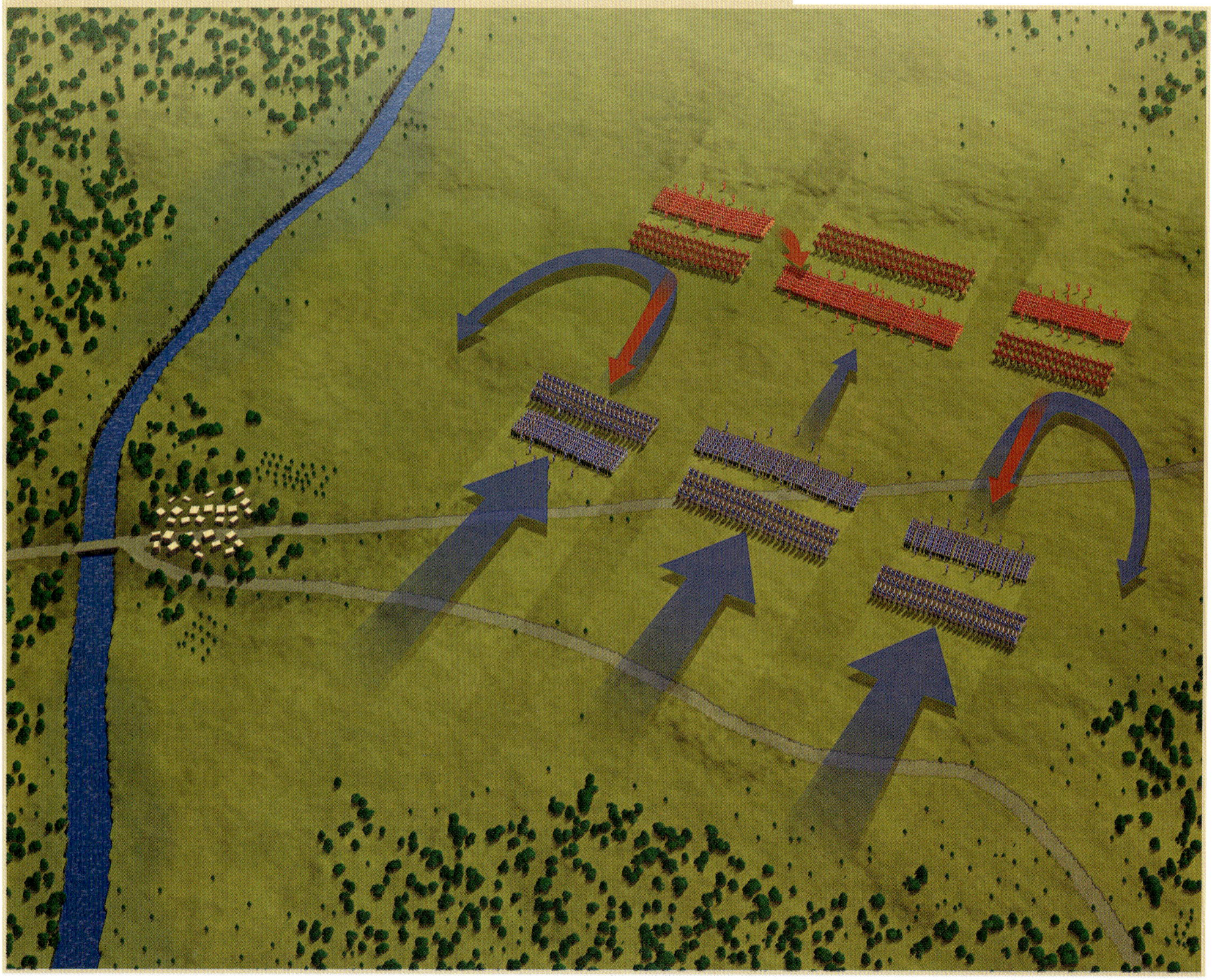

Im Mittelflügel hatten die Franzosen mittlerweile die Infanterie vor die Kavallerie gestellt und waren in der Defensive. Auch hier griff Otto mit seinen Verbündeten an, wurde jedoch von den Fußsoldaten aufgehalten. Es kam zu einem kritischen Moment, als Philipp von Fußsoldaten vom Pferd geholt wurde; doch schützte ihn seine Rüstung so lange, bis Verstärkung kam. Ottos Angriff wurde abgewehrt. Der rechte Flügel kämpfte noch eine Weile weiter, unterlag schließlich jedoch auch der französischen Armee.

In dieser Schlacht spielten die Rüstungen eine wichtige Rolle. Nicht nur die des Königs rettete ihm das Leben, auch wurden von 2800 beteiligten Rittern nur 171 getötet – davon waren nur zwei Franzosen. Viele Ritter wurden gefangengenommen und hatten Wunden, die bei weniger guten Rüstungen tödlich gewesen wären.

TURNIERRÜSTUNGEN

Interessanterweise wurden die schwereren Rüstungen meist im Turnier, nicht auf dem Schlachtfeld getragen. Im Tur-

SCHILDE

Im Mittelalter waren verschiedene Schilde in Gebrauch. Im westlichen Europa kam der »barbarische« Rundschild aus der Mode und wurde durch den V- oder Drachenschild ersetzt, der die ganze Seite des Kriegers schützte. Allmählich wurden die Schilde kleiner und verschwanden mit dem Aufkommen besserer Rüstungen schließlich ganz. Dies ermöglichte es den Kriegern, mit zweihändigen Waffen zu kämpfen. Im Orient bevorzugte man kleinere Rundschilde. Die meisten Schilde waren aus Holz und Leder gefertigt und mit Metallteilen verstärkt. Später verwendete man auch reine Metallschilde.

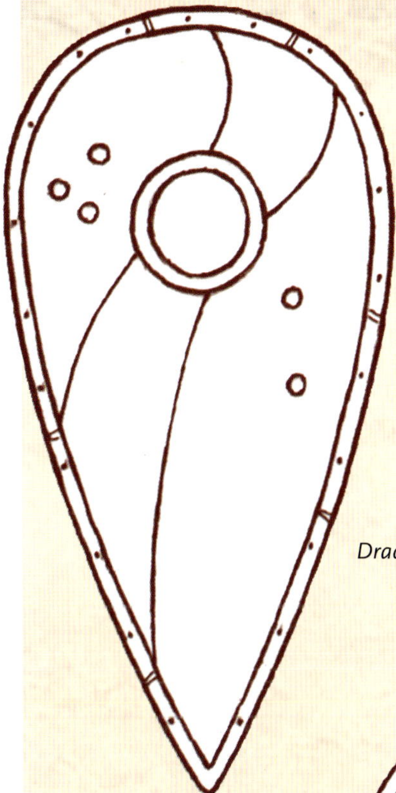

Drachenschild

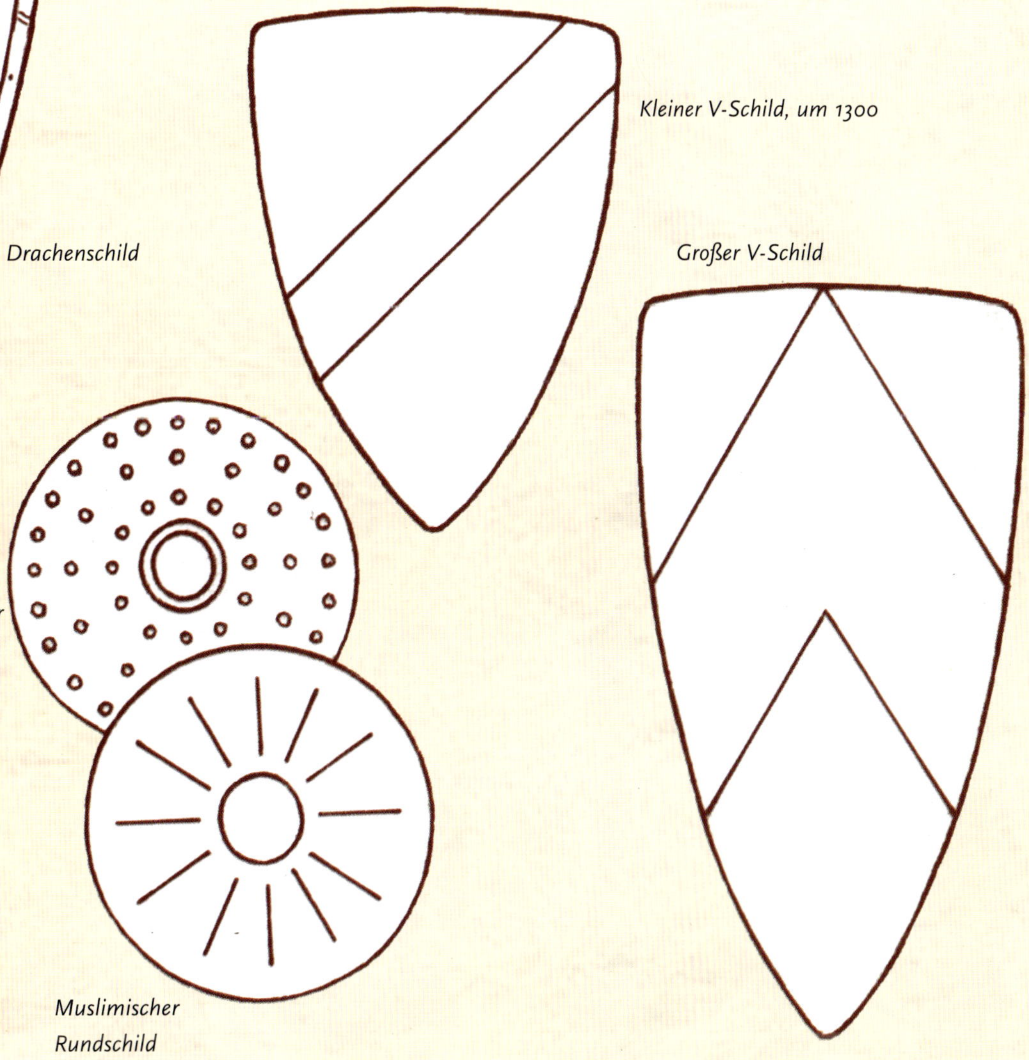

Kleiner V-Schild, um 1300

Großer V-Schild

Byzantinischer Rundschild

Muslimischer Rundschild

KAMPFSCHILDE

Der Schild war weit mehr als nur eine passive Barriere. Es gab eine Reihe von Kampftechniken, die nur in Kombination mit Schwert und Schild ausgeführt werden konnten. Der in der Abbildung linke Ritter hält den Schild so weit vorne wie möglich und wehrt den Angriff des Gegners ab, indem er den Schild nach oben hebt. In derselben Bewegung führt er einen Gegenangriff aus und trifft den Kontrahenten am Arm.

nier war der Ritter frontalen Lanzenangriffen ausgesetzt und brauchte – trotz der stumpfen Waffe – zusätzlichen Schutz. Die Wucht des Aufpralls war enorm. Meist wurden Turnierrüstungen mit einzelnen Platten verstärkt, die die linke Seite des Reiters und empfindliche Stellen wie den Hals schützten. Für die Schlacht waren solche Rüstungen zu schwer, für die kurze Zeit eines Wettkampfs akzeptabel. Auch viele Helme wurden extra für Turniere entworfen. So hatten einige Kesselhauben Luftlöcher nur auf der rechten Seite, da die linke Seite öfter getroffen wurde und stabiler sein musste.

SCHILDE

Bis ins Spätmittelalter hinein war es üblich, dass Reiter einen Schild zum persönlichen Schutz benutzten. Es waren mehrere Arten von Schilden in Gebrauch: In vielen Gegenden bevorzugte man Drachenschilde unterschiedlicher Größe. Die Breite des Schilds blieb relativ konstant, da sie von der zu schützenden Fläche und der Länge des Arms bestimmt wurde und sich die Körpergröße der Männer im Mittelalter kaum änderte.

Der fälschlicherweise als Normannenschild bezeichnete Drachenschild schützte durch seine Länge die ganze linke Seite des Kämpfers. Doch waren kürzere Schilde einfacher zu handhaben und etwas leichter, sodass sich im Laufe der Zeit eine Standardform herausbildete: der kurze Drachenschild mit geradem oberen Rand. In der muslimischen schweren Kavallerie des Mittleren Ostens und Nordafrikas sowie in vielen östlichen Gebieten fanden überwiegend Rundschilde Verwendung.

Die meisten Schilde bestanden aus Holz und hatten einen stabileren Rand aus Metall oder Leder. Der Kampf mit einem Schild war eine weitaus komplexere Angelegenheit, als ihn einfach nur hochzuhalten; man konnte ihn durchaus auch taktisch verwenden. Dabei erwiesen sich die leichteren Rundschilde als flexibler als ihre drachenförmigen Gegenstücke. Erstere waren mit einem Buckel aus Metall oder einem Dorn ausgestattet;

auch mit dem Rand des Schilds konnte man den Gegner treffen.

ROSSHARNISCH

Die meisten Ritter gingen zwar nicht direkt auf die Pferde ihrer Gegner los, doch konnten Unfälle passieren, und Fußsoldaten nutzten natürlich jede Gelegenheit, sich einen Vorteil einem berittenen Feind gegenüber zu verschaffen. Unter Rittern galt das Pferd ebenso sehr als Statussymbol wie als Kriegswaffe; dies kommt besonders deutlich in den Turnierregeln zum Ausdruck, nach denen ein Ritter disqualifiziert wird, wenn er das Pferd seines Kontrahenten verletzt.

Während also ein Ritter angesehener war, brachte er das Pferd des Gegners unverletzt als Kriegstrophäe mit nach Hause, hatten die zu Fuß kämpfenden Soldaten weniger Skrupel. Sie töteten die

»ROSSKOPF«

Ein Pferd anzugreifen widersprach zwar den Regeln eines Turniers, und Ritter vermieden dies auch in der Schlacht, doch liefen die Tiere Gefahr, von Pfeilen oder durch gezielte Angriffe von Fußsoldaten verletzt zu werden. Im Laufe der Zeit wurde der Rossharnisch immer ausgefeilter. Der Rosskopf etwa schützte Gesicht und Kopf des Pferdes, schränkte teilweise jedoch das Gesichtsfeld des Tieres – insbesondere die Sicht nach vorne – ein. Auf der anderen Seite hatte dies jedoch den Vorteil, dass das Pferd nicht scheute – denn ein Pferd, das vor dem Feind scheute, war in der Schlacht nutzlos.

ROSSHARNISCH

Der einfachste Rossharnisch war eine dicke Decke, die einen Schlag abmilderte und in der sich die Waffe des Angreifers verfangen konnte. Gegen Pfeile half sie jedoch nicht, weshalb man auf Harnische aus Leder oder Metall zurückgriff. Kopf, Hals und Flanken des Pferdes wurden am häufigsten von Handwaffen getroffen und konnten relativ leicht geschützt werden. Pfeile trafen dagegen überwiegend den Rücken des Tieres. Der Pfeilhagel englischer Langbogenschützen war durchaus in der Lage, Ritter von ihren Pferden zu holen und die Tiere zu töten, während die Schützen selbst außerhalb der Reichweite ihrer Feinde blieben.

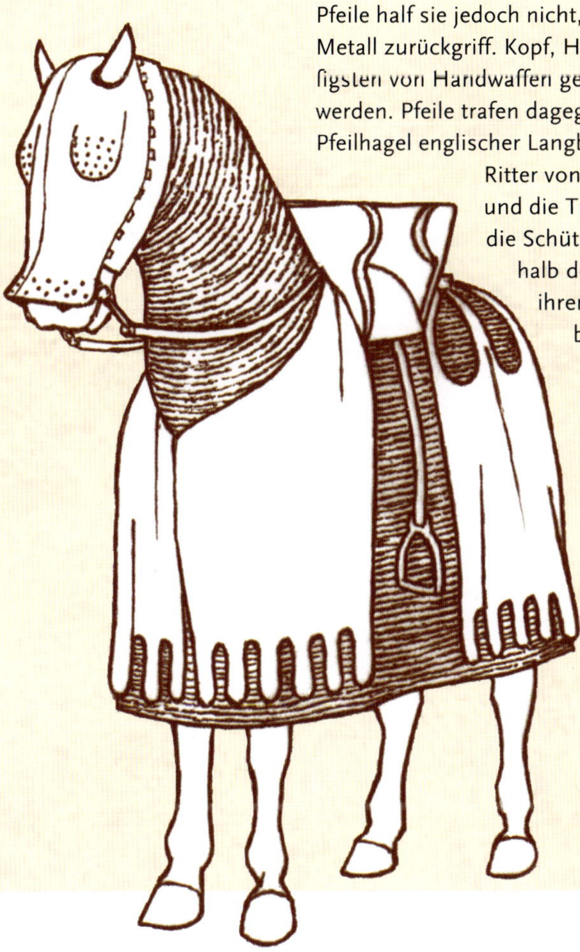

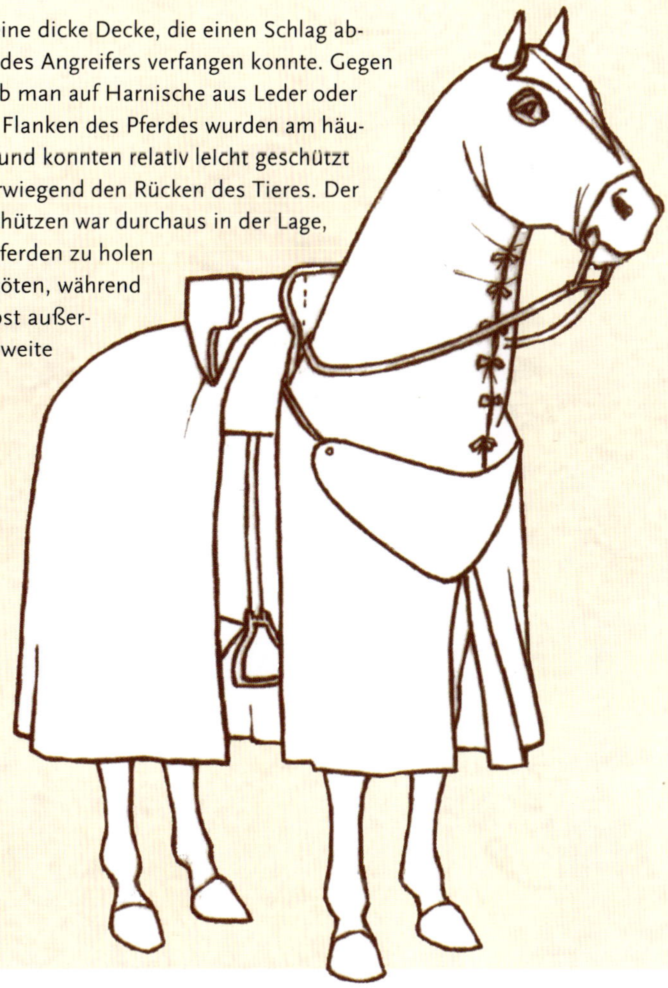

Pferde, wenn das einen Ritter angreifbarer machte oder sie sich selbst dadurch schützen konnten.

So mussten nicht nur die Ritter, sondern auch ihre Pferde durch eine Rüstung geschützt sein. Was selbst das größte und stärkste Pferd an Harnisch tragen konnte, war begrenzt, doch war es dadurch wenigstens etwas sicherer. Weit verbreitet waren ein Kopfschutz aus Metall sowie Überwürfe aus Stoff, sogenannte Schabracken, in denen sich die Waffen des Feindes verheddern konnten und die direkte Stöße abwehrten.

ÜBUNGSGERÄTE

Um in Übung zu bleiben und den Muskeltonus auf effektive Schläge mit dem Schwert einzustellen, trainierten die Ritter und Soldaten unzählige Stunden am Tag. Dafür bedienten sie sich beispielsweise spezieller Pfosten. Dabei lernten sie auch ihr Schwert besser kennen und übten, wie sie es nach einem Schlag am schnellsten wieder unter ihre Kontrolle brachten. Bei ungeübten Kämpfern kam es vor, dass sie das Schwert nach einem Schlag fallen ließen – ein tödlicher Fehler.

__UNTEN:__ Um das Gewicht des Harnischs so gering wie möglich zu halten, ist dieses Pferd an den empfindlichsten Stellen voll geschützt, an den anderen dagegen nicht.

Für die verschiedenen Teile eines Rossharnischs gab es auch verschiedene Bezeichnungen. Der Fürbug etwa schützte die Brust, der Kanz – mehrere bewegliche Platten – den Hals, der Rosskopf den Kopf und das Kruppteil den hinteren Pferdekörper (siehe dazu auch S. 51).

Fürbug und Kruppteil schützten gleichzeitig die Flanken des Pferdes. Zunächst fertigte man den Rossharnisch aus Leder, später aus Metallplatten oder Kettenpanzer. Ab der Mitte des 16. Jahrhundert verwendete man wie bei den Reitern auch Plattenpanzer.

In anderen Teilen der Welt war der Rossharnisch weniger weit verbreitet. Die

ZWEIHÄNDIGER SCHWERTKAMPF

ÜBERKOPFSCHLAG

Der Schwertkämpfer links holt zu einem Überkopfschlag aus. Er setzt den rechten Fuß nach vorne, um dem Schlag mehr Wucht zu verleihen. Sein Gegner hält das Schwert in neutraler Position und ist sowohl auf Angriff als auch auf Verteidugung vorbereitet.

ÜBERKOPFSTOSS

Der Schwertkämpfer rechts hebt sein Schwert, um den Schlag abzufangen, und richtet gleichzeitig die Spitze seines Schwerts auf die Brust des Gegners. Er holt zum Überkopfstoß aus, bei dem er das Schwert nach vorne-unten stößt.

PARADE

Der Kämpfer links weicht dem Stoß aus, indem er mit dem rechten Fuß zurücktritt und das Schwert nach unten rechts führt. Sein Kontrahent senkt den Griff der eigenen Waffe, um einen Gegenangriff zu verhindern, und befindet sich damit wieder in Ausgangsposition.

Dieser Helm stellt ein extremes Beispiel einer Turnierrüstung dar. Er wird fest am Brustharnisch befestigt, was verhindern soll, dass sich der Träger durch den Aufprall das Genick bricht.

byzantinischen Kataphrakten schützten ihre Pferde wie sich selbst durch Schuppenpanzer, doch insbesondere die leichte Kavallerie hatte keine Pferderüstungen.

TRAINING FÜR DIE SCHLACHT

Die Pflichten eines professionellen Kavalleristen waren annähernd dieselben, egal ob es sich dabei um einen Ritter oder Kataphrakten handelte. Man erwartete von ihm, dass er für die Schlacht trainierte und die militärischen Aktionen ausführte, die sein Kriegs- oder Lehnsherr von ihm verlangte. Dies beinhaltete möglicherweise auch Feldzüge im großen Stil, kleinere Angriffe oder das Abwehren solcher Angriffe. Darüber hinaus musste er bei Bedarf hochstehende Persönlichkeiten eskortieren, Patrouillen durchführen oder als Teil der Garnison eine Festung bemannen.

Eine stehende Kavallerie fungierte zudem als wirkungsvolle Abschreckung. Reiter in Rüstungen dienten nicht nur als Streitkraft, sondern auch als eindrucksvolle Machtsymbole. Sie erhielten die Ordnung allein durch ihre Präsenz aufrecht, schreckten Banditen ab und überzeugten Rivalen davon, dass ein Territorium zu gut bewacht sei, um angegriffen zu werden. Mussten sie dennoch in Aktion treten, brachten sie Kriminelle zur Strecke und wehrten Übergriffe ab. Ihr entscheidender Vorteil war Mobilität; sie konnten rasch reagieren, während die Fußsoldaten eher statisch waren. Nur sehr ernsthafte Bedrohungen machten es erforderlich, dass auch Fußsoldaten im Rahmen einer groß angelegten militärischen Aktion eingriffen. Doch damit die Kavallerie ihre Funktion erfüllen konnte, musste sie auch effektiv sein. Der Besitz eines Pferdes, guter Waffen und einer Rüstung war schon einmal eine gute Voraussetzung für die individuelle Kampfestüchtigkeit und verschaffte dem Krieger zumindest theoretisch einen Vorteil.

Dieser war jedoch nutzlos, war der Reiter nicht auch im Gebrauch der Waffen geübt oder ermüdete in der Schlacht bereits nach wenigen Minuten. So war ein konstantes Training, das den Krieger kampfestüchtig hielt, Pflicht.

TRAINING MIT WAFFEN

Eines der wichtigsten Trainingsgeräte war der Pfosten, an dem der Krieger seine Schwertkampftechnik üben konnte. Bereits die Römer bedienten sich eines solchen Holzpflocks, auf den der Kavallerist wieder und wieder einschlug. Diesen Teil des Trainings absolvierte der Krieger meist zu Fuß; er verbesserte damit nicht nur seine Schlagtechnik, sondern gleichzeitig auch den Muskeltonus und die Ausdauer, die er in der Schlacht so dringend brauchte.

Um ein Schwert – auch eine relativ einfache Waffe wie das ritterliche Langschwert – effektiv zu benutzen, bedarf es eines hohen Grades an Perfektion. Um sich schlagen konnte fast jeder; ein bestimmtes Ziel treffen erforderte den richtigen Muskeltonus und spezielle Fähigkeiten. Nach einem Schlag die Kontrolle über die Waffe wiederzugewinnen war ebenfalls von großer Bedeutung. Verfehlte der Kämpfer sein Ziel oder prallte die Waffe von Rüstung oder Schild des Gegners ab, war der Angreifer selbst schutzlos einem Gegenangriff ausgeliefert. Er musste so schnell wie möglich wieder angreifen oder sich zumindest verteidigen können. Dies übte der Reiter am Pfosten mit einem Übungsschwert, das in der Regel doppelt so schwer war wie sein Kampfschwert. Dabei trug er manchmal auch eine Rüstung und einen schweren Übungsschild, um Kraft und Ausdauer aufzubauen. Auch beim Kampf gegen einen Lehrmeister oder gegen Kameraden wurden solche schwereren Übungswaffen eingesetzt.

Für den Schwertkampf zu Fuß mussten die Bewegungen des Schwert- und des Schildarms mit der Körperhaltung und der Beinarbeit koordiniert werden. Dies erlernte der Reiter zusammen mit den etwas anderen Techniken des Schwertkampfs zu Pferde. Das Gleichgewicht auf dem Pferd nach einem harten Schlag nicht zu verlieren bedarf besonderer Übung, weshalb sich der Reiter sicher im Sattel bewegen musste. Zudem konnte er die Bewegung des Pferdes für den eigenen Angriff nutzen, schätzte er Geschwindigket und Entfernung richtig ein.

TRAINING

Das Training der Ritter sollte ihnen Kraft und Kampfesgeist verleihen. In langen Schlachten war Ausdauer lebensnotwendig, weshalb die Ritter mit schweren Übungswaffen kämpften, die ihnen die echten Waffen dann leicht erscheinen ließen. Kampfspiele sollten die Angriffsbereitschaft erhöhen; je schmerzlicher die Niederlage, desto größer der Trainingseffekt.

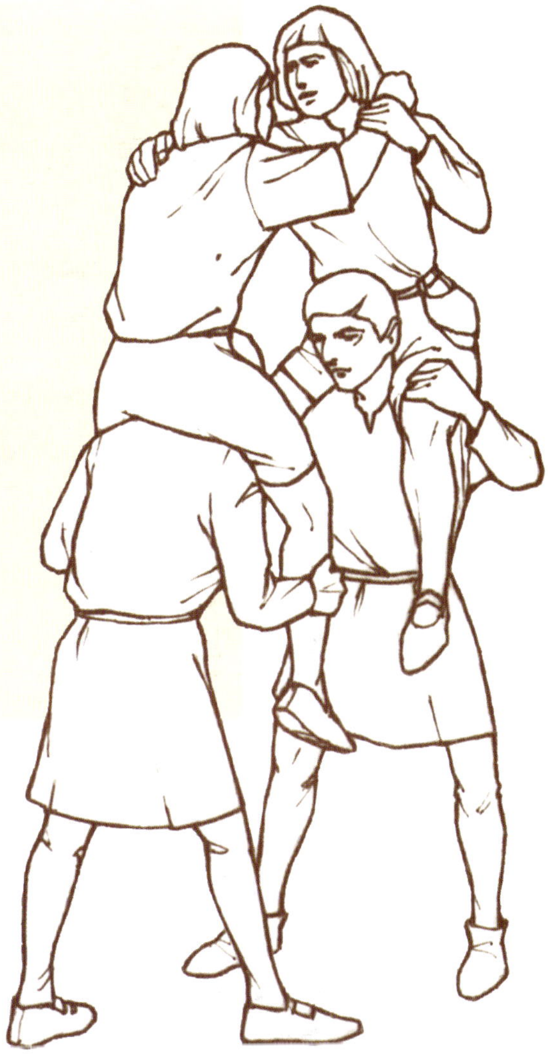

Darüber hinaus musste der Reiter auch den Gebrauch anderer Waffen zu Pferde erlernen, insbesondere den der Lanze. Es war schon extrem schwierig, die Spitze einer langen, schmalen und recht biegsamen Waffe auf ihr Ziel zu richten, gleichzeitig die Kontrolle über das Pferd zu behalten und dessen Bewegungen sowie die Bewegungen des Ziels auszugleichen. Da hieß es nur: üben, üben, üben …

DAS TJOSTEN

Um für die Schlacht zu üben, bediente man sich mehrerer Methoden; am bekanntesten ist das Tjosten, das ritterliche

Richard Löwenherz greift Saladin mit der Lanze an. Diese Darstellung entspricht allerdings nicht den historischen Tatsachen.

ZIELREITEN

Knappen und junge Ritter erlernten das Reiten eines Schlachtrosses und den Gebrauch der Lanze getrennt, bevor sie beides auf einmal versuchten. Sie übten sich zunächst am Zielpfahl, der sich drehte und mit Gewichten beschwert war, und versuchten, einen Ritter in Rüstung mit der Lanze von einem Stuhl zu stoßen. War der Lehrling darin geübt, ritt er mit dem Pferd gegen den Zielpfahl oder den Ritter an. Diese Art der Vorbereitung entschied in seinem ersten »ernsthaften« Zweikampfspiel über Sieg oder Niederlage.

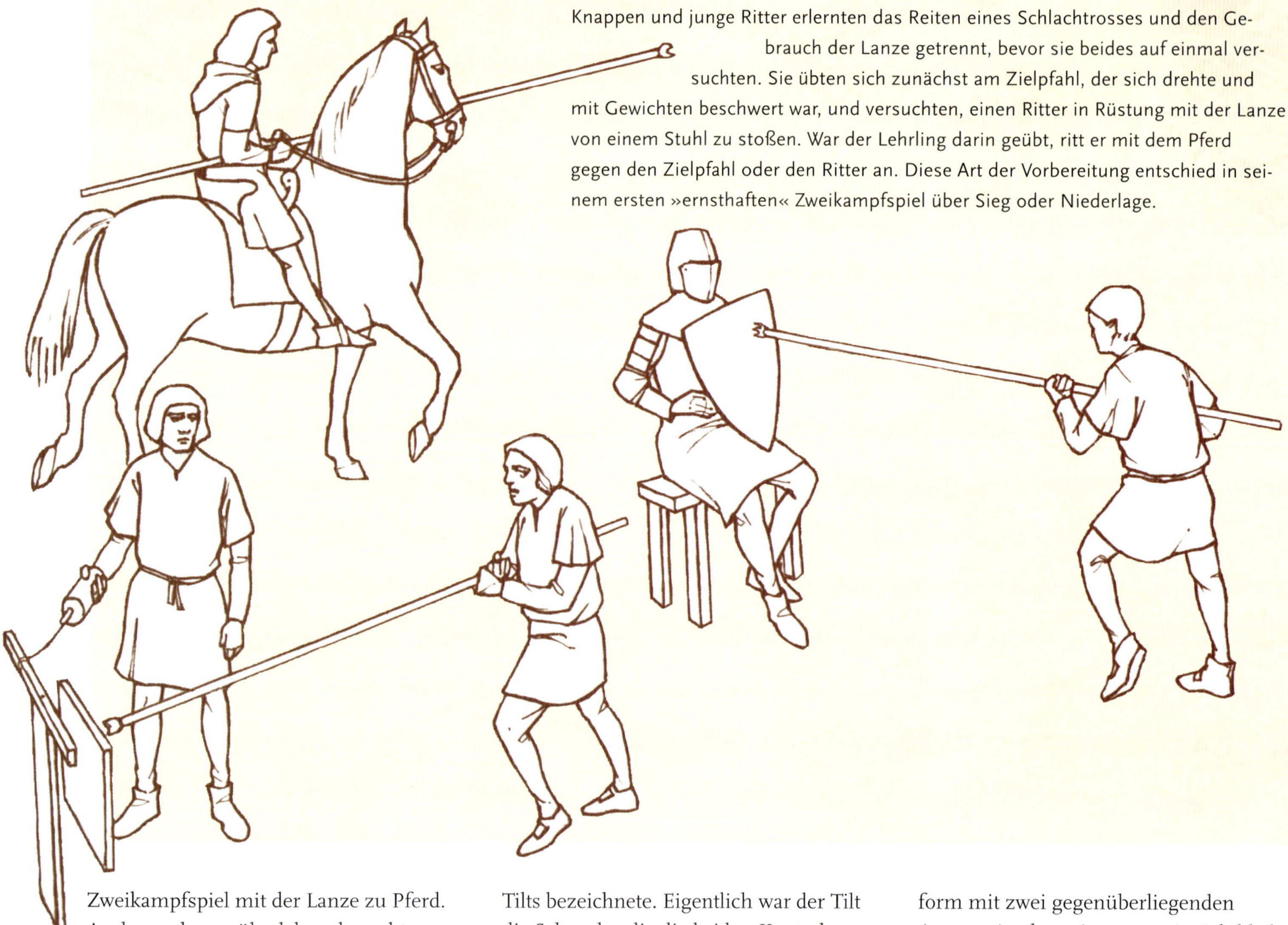

Zweikampfspiel mit der Lanze zu Pferd. Auch um das zu überleben, brauchte man eine schwere Rüstung, und so war diese Art des Zweikampfs ausschließlich den Rittern vorbehalten.

Der Tjost war die realistischste Trainingsmethode, aber trotz der stumpfen Übungslanze eben auch sehr gefährlich. Die Wucht der Lanze und die Möglichkeit, aus dem Sattel katapultiert zu werden, stellten ein hohes Verletzungsrisiko dar. Deshalb war die Anzahl der Tjosts begrenzt, damit die Ritter auch für den Ernstfall noch kampfesfähig blieben.

Zweikampfspiele stellten den Ernstfall unter kontrollierten Bedingungen nach und testeten die wahren Fähigkeiten des Ritters. Sie fanden in den sogenannten Schranken statt – ein ebener, durch Seile abgetrennter Platz. Viele Herrscher ließen sich ständige Schranken bzw. Turnierplätze errichten, die man auch als Tilts bezeichnete. Eigentlich war der Tilt die Schranke, die die beiden Kontrahenten voneinander trennte.

Alternativ zum Kampf gegen einen menschlichen Gegner gab es auch Spiele, bei denen man mit der Lanze oder einer anderen Waffe auf eine Strohpuppe oder einen Kohlkopf losging. Um dabei gleichzeitig die Treffsicherheit zu trainieren, mussten die Ritter mit der Lanze Gegenstände wie Zeltpflöcke oder Seilschlingen, die am Tilt befestigt waren, aufsammeln. War ein Lanzenreiter geschickt genug, in vollem Galopp mehrere Pflöcke, Schlingen oder Ringe hintereinander aufzusammeln, war er sicherlich auch geschickt genug, seine Lanze in der Schlacht als tödliche Waffe gegen den Feind einzusetzen.

Zum spezifischen Lanzentraining gehörte das Üben am Zielpfahl. Dieser bestand aus einer sich drehenden Plattform mit zwei gegenüberliegenden Armen. An dem einen war ein Schild als Zielscheibe für die Lanze angebracht, an dem anderen ein schweres Gewicht wie z. B. ein Sandsack. Dieser erhöhte den Widerstand, wenn der Ritter sein Ziel traf, und stellte sicher, dass der Schild nicht einfach herunterfiel, sondern dass der Zielpfahl sich drehte und der Ritter vorbeireiten konnte. War der Treffer hart genug, drehte sich der Pfahl mehrmals; wer die meisten »Umdrehungen« schaffte, war Sieger. Streifte der Ritter den Schild nur, drehte sich der Zielpfahl gar nicht. Daran konnte der Ritter ermessen, wie viel Schaden er im Ernstfall, d. h. in der Schlacht, mit seiner Lanze anrichten konnte.

Das Gewicht hatte jedoch noch eine weitere Funktion, ob unabsichtlich oder nicht: War der Reiter nicht schnell genug weg, wurde er von hinten von dem Sandsack getroffen und konnte – saß er nicht sicher im Sattel – zum Amüsement der Zuschauer vom Pferd gestoßen werden. Im Großen und Ganzen war der Zielpfahl ein gutes Mittel, um die Kraft und Präzision eines Lanzenangriffs einschätzen zu können. Auf diese Weise konnten sich die Ritter auch spielerisch miteinander messen. Denn zusätzlich zum effektiven Gebrauch seiner Waffen musste ein Kavallerist per definitionem auch ein guter Reiter sein, der sein Pferd sowohl allein als auch in der Einheit unter Kontrolle hatte. Ein einzelner Reiter stellte für den Feind keine ernsthafte Bedrohung dar; griffen sie jedoch im Verbund an, Steigbügel an Steigbügel mit Lanzen kämpfend, sah die Sache schon ganz anders aus.

Manchmal konnte allein die Angst vor einem Angriff der Reiterei die feindliche Infanterie zersprengen. Wenn dies geschah, konnte die Kavallerie ihre Gegner gemächlich niederreiten und mit der Lanze erledigen. Blieb die Formation der Infanterie intakt, hatte sie eine faire Chance – aber wiederum nur gemeinsam. Ein Massenangriff der Reiterei war jedoch nur möglich, wenn die Kavallerie selbst zusammenhielt. Verloren auch nur einige wenige Reiter die Kontrolle über ihre Pferde, stellten sie den Erfolg des gesamten Unternehmens infrage.

REITKUNST

Einige Mitglieder der leichten Kavallerie ritten auf dem bloßen oder lediglich mit einer Decke geschützten Rücken der Pferde, die gesamte schwere Kavallerie benutzte jedoch Sattel und Zaumzeug. Wann genau Steigbügel wo in Gebrauch kamen, ist heftig umstritten. Auf dem Teppich von Bayeux jedenfalls sind sie bereits dargestellt, im Jahr 1066 waren sie also schon weit verbreitet. Zügel benutzte man ebenfalls, es war aber schwierig, diese zu führen, während man gleichzeitig Schwert oder Lanze und Schild halten

OBEN: Sporen musste sich ein Krieger im wahrsten Sinne des Wortes verdienen – sie wurden ihm beim Ritterschlag verliehen. Dies hat sich bis heute in unserer Redewendung erhalten.

UNTEN: Verzierter Steigbügel aus dem 11. Jahrhundert. Steigbügel waren für einen effektiven Angriff mit der Lanze oder dem Schwert essentiell.

TURNIERRÜSTUNG

Einige Ritter besaßen neben einer Rüstung für die Schlacht auch eine Turnierrüstung, bei anderen wurde die Schlachtrüstung im Turnier mit Platten – etwa einer Armschiene, einem Brustharnisch oder einem Nackenschutz – verstärkt. Turnierrüstungen mussten auf der linken Seite viel stabiler sein, da sie dort von der Lanze getroffen wurden. Zudem genügten diese Rüstungen auch modischen Ansprüchen. Sie waren meist reich verziert: die Helme mit kleinen Figuren, der Rock mit dem Wappen. Der Ritter rechts führt das Einhorn im Wappen.

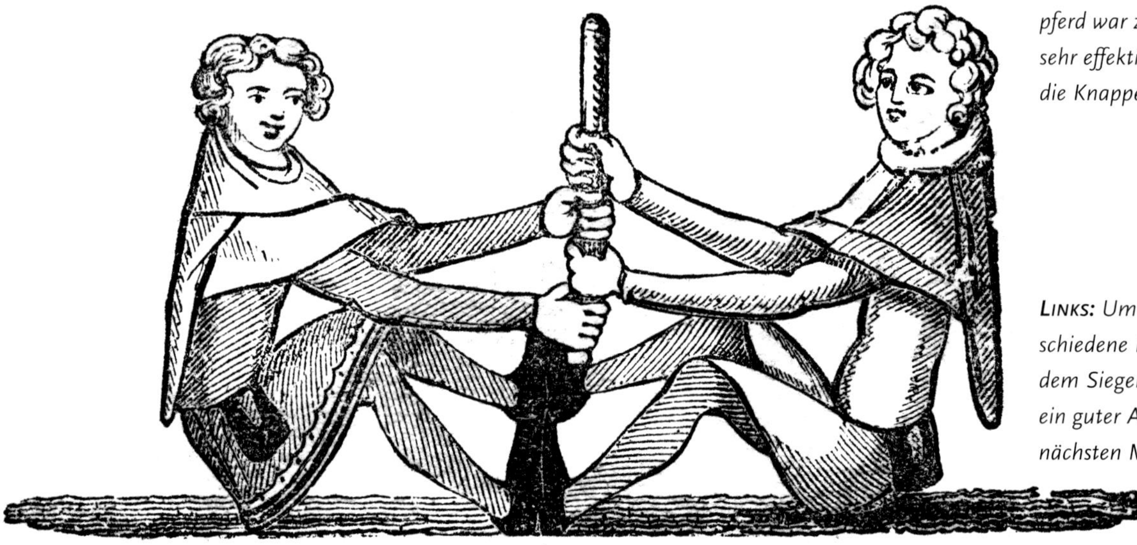

OBEN: Das Lanzentraining auf einem Holzpferd war zwar etwas würdelos, dafür aber sehr effektiv – und auch ein gutes Training für die Knappen, die das Pferd ziehen mussten.

LINKS: Um Kraft aufzubauen, führte man verschiedene Ringkämpfe durch. Manchmal wurde dem Sieger eine bestimmte Aufgabe erlassen – ein guter Ansporn für den Verlierer, es beim nächsten Mal besser zu machen.

UNTEN: Im Laufe der Jahrhunderte entwickelten sich verschiedene Trainingsmethoden. Diese Übung stärkt das Balancegefühl, das man beim Stehen auf dem Rücken eines Pferdes braucht, und die Oberschenkelmuskulatur.

musste. Deshalb hielt man die Zügel mit der linken Hand oder um das linke Handgelenk gewickelt. Die meiste Kontrolle über das Pferd übte der Reiter ohnehin mit den Beinen aus.

Das war im Mittelalter nicht anders als heute. Auch moderne Reiter bedienen sich dieser Techniken, um das Pferd dahin zu lenken, wo es hin soll. Nur wenn das Pferd nicht will oder aus Angst scheut, macht der Reiter Gebrauch von Sporen und Zügeln. Gut ausgebildete Schlachtrösser waren extrem wertvoll, da sie an die Anblicke, Geräusche und Gerüche der Schlacht gewöhnt und so trotz des umgebenden Chaos lenkbar waren.

Aus diesem Grund zielte das Reittraining eines Kavalleristen oder Ritters ebenso sehr auf das Pferd wie auf den Reiter ab. Ein Pferd, das an Turniere gewöhnt war, wusste, wann es in vollen Galopp überzugehen hatte. Manchmal bestand die Schwierigkeit für den Reiter nicht etwa darin, das Pferd zum Angriff zu bewegen, sondern es zurückzuhalten. Es kam oft vor, dass das Pferd eines Ritters, der am Tilt entlang zurückritt, um sich z. B. den Zuschauern zu zeigen, erneut in vollen Galopp ausbrach, ohne dass das notwendig gewesen wäre. Das Pferd reagierte nur auf sein Training – an einem bestimmten Punkt der Schranken erwartete man von ihm, dass es angriff.

Doch nur wenige Pferde waren wirklich für den Kampf ausgebildet. Sie waren eher ein Transportmittel als eine Waffe. Ein Schlachtross, das nach Fußsoldaten, die es umgaben, trat, bewahrte seinen Reiter zwar möglicherweise davor, fortgezerrt zu werden, behinderte ihn aber vielleicht auch im Kampf oder warf ihn sogar ab. Zudem stellte ein aggressives Pferd für die Stallburschen, für andere Pferde und für Passanten eine Bedrohung dar.

Generell benötigte ein Pferd ebenso wie der Rest der Ausrüstung viel Pflege. In einigen Kulturen waren die Reiter selbst für ihre Pferde verantwortlich, meist wurden sie jedoch von Stallburschen unterstützt. In der ritterlich geprägten Kultur assistierte ein Knappe dem Ritter und erledigte Routineaufgaben wie das Säubern und Polieren der Rüstung, das Versorgen der Pferde und verschiedene Botengänge. Das führte so weit, dass der Ritter sich sogar zu fein zum Arbeiten war – seine Aufgabe bestand im Kämpfen und Herrschen.

In der extremen Variante dieser Entwicklung wurde der Ritter sogar seines Status beraubt, wenn man ihn beim Arbeiten ertappte. So sind Geschichten entstanden, in denen einem Ritter ohne Knappe die Rüstung wegrostete und das Pferd verhungerte. Doch das sind, wie gesagt, nur Geschichten; die Wirklichkeit war längst nicht so pittoresk. Dennoch lebte der westeuropäische Ritter in einer sehr spezifischen Kultur mit ihren eigenen Anforderungen und Einschränkungen, die auf professionelle Reiter anderer Kulturen nicht zutrafen.

Der Ritterschlag war eine ernste und feierliche Angelegenheit. In vielerlei Hinsicht ähnelte er einem Initiationsritus; danach hatte der Ritter einen völlig anderen sozialen Status.

EIN RITTER WERDEN

Zum Rittertum führten viele Wege. In einigen Gegenden reichte es, wenn ein Ritter einen anderen Mann – Frauen waren ausgeschlossen, da sie nicht in die Schlacht zogen – zum Ritter erklärte; größeres Ansehen besaß jedoch der von einem berühmten Krieger oder Kriegsherrn zum Ritter Geschlagene. Nicht-Adlige waren vom Ritterstand ebenfalls ausgeschlossen, der Anwärter musste also ein Adelsspross oder ein Offizier sein.

Allmählich unterlag der Prozess immer strengeren Regeln; schließlich durfte nur noch der Hochadel jemanden in den Ritterstand erheben. So konnte es vorkommen, dass ein Familienmitglied zum Ritter geschlagen wurde, ein anderes jedoch nicht. In diesem Fall galt der Rest der Familie allerdings als Teil der herrschenden Klasse und bekam manchmal den Titel eines Esquire verliehen. Der gängigste Weg zum Rittertum war die Herkunft aus einer adligen Familie.

Im Alter von etwa acht Jahren wurde der Adelsspross an den Hof geschickt, um höfisches Benehmen zu erlernen und sich die Fähigkeiten anzueignen, die er als Knappe und später als Ritter brauchte. Befand man den Jungen für fähig, wurde er mit etwa 14 zum Knappen ernannt und einem Ritter zur Seite gestellt, der ihn die Feinheiten des Rittertums lehrte. Nun, da der Ritter einen Knappen hatte, der Lanze und Schild trug, sich um das Pferd kümmerte und die Ausrüstung säuberte, konnte der Ritter sich anderen Pflichten widmen. Zwischen den Botengängen trainierte der Knappe, baute seine Fähigkeiten aus und Kraft auf. Er begleitete seinen Herrn bei Ausritten und kämpfte oft auch in der Schlacht als Teil einer Gruppe von Rittern mit – meist jedoch in den hinteren Reihen.

VOM KNAPPEN ZUM RITTER

Nach einigen Jahren als Knappe wurde der junge Mann selbst in den Ritterstand erhoben – es sei denn, er war unehrenhaft entlassen worden. Die Zeremonien variierten; am üblichsten war es jedoch, religiöse Riten wie eine Nachtwache in einer Kapelle abzuhalten und sich dann in Rüstung oder feiner Kleidung vor demjenigen zu präsentieren, der einen zum Ritter schlug. Vor Zeugen legte der junge Mann anschließend einen Eid ab; der Ritterschlag selbst erfolgte durch das Berühren mit der Hand oder der stumpfen Seite des Schwerts.

Wird heute in Großbritannien jemand zum Ritter geschlagen, ist diese Berührung mit dem Schwert federleicht; damals konnte das schon ein Schlag im wortwörtlichen Sinne und sehr schmerzhaft sein. Der Schlag hatte große Symbolkraft: Es war der letzte, den der junge Mann je erhalten würde, ohne sich entsprechend wehren zu dürfen. Nicht-Adli-

Ritter und Burgfräulein auf dem Weg zu einem Turnier in London (aus der holländischen Ausgabe von Jean Froissarts »Chroniques«, 1470–75)

gen war es verboten, Hand an sozial höher gestellte Personen zu legen; sie durften sich auch dann nicht wehren, wenn sie direkt angegriffen wurden. Taten sie es doch, wurden sie hart bestraft, meist sogar mit dem Tode und vorheriger Folter.

Erhob sich der junge Mann nach dem Schlag, war er fortan nicht nur ein Ritter, sondern auch ein Mitglied des Adelsstandes. Als solches durfte er Angriffe erwidern, egal von wem sie kamen. Er hatte nun bestimmte Rechte und Pflichten, die man ihm in seiner Zeit als Page und Knappe beigebracht hatte.

Um den neuen Status kenntlich zu machen, verlieh man dem Ritter Sporen. Ein Schwert besaß er schon; dieses galt in vielen Gegenden als Zeichen des Adels. Bereits als Knappe hatte er das Schwert tragen dürfen, was den Bauern vielerorts verboten war. Manchmal trug man dem jungen Ritter eine Aufgabe auf, die er sofort ausführen musste, manchmal musste er sich einer Armee auf dem Feldzug anschließen.

Es gab jedoch auch Knappen, die nicht zum Ritter geschlagen und gewissermaßen professionelle Knappen wurden. Ihnen verlieh man den Titel »Esquire«, der sie als titellose Mitglieder des Adels kennzeichnete; für ihre ausgezeichneten Dienste wurden sie oft hoch bezahlt.

Ein anderer Weg zum Rittertum führte über Heldenmut auf dem Schlachtfeld, den der König oder Lehnsherr zur Kenntnis nahm. Bauern und das gemeine Fußvolk konnten das Augenmerk ihres Herrn meist nicht auf sich ziehen, weshalb diese Ehre den Söldnern und Offizieren vorbehalten blieb. Manchmal schlug man den Mann sogar noch in der Schlacht zum Ritter.

Besaß der Ritter die angemessene Ausrüstung nicht, war es ihm erlaubt, sich die eines gefangenen Feindes anzueignen. Nahm ein Soldat also einen feindlichen Ritter gefangen, konnte er für seine Tapferkeit selbst in den Ritterstand erhoben werden und erhielt Rüstung, Pferd und Schwert des Gegners und – wenn er Glück hatte – sogar das Lösegeld.

Der Ritter Wolfram von Eschenbach in voller Rüstung mit geschmücktem Helm, Banner und Pagen. Illumination aus Zürich, um 1310–40.

Die Tradition der Lanzenfähnchen – in diesem Fall trägt das Fähnchen das gleiche Abzeichen wie Schild und Rock des Ritters – hat sich bei der Kavallerie bis in die jüngste Zeit erhalten.

Die Ritter niedrigsten Ranges besaßen nichts, aus dem sie Einkünfte hätten beziehen können. So boten sie dem Lehnsherrn ihre Dienste im Austausch gegen einen Lebensunterhalt an. Im Grunde waren sie nur Berufssoldaten mit einem relativ hohen Status.

Ein Ritter konnte jedoch Besitz erben, in eine wohlhabende Familie einheiraten oder ein Lehen zur Belohnung geschenkt bekommen. War er einmal Landbesitzer oder Vasall, änderte sich auch sein sozialer Status: Mit dem Land hatte er nun auch die Verantwortung für die Menschen, die dort lebten und über die er herrschte. Alle höherrangigen Ritter wie die Bannerherren waren Vasallen. Sie waren ihrem Feudalherrn verpflichtet und besaßen meist viel Land und andere Güter. Manchmal hatten sie auch bestimmte Ämter inne.

RITTERLICHE PFLICHTEN

In erster Linie war ein Ritter natürlich dazu verpflichtet, seinem Lehnsherrn und allen Ranghöheren zu gehorchen, etwa dem Befehlshaber der königlichen Burg, auf dem der Ritter Dienst tat. Doch die Ritter, die ihren Lebensunterhalt als professionelle Soldaten verdienten, waren nicht nur an ihren Lehnsherrn, sondern auch an das gebunden, was man später als ritterlichen Ehrenkodex bezeichnete – festgelegte Tugenden und Benimmregeln.

Von Rittern erwartete man Großzügigkeit ihresgleichen gegenüber sowie ein generell »höfisches« Benehmen – was genau damit gemeint war, variierte jedoch von Ort zu Ort. Zudem war es ihre Pflicht, Schwächere zu beschützen, was allerdings wiederum ein dehnbarer Begriff war. Viele Ritter bezogen ihn nur auf Mitadlige; sie beschützten adlige Frauen, hatten jedoch keine Skrupel, Bauern zu schlagen und Frauen niederen Standes zu vergewaltigen. Von Rittern erwartete man auch, dass sie einem besiegten Feind gegenüber Gnade walten ließen, doch auch das bezog sich nur auf Adlige und hatte ebenso viel mit dem Lösegeld wie mit Anstand zu tun. Nichtsdestotrotz lag das System festgelegten Lösegelds im Interesse beider Parteien.

Ging das Vertrauen in das System verloren, hatte man auch keinen Grund, eine Kapitulation zu akzeptieren oder dem Feind sicheren Abzug zu garantieren. So galt auch das Einhalten von Versprechen als Teil des ritterlichen Ehrenkodex und diente dem Schutz beider Seiten.

DER CHRISTLICHE RITTER

Die Kirche ging davon aus, dass ein Ritter auch ein guter Christ sein müsse: fromm und demütig, manchmal sogar keusch. Darüber hinaus sollte ein Ritter auch kulturell gebildet sein, insbesondere im Spätmittelalter, als man von ihm erwartete, sich in der Jagd, vor allem der Falkenjagd, auszukennen. Die Unterschiede zwischen Ritter und Höfling verwischten allmählich, was sich bis heute in dem Begriff »Kavalier« erhalten hat.

RITTERLICHE KLEIDUNG (1350)

Der Ritter Mitte des 14. Jahrhunderts war in erster Linie durch sein Kettenhemd geschützt, das er durch weitere Kleidung – über oder unter dem Kettenhemd – noch ergänzen konnte. Den Gambeson etwa, ein gesteptes und gepolstertes Gewand, trug man unter dem Kettenhemd, damit dieses nicht scheuerte. Man konnte aber auch nur einen Gambeson, ohne Kettenhemd, tragen oder einen ähnlich gefertigten Rock über dem Kettenhemd. Alle drei Schichten zusammen boten zwar ausgezeichneten Schutz, schränkten jedoch die Beweglichkeit ein.

Ritter, die Land besaßen, sollten zudem als Herrscher und Beschützer ihrer Untergebenen fungieren. Zu ihren Pflichten gehörte es, Hof zu halten, Dispute des gemeinen Volks beizulegen und Verbrecher zu bestrafen. Tauchten Bedrohungen wie Räuber oder wilde Tiere auf, erwartete man vom Ritter, sich darum zu kümmern. Das konnte bedeuten, mehreren bewaffneten Männern gegenübertreten zu müssen, weshalb der Ritter im Waffengebrauch geübt sein und über einen ausreichenden persönlichen Schutz verfügen musste. Doch tat der Ritter auch sich selbst einen Gefallen damit, die Straßen von Räubern freizuhalten. Denn er erhielt durch die Steuern, die das gemeine Volk zu entrichten hatte, finanzielle Unterstützung. War das Volk durch Überfälle verarmt oder hatte es das Hab und Gut durch Brandschatzung verloren, wirkte sich das auch direkt auf die Einkünfte des Ritters aus. Musste der Ritter weitab seines Besitztums Krieg führen, schadete ihm das ebenfalls, weil er sich in dieser Zeit nicht um die eigenen Belange kümmern konnte.

So war der Ritter, der Land besaß, mehr als nur ein Krieger im Dienst seines Lehnsherrn. Er war Legislative, Judikative und Exekutive in einem. Seine Führungsqualitäten hatten großen Einfluss auf das Volk. Er konnte es misshandeln und finanziell ausbluten lassen, ohne mit allzu großer Gegenwehr rechnen zu müssen. Denn Rebellion wurde zum Schutz der gesellschaftlichen Ordnung harsch geahndet. Auch wenn er das moralische Recht auf seiner Seite hatte, konnte ein aufrührerischer Bauer keine Gnade erwarten. Der professionelle Reiter in anderen Kulturen hatte wenig ähnlich geartete Pflichten, abgesehen vielleicht von den Mamluken. Auch sie schätzten die Tugenden der Großzügigkeit, des Mutes und der Gnade, wo sie angebracht war, hoch ein, auch wenn sich die Gesellschaftssysteme sonst nicht ähnelten.

OBEN: *Aufwändig gestalteter Kettenhandschuh. Durch die überlappenden Metallschuppen sind die Finger gut geschützt; auf diese Weise war auch die Faust bei Bedarf eine effektive Waffe.*

DAS TURNIER

In den Kulturen, in denen es neben professionellen Reitern auch Ritter gab, wurden Turniere abgehalten – einerseits als gesellschaftliches Ereignis, andererseits als Training der Ritter. In den anderen Kulturen hielten sich die Soldaten durch sportliche Wettkämpfe kriegstauglich; das Turnier ging jedoch weit darüber hinaus. Je nach Land besaß das Turnier eine etwas andere Bedeutung. In Frankreich etwa diente es eher der Unterhaltung, in England der ernsthaften Vorbereitung auf den Krieg. Ursprünglich waren Turniere lediglich arrangierte Kämpfe, die mit »echten« Waffen durchgeführt wurden; Todesfälle und Verstümmelungen waren deshalb an der Tagesordnung, weshalb sich die Kirche und auch die jeweiligen Lehnsherren strikt gegen Turniere aussprachen. Einerseits schuf das Turnier ein sehr realistisches Trainingsumfeld und verbesserte die Kampfkraft der Krieger. Andererseits dezimierte es die Krieger aber auch. Doch wie das Duell späterer Tage war auch das Turnier gesellschaftlich akzeptiert, obgleich gesetzlich geächtet. Turniere zu verhindern, war nicht möglich – die Ritter entzogen sich den Augen des Gesetzes einfach. So wurde das Turnier fester Bestandteil der ritterlichen Kultur.

Bis zum Ende des 13. Jahrhunderts waren Turniere mehr oder weniger Schlachten. Gruppen von Rittern bekämpften einander mit den üblichen Waffen – Lanze und Schwert. Verlor ein Mann sein Pferd, war aber noch kampfestüchtig, kämpfte er zu Fuß weiter, und es war durchaus üblich, einen Gegner ohne Pferd mit der Lanze anzugreifen, während dieser sein Schwert zu ziehen versuchte.

TURNIERREGELN

1292 trat in England das »Statute of Arms for Tournaments« in Kraft, das die ganze blutige Angelegenheit regeln sollte. Neu an dem Konzept war, dass Ritter nun als Gentlemen galten und man von ihnen Fair Play erwartete. Allmählich wurden die Regeln der Ritterlichkeit auch auf das Turnier übertragen – der Kavallerist wandelte sich zum Kavalier. Das deutsche Wort stammt vom französischen »chevalier« ab, das ursprünglich Reiter, dann Ritter und schließlich Mann mit ritterlichen Tugenden bedeutete.

Die neuen Regeln begrenzten die Zahl der Todesfälle oder für immer Verstümmelten. So hatten nun auch Könige und Kleriker nichts mehr gegen Turniere einzuwenden; fortan fand das Turnier als ehrenvoller Wettstreit zwischen Gleichrangigen und nicht mehr als simples Gemetzel statt.

Die Regeln variierten von Ort zu Ort, das berittene Turnier folgte jedoch generell zwei Varianten. Heute noch am bekanntesten ist der Tjost, auch Lanzenstechen genannt. Dabei reiten zwei Ritter aufeinander zu und versuchen, sich gegenseitig mit der Lanze vom Pferd zu stoßen. Gefährlicher war das »Echte Turnier«, bei dem nicht nur zwei, sondern mehrere Gegner auf ein bestimmtes Signal hin den Kampfplatz stürmen und auf-

LINKS: *Französisches Turnier zur Zeit Karls V. (1338–1380). Die Reiter ohne Rüstungen überwachen das Turnier.*

Lancelot im Zweikampf mit einem anderen Ritter vor König Artus und Guinevere (aus einer »Lancelot du Lac«-Ausgabe, 14. Jh.)

einander losgingen. Gewinner war der Letzte, der sich auf seinem Pferd halten konnte.

Obwohl man beim Tjost stumpfe Lanzen verwendete, waren Verletzungen immer noch häufig. So griff man schließlich auf eine weniger gewalttätige Variante zurück, bei der die Lanze am Schild des Gegners brechen sollte anstatt diesen vom Pferd zu stoßen – daher der Ausdruck »eine Lanze brechen«. Dass man nun zerbrechlichere Lanzen verwendete, macht die Absicht des Turniers deutlich. War die Turnierlanze ursprünglich die gleiche wie auf dem Schlachtfeld und damit potenziell eine tödliche Waffe, kam es nun beim Lanzenstoß auf Genauigkeit und Technik, nicht auf Blutvergießen an. Natürlich werden auch bei heutigen Turnieren zerbrechliche Lanzen verwendet, um niemandem zu schaden.

Fast das gesamte Mittelalter hindurch war das Turnier dennoch auch eine Trainingsmethode, bei der man echte Schläge austeilte. Es gab natürlich auch andere Wettkämpfe, etwa Kämpfe zu Fuß oder Parcours, bei denen man mit dem Schwert oder einer anderen Handwaffe Gegenstände wie z. B. einen Kohlkopf auf einem Stecken einsammeln musste.

Militärisch gesehen hatte das Turnier eine zweifache Bedeutung. Zunächst schuf es eine Gelegenheit, mit »echten« Gegnern und unter Bedingungen zu

Französische Darstellung eines Turniers aus dem 15. Jahrhundert. Wie immer genoss der Adel Privilegien, etwa überdachte Sitzplätze, die wichtigen Zuschauern vorbehalten waren.

üben, die denen auf dem Schlachtfeld sehr nahe kamen. Zum anderen konnten die Ritter so auch in Friedenszeiten kampftauglich bleiben. Drohte kein unmittelbarer Krieg, wusste der Ritter meist etwas anderes mit seiner Zeit anzufangen als zu trainieren. Bei einem Turnier hatten gut trainierte Ritter jedoch eine größere Chance als die, die etwas aus der Übung geraten waren. Letzteres bedeutete einen eindeutigen Prestigeverlust – der Anreiz zu trainieren war also durchaus auch ein gesellschaftlicher.

Darüber hinaus gab es weitere Anreize. Der Preis für den Sieger war meist recht großzügig bemessen – ein Ritter konnte bei einem Turnier mitunter viel Geld verdienen. In einigen Gegenden entwickelte sich zudem eine soziale Gepflogenheit, die den Ritter überdies dazu anspornte, im Turnier eine gute Figur zu machen. Er konnte eine Dame um ihre Gunst bitten und als Zeichen dieser einen Gegenstand offen sichtbar bei sich tragen. Gewann er das Turnier, durfte er des nächtens auf mehr hoffen – selbst wenn einer von beiden oder beide verheiratet waren. Manchmal war das Zeichen der Gunst zwar nur ein keusches Symbol, eine romantische Geste, manchmal aber eben auch eine gesellschaftlich akzeptierte Form des Ehebruchs.

Wie sich ein Ritter im Turnier schlug, hatte auch diplomatische Auswirkungen. So gewann ein Zuschauer aus einem fremden Land einen guten Eindruck von der einheimischen Kampfeskraft. Es kam nicht selten vor, dass ein Turnier die nächste Schlacht verhinderte. Es wurden Bündnisse geschlossen, Verträge ausgehandelt, vielleicht sogar gute Ritter angeheuert – gewissermaßen die mittelalterliche Form der Jobbörse.

Ein Ritter erhält einen Ring (spätes 15. Jh.). Für seinen Sieg beim Turnier wird der Ritter von einer Maid mit einem Ring belohnt.

Das gemeine Volk, das ein Turnier besuchte und meist nicht schlecht über den zur Schau gestellten Reichtum und den Heldenmut der Ritter staunte, erinnerte das Ereignis daran, wo der eigene Platz in der gesellschaftlichen Ordnung war. Ein Bauer, der einen Ritter in vollem Galopp mit der Lanze einen Kohlkopf aufspießen sah, wusste, was ihm drohte, wenn er aus der Reihe tanzte. Und die prächtigen Umzüge zeigten, wie weit der Adel tatsächlich über dem gemeinen Volk stand.

Neben einer effektiven Trainingsmethode war das Turnier also auch eine Machtdemonstration und diente zur Aufrechterhaltung der sozialen Ordnung. Für den Ritter war es außerdem eine gute Gelegenheit, sich Gleichgestellten gegenüber als würdig zu erweisen und vielleicht eine Braut zu finden.

Als integraler Bestandteil der ritterlichen Kultur kam das Turnier auch dann nicht aus der Mode, als man kaum noch Ritter auf dem Schlachtfeld sah. Die Form des Turniers wandelte sich über die Jahre hinweg, doch noch heute haben viele Wettkämpfe ihre Wurzeln in dieser Tradition, bei der es – das sollte man nicht vergessen – ursprünglich darum ging, den Kontrahenten zu töten.

TAKTIK UND TECHNIK

Erste Aufgabe des berittenen Soldaten war die Offensive mit anschließendem Nahkampf. Man griff an, versuchte, die gegnerische Formation zu durchbrechen, den Feind zu zersprengen und schließlich im Zweikampf zu vernichten. Es gab auch berittene Schützen, die mit Wurfspieß oder Speer kämpften; ihre Taktik war jedoch eine ganz andere (siehe S. 138ff.).

Am häufigsten war der Massenangriff, den man sich allerdings nicht unbedingt organisiert vorstellen darf. Manchmal brach ein wahrer Mob von Rittern über den Feind herein, immer mit dem Ziel, Erster zu sein und sich besonders hervorzutun – natürlich eine höchst ineffiziente Methode. Kontakt hatten nur die ersten Reihen; der Rest verlieh dem Angriff höchstens Wucht und drängte nach, wenn der Kampf ins Stocken geriet.

GOTISCHE RÜSTUNG

Die Rüstungen im späten 15. Jahrhundert waren nicht nur funktionell, sondern auch elegant; sie boten perfekten Schutz bei größtmöglicher Bewegungsfreiheit. Fortschritte in der Schmiedekunst sorgten dafür, dass schwere Rüstungen nun durch dünnere und leichtere Platten ersetzt werden konnten. Kernstück war der Brustharnisch; Lenden, Achseln und andere durch Platten schwer schützbare Körperpartien bedeckte eine Kettenpanzerung. Der hohe Sattel schützte zusätzlich. Der gebogene Helmrand lenkte einen Schlag von oben von den Schultern ab, für die Gelenke fertigte man eigens Plattenpanzer mit Scharnieren an.

Gegenüber: *Der Herzog von Anhalt (1305 bis 1340) in einem Turnier. Das Ringen war Teil der ritterlichen Schwertkampfkunst, wurde meist jedoch nicht zu Pferde ausgeübt.*

Ein solcher Angriff verlor meist rasch an Schwung. Das lag zum einen daran, dass die vorpreschenden Ritter zu früh Geschwindigkeit aufnahmen; die schwer beladenen Schlachtrösser ermüdeten schneller und raubten dem Angriff die Wucht, die er sonst vielleicht gehabt hätte.

Darüber hinaus verteilte sich die Wucht auf viele kleine Einheiten, gegen die man sich wehren konnte – ähnlich wie bei kleinen Kieselsteinen, die im Gegensatz zu einem einzigen großen Stein gleichen Gewichts eine Fensterscheibe nicht zerbrechen können. Trafen einzelne Ritter auf den Feind, wurden sie eher umzingelt als en masse die gegnerischen Linien zu durchbrechen. Ein schlauer Kriegsherr entwickelte deshalb eine Taktik für seine Kavallerie, die den größten Gebrauch von den typischen Eigenschaften des Reiters machte – Beweglichkeit und Offensivkraft.

Nicht alle Angriffe führte man in vollem Galopp aus; nicht selten näherten sich die Reiter auch im Trab oder Kanter. Dies minderte zwar die Wucht des massierten Lanzenangriffs, ermöglichte es den Reitern jedoch, Hindernisse zu überwinden und die Einheit zu wahren – und manchmal war es schlicht alles, was ein müdes Pferd noch leisten konnte.

DER ANGRIFF IN LINIE

Den größten Effekt erzielte man, traf man den Feind mit so vielen Lanzen wie möglich gleichzeitig, wobei die Ritter in einer Linie angriffen. Eine geschlossene Linie war natürlich besser als eine lückenhafte, da so der Angriff zusätzliche Wucht erhielt. Knie an Knie anzugreifen erforderte ein hohes Maß an Reitkunst sowie einen zusätzlichen Bein- und Fußschutz. Eine

Rechts: *Bei dieser Nachstellung eines historischen Turniers trägt der Ritter eine gotische Rüstung und greift gerade an. Diesen Anblick hatte der Turniergegner kurz vor dem Aufprall.*

Französische Ritter greifen englische Bogenschützen in der Schlacht von Crécy (1346) an. Diese Darstellung aus dem 19. Jahrhundert idealisiert den Angriff in Linie allerdings.

Fußrüstung oder zumindest schwere Stiefel waren vonnöten, da das Nachbarpferd sonst den Fuß des Reiters zerquetschen konnte. Der »Steigbügel-an-Steigbügel-Angriff« gilt somit als Wahrzeichen der schweren Kavallerie. Nur bei geschlossener Linie konnte man die gegnerische Formation durchbrechen und mehrere Mann tief in die feindlichen Linien eindringen. Auch wenn die eigene Linie dann kürzer war als die des Feindes, hatte dies immer noch einen entscheidenden

DER ANGRIFF IN LINIE

Im Idealfall griff nicht die ganze Kavallerie auf einmal an. Es konnte nur eine begrenzte Anzahl von Lanzen auf einmal treffen, ging der Angriff schief, mussten sich die Lanzen zudem erst entwirren. Geordnete Linien verhinderten auch, dass die angreifenden Pferde einander behinderten. Eine disziplinierte Kavallerie griff nacheinander in mehreren Linien an und versuchte dadurch, die Formation des Feindes zu zerschlagen.

Vorteil: lieber eine richtige Bresche in die Linie schlagen als an vielen kleineren Stellen nicht ganz durchzubrechen. Wurde eine Linie durchbrochen, reichte dies meist schon aus, um die Infanterie zu zersprengen; konnte der Feind die Linie aufrecht erhalten, kämpfte er in der Regel weiter. Wie der Angriff endete, hing nicht zuletzt vom Zahlenverhältnis der Truppeneinheiten ab. Wurden wenige Ritter von vielen zwar schlecht ausgerüsteten, aber dafür entschlossenen Fußsoldaten umzingelt, waren sie in ernsthaften Schwierigkeiten; gelang es den Rittern aber, die Linie zu durchbrechen und sich einzelnen Feinden zu widmen, waren die Aussichten auf den Sieg viel größer. Sie mussten also nur eine Sollbruchstelle finden, sich zurückziehen und erneut auf dieselbe Weise angreifen. Dennoch

In dieser französischen Illumination aus dem 14. Jahrhundert besiegt der karolingische König Karl der Große (742–814) die Sachsen. Karl der Große war einer der frühesten Verfechter ritterlicher Tugenden. Die dargestellten Rüstungen stammen allerdings ebenfalls aus dem 14. Jahrhundert und nicht aus karolingischer Zeit.

EUROPÄISCHER RITTER MIT AUSRÜSTUNG (1400)

Ab dem 15. Jahrhundert war der Plattenpanzer weit verbreitet; der Kettenpanzer bedeckte nun nur noch die Gelenke und andere neuralgische Punkte des Körpers. Dieser Ritter trägt einen kettenpanzerunterfütterten Brustharnisch und einen Plattenpanzer an den Gliedmaßen. Der Helm mit Visier erlaubt gute Sicht und Atmung und schützt gleichzeitig optimal in der Schlacht. Grundsätzlich kämpfte der Ritter immer noch mit Schwert und Lanze, das Arsenal wurde jedoch durch Äxte, Streitkolben und Hacken ergänzt – in Antwort auf die bessere Rüstung, die natürlich auch der Feind trug.

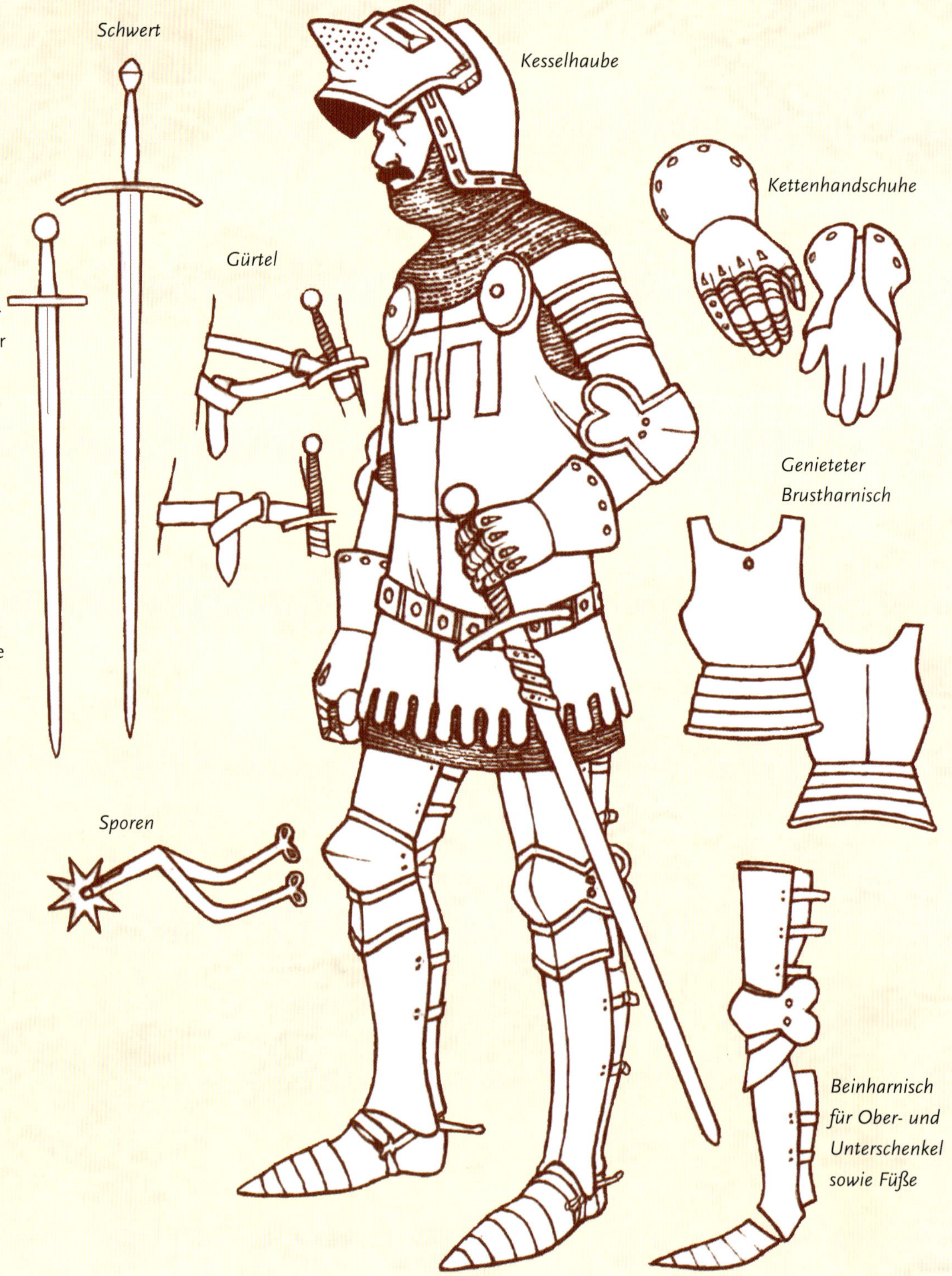

bestand auch immer die Möglichkeit, dass ein Angriff abgewehrt wurde und die Ritter in Handgemenge verwickelt wurden. Bedeutete dies, dass Ritter gegen Ritter kämpfte, waren alle zufrieden. Akzeptabel war es auch, wenn sich die wie auch immer geartete Kavallerie dabei langsam vorankämpfen konnte. Gefährlich wurde es erst, wenn die Reiter in den feindlichen Linien stecken blieben.

Im schlimmsten Fall wurde die Kavallerie hierbei mit einem Schlag vernichtet, oder die einzelnen Ritter wurden von ihren Pferden gezerrt und zur Kapitulation gezwungen. Doch selbst wenn das nicht der Fall war, bestand der Hauptbeitrag, den die Kavallerie zu einer Schlacht leistete, in der Offensive, im überraschenden Angriff. Die feindliche Formation langsam zu zermahlen war weniger nützlich und die eigentliche Aufgabe der

OSMANISCHE KAVALLERIERÜSTUNG (1400)

Bei muslimischen Kriegern bestand der Hauptschutz nach wie vor aus Kettenpanzer, auch als dieser im Abendland schon lange nicht mehr benutzt wurde. Der Kettenpanzer wurde oft durch kleine Platten oder Schuppen verstärkt; alles in allem war die Rüstung jedoch viel leichter als ihr westliches Pendant. In beiden Fällen spiegelte die Rüstung den Kampfstil wider: Der westliche Reiter fungierte gewissermaßen als Rammbock, die muslimische Kavallerie war wesentlich mobiler. Zudem pflegte man im Orient die Tradition des Lanzenstechens nicht, die einen rigideren Schutz erforderlich machte.

Überrock aus Kettenpanzer

Kettenhemd mit angenähten rechteckigen Metallplatten

Schulterharnisch

Beinschiene

Kettenhemd, verstärkt mit runden und rechteckigen Metallplatten

Infanterie. So gehörte es zur Taktik einer erfolgreichen Schlacht, etwas in der Hinterhand zu haben, mit dem man eine stecken gebliebene Kavallerie befreien konnte. Die konventionelle Methode, die bereits seit Jahrhunderten in Gebrauch war, bestand darin, in Linien oder Wellen anzugreifen, den Feind mehreren kleinen Offensiven auszusetzen und es den Überlebenden aus den eigenen Reihen zu ermöglichen, sich zurückzuziehen. Hatte die Kavallerie noch Reserven, hinderte dies den Feind in der Regel auch daran, die überlebenden Reiter zu verfolgen.

Eine zweite oder dritte Linie zurückzubehalten erforderte natürlich ein gewisses Maß an Disziplin – und genau daran mangelte es den ritterlichen Streitkräften oft. Die Funktion der Reserve erfüllten manchmal ganz spontan Ritter, die hinter die feindlichen Linie zurückfielen, sich sammelten und erneut angriffen – eine Serie immer schwächer werdender Offensiven, da die Zahl der Ritter abnahm und die Pferde ermüdeten. Während die einen also angriffen, waren die anderen vielleicht in Handgemenge verstrickt oder sammelten sich gerade wieder. Doch gelang ein solcher Angriff in Wellen nicht immer; blieb die Kavallerie in den feindlichen Linien stecken, hatte sie nur die Wahl, sich ihren Weg freizukämpfen oder unterzugehen.

Wo Ritter gegen Ritter kämpfte oder zumindest gegen jemanden, der die Kapitulation des Ritters im Austausch gegen ein Lösegeld akzeptierte, war es immerhin möglich, sich aus den feindlichen Linien befreien zu können. Das Lösegeld für viele Ritter aufzubringen war zwar sehr kostspielig und belastete diejenigen, die die Steuern für ihren Kriegsherren aufbringen mussten, eine nationale Katastrophe war es jedoch nicht. War der Feind aber nicht willens, eine Kapitulation zu akzeptieren – und das war bei den meisten Nicht-Adligen der Fall –, konnte man ganze Heerscharen von Adligen an einem einzigen Tag verlieren. So geschehen bei Agincourt (1415): Dort töteten die Engländer einen Großteil ihrer französischen Gefangenen.

Eine disziplinierte schwere und leichte Kavallerie hielt eher eine Reserve zurück – den Rittern fiel es schwerer, selbst untätig zu bleiben, während ihresgleichen angriffen. Eine aus Rittern bestehende Kavallerie konnte unter den richtigen Umständen also ein mächtiges Werkzeug sein – meist aber eines, das man nur einmal benutzen konnte. Oft griff sie im Ganzen an, zerstreute den Feind und zog sich zurück. Gelang ihr Letzteres nicht, wurde sie in großer Zahl niedergemetzelt oder gefangen genommen, da es keine Reserve gab, die ihr die Flucht ermöglicht hätte. Viele Kreuzfahrerarmeen wurden nicht vernichtend geschlagen, weil es ihnen an Mut oder Kampfeskraft gemangelt hätte, sondern lediglich an Disziplin. Ein gutes Beispiel dafür ist die Schlacht bei Varna (1444).

VARNA, 1444

Da die osmanischen Türken immer mehr Macht gewannen, versuchte man, sie in einem waghalsigen Unternehmen – dem »Kreuzzug von Varna« – aus den Balkangebieten zu vertreiben. Da sich die beteiligten Streitkräfte jedoch nicht koordinieren konnten, ging alles von Anfang an schief. In der Nähe von Varna trafen die Kreuzfahrer in unwegsamem Terrain auf eine türkische Armee, die ihnen zahlenmäßig weit überlegen war.

Aufgrund schlechter Späher sahen sich die Kreuzfahrer plötzlich in der Falle, auch Vorräte hatten sie kaum noch. So blieb ihnen nichts als der Angriff. Ihre Armee bestand hauptsächlich aus Kavallerie und wenigen hundert Handfeuerwaffen – eine gute Basis für eine Offensive. So formierten sich die Kreuzfahrer zum Angriff, die Soldaten mit den Handfeuerwaffen ließen sie zum Schutz des Trosses zurück. Doch noch bevor sie angreifen konnten, griff die osmanische Kavallerie ihrerseits die rechte Flanke der Kreuzfahrer an. Der Angriff wurde jedoch abge-

FALSCHER RÜCKZUG

Der vorgetäuschte Rückzug gehört zu den schwierigsten Manövern in der Schlacht, da er Disziplin und Koordination erfordert. Die muslimische Kavallerie bediente sich der Taktik bei mehreren Gelegenheiten; sie floh in anscheinendem Chaos, während die gegnerische schwere Kavallerie angriff. In Wirklichkeit lockte sie den Feind jedoch nur in eine Position, in der er von allen Seiten angegriffen werden konnte. Zum richtigen Zeitpunkt kehrte die »fliehende« Kavallerie um und griff ihre müden Verfolger an.

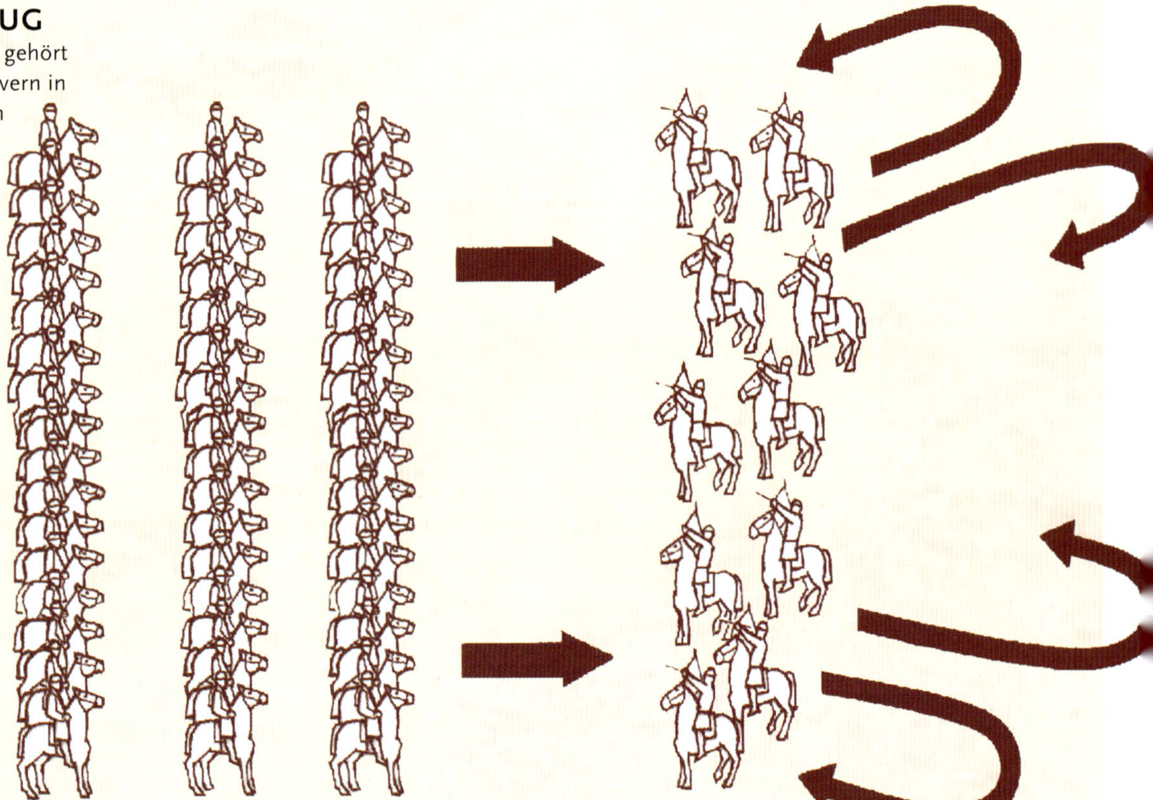

DIE SCHLACHT BEI VARNA, 1444

Die Armee der Kreuzfahrer (blau) bestand fast gänzlich aus Kavallerie und brachte sich bei Varna in eine kompromittierende Situation, in der sie unter äußerst ungünstigen Bedingungen gegen eine sehr ausgewogene osmanische Streitkraft (rot) kämpfen musste. Heldenmut und Disziplinlosigkeit der Kreuritter führten zu einer Reihe unkoordinierter Angriffe, die in ineffektiven Zweikämpfen endeten.

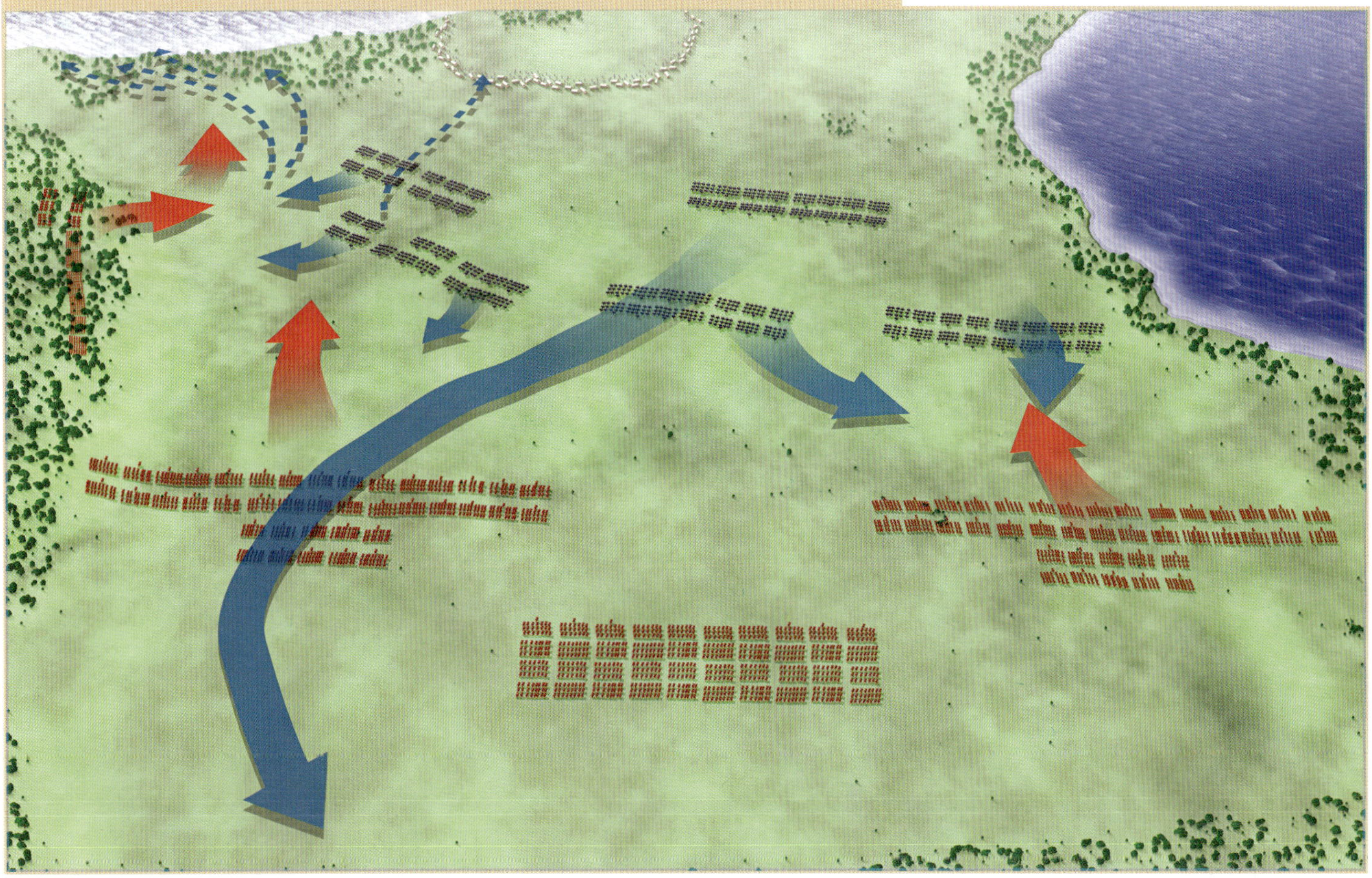

wehrt, und der Feind ergriff in anscheinender Panik die Flucht. Ob diese Flucht ein echter oder nur vorgetäuschter Rückzug war, ist nicht bekannt; in jeden Fall kompromittierte sie die Kreuzfahrer, deren Kavallerie der rechten Flanke die Verfolgung aufnahm und damit eine Lücke in den eigenen Reihen hinterließ.

Mehr türkische Kavallerie sowie einige Kamelreiter gingen zum Gegenangriff auf die rechte Flanke über. Die Pferde der Türken waren an die Kamele gewöhnt – die der Kreuzfahrer zeigten sich durch die fremden Geräusche und Gerüche jedoch höchst verstört. Abgesehen davon, dass die Verfolger ohnehin erschöpft waren, trug dies noch zusätzlich zur Vernichtung der rechten Flanke bei.

Das Verhängnis der Verfolger zog nahe gelegene Einheiten an, die versuchten, sie zu retten. Doch auch sie wurden vernichtet, nur wenige konnten sich in Sicherheit bringen.

In der Zwischenzeit griffen die Osmanen die andere Flanke an. Dieses Mal konnten die Kreuzfahrer lange genug standhalten, bis Verstärkung kam. Schließlich trieben sie die Osmanen in die Flucht. Einige Kreuzritter verfolgten ihre geschlagenen Feinde mehrere Kilometer weit, andere plünderten derweil das gegnerische Feldlager. Beides entzog diese Truppen der Schlacht – zu einem Zeitpunkt, an dem ihre Anwesenheit möglicherweise entscheidend gewesen wäre. Denn danach griff das Zentrum der Kreuzfahrer an – eine voreilige, dumme Aktion ohne Befehl, die entsprechend glorreich scheiterte. Allmählich näherte sich die Schlacht einem unentschiedenen Ende. Beide Seiten hatten schwere Verluste zu beklagen, die Osmanen waren allerdings immer noch in besserer Form. Da durch die Wiederaufnahme der Schlacht kein Sieg zu erwarten war, zogen sich die Kreuzfahrer zurück. Hauptgrund für ihre Niederlage bei Varna waren die Disziplinlosigkeit und vielleicht eine falsch aufgestellte Armee. Der Angriff der Kavallerie war zwar stark, hätte jedoch der Unterstützung durch Infanterie und Schützen bedurft – ein Fehler, den die osmanische Streitkraft nicht begangen hatte.

OBEN: *Schlachtenszene aus dem Hundertjährigen Krieg zwischen England und Frankreich, hier während der Regierungszeit Karls VII. (1422–1461). Dargestellt sind schwer bewaffnete Ritter und Offiziere.*

ANGRIFF IN KEILFORMATION

Eine Variante des Angriffs in Linie, die dem Angriff mehr Wucht verlieh, ohne dabei die Anzahl der Lanzen wesentlich zu reduzieren, die auf den Feind trafen, war der Angriff in Keilformation. Er hatte den zusätzlichen Vorteil, die Stärke auf einen Punkt zu konzentrieren: Er drang

LINKS: *Einige Truppen, etwa die leichte Kavallerie oder Schützen der Infanterie, verwendeten einen leichteren Schutz wie beispielsweise diese Weste aus Kettenpanzer. Gegen Lanzen half sie allerdings nicht.*

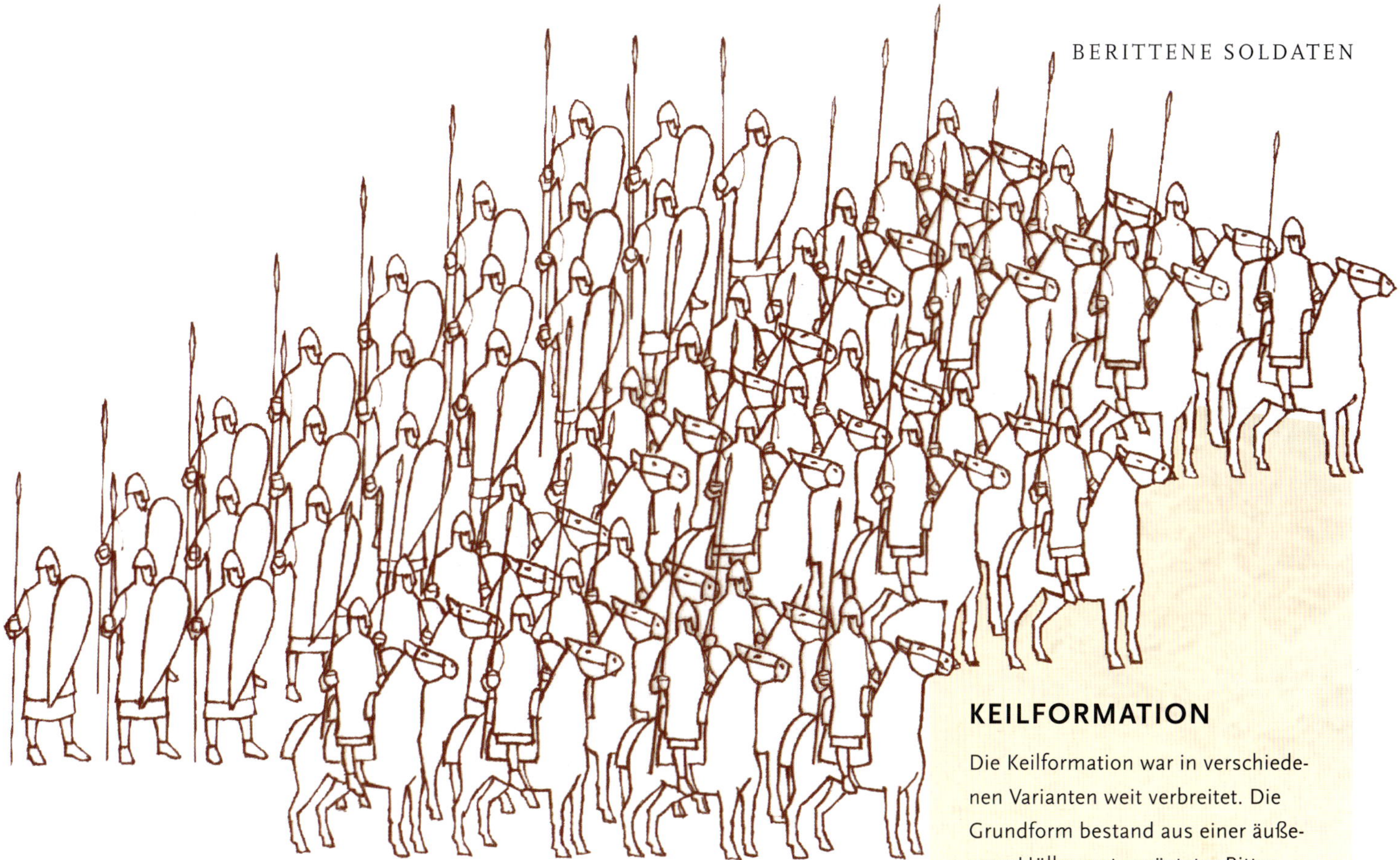

KEILFORMATION

Die Keilformation war in verschiedenen Varianten weit verbreitet. Die Grundform bestand aus einer äußeren »Hülle« gut gerüsteter Ritter oder schwerer Kavallerie und einem Kern an leichter bewaffneten Soldaten und Knappen. Nach dem ersten Feindkontakt unterstützten die leichter bewaffneten Soldaten bei etwaigen Zweikämpfen. Bei der fortgeschritteneren Version drang der Kavalleriekeil in die feindlichen Linien ein, und die Infanterie setzte nach. So war der Angriff weitaus effektiver und ermöglichte der Kavallerie im Ernstfall auch die Flucht.

in die gegnerische Formation ein und spaltete sie. Manchmal befand sich der am besten gerüstete Teil der Kavallerie am äußeren Rand des Keils, die leichter gerüsteten Soldaten bildeten den Kern. In der ritterlich geprägten Kultur waren dies vor allem Knappen und – so vorhanden – die leichte Kavallerie. Bei Keilformationen der Armeen des Byzantinischen Reichs waren die schwer bewaffneten Kataphrakten sowie berittene Bogenschützen im Inneren des Keils positioniert, um die allgemeine Feuerkraft zu verstärken oder bei Zweikämpfen nützlich zu sein.

In die Keilformation war meist auch die Infanterie involviert. Üblich war es auch, dass mehrere Kavallerie-Keilformationen eine Linie bildeten, wobei sich die breiten Enden der Keile fast berührten. Dahinter war die Infanterie in Linienformation aufgestellt. Sie »hakten nach«, war es der Kavallerie gelungen, eine Bresche in die feindlichen Linien zu schlagen.

WEITERE TAKTIKEN

Die verheerende Wirkung, die ein Angriff der Kavallerie auf die Moral der gegnerischen Truppe hatte, kann man sich leicht vorstellen; meist reichte er aus, um die Formation zu durchbrechen und den Feind zu zersprengen. Theoretisch existierte also auch die Taktik, mit einem Angriff zu drohen oder tatsächlich damit zu beginnen und kurz vor dem Feind innezuhalten. Fiel der Feind darauf herein, wurde der Angriff auch durchgeführt; hielt er stand, zog sich die Kavallerie zurück und formierte sich neu.

In der Praxis war das allerdings schwer durchführbar. Hatte ein Angriff erst begonnen, war es fast unmöglich, ihn wieder aufzuhalten. Meist endete das damit, dass sich die Angreifer in komplettem Chaos wiederfanden: Einige griffen an, andere nicht.

Nur die am besten trainierte und diszipliniertestе Kavallerie konnte mit einiger Aussicht auf Erfolg einen Angriff vortäuschen. Die meisten historisch belegten vorgetäuschten Angriffe waren reiner Zufall. Vielleicht scheuten die Pferde und die Männer wandten sich ab, bevor es zum Kontakt mit dem Feind kam. Das jedenfalls war weitaus wahrscheinlicher als ein vorgetäuschter Angriff. Denn dieser ermüdete die Pferde fast so sehr wie ein richtiger Angriff; es war also wenig sinnvoll, nur so zu tun als ob, wenn man die Streitkräfte hatte, die Drohung in die Tat umzusetzen.

Die bloße Aussicht auf einen Angriff der Kavallerie jagte dem Gegner schon Angst ein, auch wenn die Reiter nur abwarteten und ihr Ziel fixierten. Eine solche Kavallerie konnte die Infanterie vom Vormarsch abhalten und dazu zwingen, die Reihen zu schließen, um sich zu schützen. Das machte die Infanterie auf dem Schlachtfeld relativ unbeweglich, egal ob sie vorrückte oder sich zurückzog, und damit zur ausgezeichneten Zielscheibe für die Schützen. Eine disziplinierte Kavallerie konnte mit der Drohung eines Angriffs die gegnerische Infanterie zusammendrängen und sie den Bogenschützen so zum Fraß vorwerfen. Den Fußsoldaten war es nicht möglich, gegen die Bogenschützen vorzurücken, ohne

Die französische Kavallerie greift ihre englischen Gegner an. In vielen Schlachten des Hundertjährigen Krieges kämpften französische Ritter gegen zahlenmäßig unterlegene englische Ritter, die von Langbogenschützen unterstützt wurden.

sich gleichzeitig der Kavallerie auszusetzen und ohne die eigene Formation zu zerstören. Doch auch die Formation der kompakten, von Bogenschützen dezimierten Infanterie löste sich allmählich auf, bis die gegnerische Kavallerie kam und die Niederlage komplett machte.

Kombinationstaktiken dieser Art bedienten sich die unterschiedlichsten Reiche; die Fähigkeiten der Ritter überstiegen sie meist, es sei denn, sie folgten einem angesehenen und charismatischen Führer, der seinen Truppen eine angemessene Disziplin auferlegen konnte.

Da war der vorgetäuschte Rückzug schon praktikabler. Die Theorie dahinter war folgende: Ein Krieger, der sah, wie sich die gegnerische Formation auflöste und wie der Feind floh, setzte ihm vermutlich nach, zerstörte damit die eigene Formation und konnte seinerseits leichter

KONZERTIERTE AKTIONEN

Effektiv waren konzertierte militärische Aktionen vor allem dann, wenn man die jeweilige charakteristische Stärke der einzelnen Truppen nutzte. Rückte die Infanterie gegen ihr Äquivalent vor, bewegten sich die Schützen noch vor ihnen und versuchten, die feindliche Formation zu schwächen oder zu durchbrechen. Die Bogenschützen wurden an ihrer Flanke durch Kavallerie verstärkt, die die gegnerische Infanterie von einem Angriff abhielt. War die feindliche Formation geschwächt, machten die Plänkler den Weg für die Infanterie und die nachfolgende Kavallerie frei. Meist führte diese Konstellation zum Sieg.

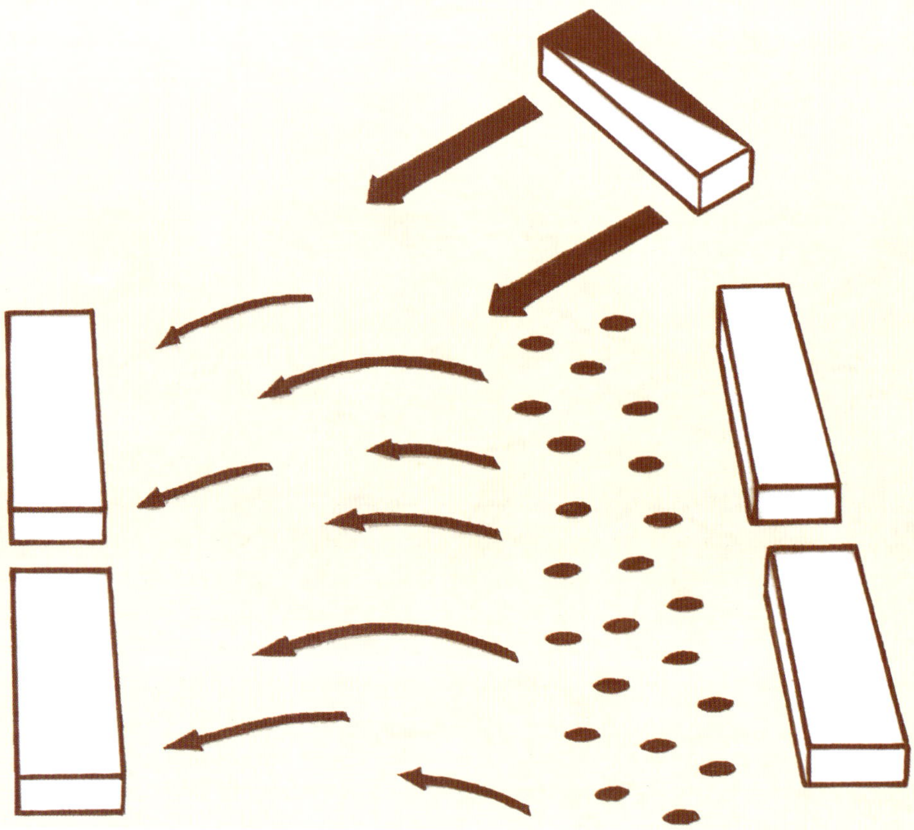

angegriffen werden. Es war jedoch unwahrscheinlich, dass Fußsoldaten dies taten, wenn eine zweite Kavallerieeinheit in der Nähe war, sodass die Einheit, die den Rückzug vortäuschte, umkehren und angreifen musste.

Um überzeugend zu sein, musste der vorgetäuschte Rückzug einen realistischen Grad an Durcheinander aufweisen – und sich in diesem Chaos erneut zum Angriff zu sammeln, war leichter gesagt als getan. Konnte eine Ordnung überhaupt wiederhergestellt werden, war sie unvollkommen und der nachfolgende Angriff wenig effektiv. Man stürzte sich auf die Verfolger, die von der Verfolgung erschöpft und von der neu gesammelten Kavallerie überrascht waren.

Einige der historisch verbürgten vorgetäuschten Rückzüge waren sicherlich absichtlich ausgeführt worden, andere waren dem Zufall zu verdanken. Auch eine Kavallerie, die sich nur zurückzog, um sich neu zu sammeln, konnte von besonders aggressiven feindlichen Truppen angegriffen werden und musste dabei große Verluste hinnehmen. Umgekehrt begann manch vorgetäuschter Rückzug als echter, und ein einzelner Befehlshaber konnte kleinere Gruppen dazu bringen, nicht zu fliehen, sondern umzukehren und zu kämpfen.

In jedem Fall bestand der siegreiche Befehlshaber sicherlich darauf, dass es sich bei der Taktik um eine absichtsvolle Maßnahme gehandelt habe. Dies diente nicht nur seinem Ruf als genialer Militärstratege, sondern zerstreute auch Gerüchte, dass sich die Kavallerie in die Flucht habe schlagen lassen.

In dem Fall, in dem ein vorgetäuschter Rückzug wirklich angeordnet war, lief dieser Gefahr, zu einem echten zu werden. Drehte die Kavallerie dem Feind erst einmal den Rücken zu und zog sich ungeordnet zurück, drohte Panik auszubrechen, die die Reiter tatsächlich vom Schlachtfeld fliehen ließ.

RÜCKZUG ODER FALLE?

Manchmal wurde ein Rückzug nicht nur vorgetäuscht, um die gegnerische Formation zu zerstören, sondern auch, um den Feind in eine bestimmte Position zu lotsen. Dies war eine bevorzugte Taktik der leichten muslimischen Kavallerie, die sich schwerer bewaffneten westlichen Truppen gegenübersah. Sie wusste, dass der Feind alles angreifen würde, was ihm über den Weg lief, präsentierte sich als Ziel und versuchte, einen Angriff zu provozieren. Griff die schwere Kavallerie dann tatsächlich an, schwenkte die leichte Kavallerie ihre Pferde, und der Angriff lief ins Leere. Da die Schlachtrosse der schweren Kavallerie größere Lasten trugen, ermüdeten sie auch schneller; meist konnte so ein Lanzenangriff verhindert werden.

Bei einer ausgefeilteren Variante dieser Taktik lockte der sich zurückziehende Feind die angreifenden Ritter so lange hinter sich her, bis die Ritter von der Infanterie abgeschnitten und die Pferde erschöpft waren. Dann war die ritterliche Streitmacht ein leichtes Ziel für die gegnerischen Bogenschützen, wurde umzingelt und so von einem Angriff abgehalten. Auch der geschah manchmal zufällig; die Ritter kamen ihrer Beute gefährlich nahe und hielten länger als erwartet durch.

BERITTENER BOGENSCHÜTZE DER SELDSCHUKEN

Obwohl es auch im Westen berittene Schützen gab, waren berittene Bogenschützen vor allem im Orient verbreitet. Sie trugen leichte Rüstungen, hatten kleine, schnelle Pferde und waren auf Geplänkel spezialisiert. Sie kamen nah an den Feind heran, schossen ihre Pfeile ab und zogen sich zurück, womit sie den Gegner konstant bedrängten. In einigen Gegenden griff man auf formelle Manöver zurück; dann näherten sich die Bogenschützen beispielsweise in einer Linie, schwenkten ihre Pferde und feuerten ihre Geschosse einzeln oder gemeinsam ab. Sie waren so wendig, dass sie sogar anderen Reitern aus dem Weg gehen, auf ihre Verfolger schießen und sich anschließend wieder sammeln konnten.

LINKS: Nach der Eroberung Jerusalems gründeten die Kreuzfahrer ein vom europäischen Adel regiertes Reich, dessen dritter König Balduin II. war. Seine Herrschaft war sowohl durch Siege als auch durch Niederlagen geprägt.

Wiederum würde ein kluger Kriegsherr behaupten, dies sei mit voller Absicht geschehen – und nicht eine Taktik, die nicht ganz so funktioniert hat, wie er sich das vorgestellt hatte. Die Gefahr für die sich zurückziehenden Truppen bestand darin, eingeholt zu werden. Und ein Angriff von hinten war weitaus schlimmer als von vorne; gelang er den Rittern, war die Schlacht entschieden. War der Gegner mit seiner Taktik jedoch erfolgreich, ermöglichte sie es leichter bewaffneten Truppen, Ritter vernichtend zu schlagen, von denen sie sonst mühelos einfach überrannt worden wären.

Alles in allem waren Taktiken außer dem Angriff mit anschließendem Handgemenge die Domäne disziplinierter, gut ausgebildeter Berufsreiter. Ritter waren dazu durchaus fähig, wenn auch das herrschende Gesellschaftssystem es ihnen erschwerte, die erforderliche Disziplin aufzubringen.

Dazu bedurfte es eines starken Führers; die Fähigkeit, einen Ritter dazu zu bringen, Befehle auszuführen, anstatt seine eigene Interessen zu verfolgen, zeichnete einen großen Kriegsherrn dieser Zeit aus. Und wiederum verdankten die Kreuzritter in der Schlacht von Harran (1104) ihre Niederlage in erster Linie ihrer Disziplinlosigkeit.

HARRAN, 1104

Dies war die Anfangszeit der Kreuzzüge. Die Ritter aus dem Abendland waren gerade dabei, Jerusalem und die umgebenden Städte unter ihre Kontrolle zu bringen. Im Jahr 1101 brach mit dem Mas-

DIE SCHLACHT VON HARRAN, 1104

In der Schlacht von Harran wollten die Kreuzfahrer (blau) die muslimische Armee (rot) durch einen vorgetäuschten Rückzug zu einer verborgenen Einheit ihrer Truppe locken. Stattdessen setzten die Kreuzfahrer leichter bewaffneten gegnerischen Truppen nach, die sie nicht einholen konnten, und gerieten nun selbst in einen Hinterhalt. Die restlichen Kreuzfahrer hatten keine Wahl und mussten fliehen.

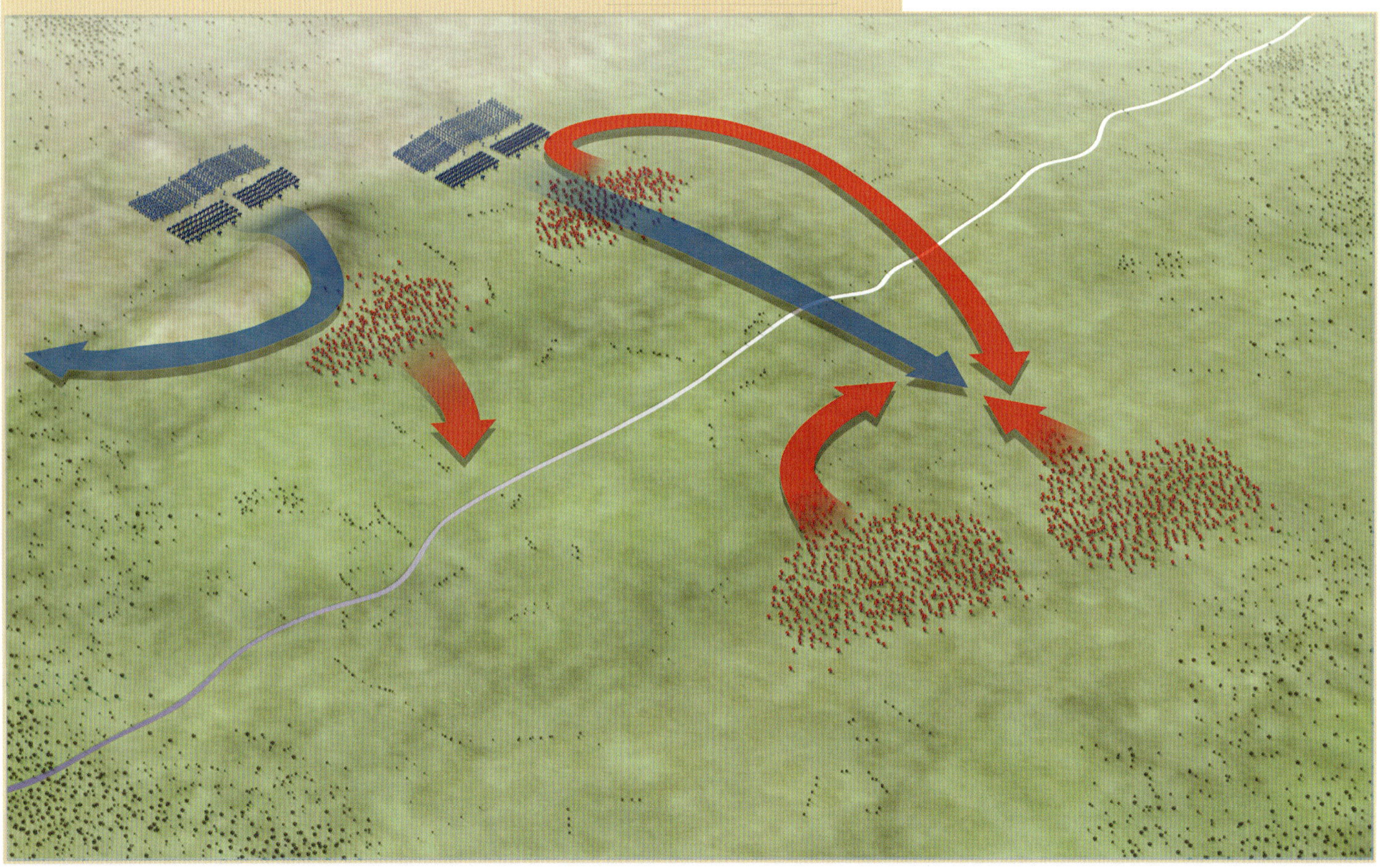

WAFFEN DER KREUZFAHRER

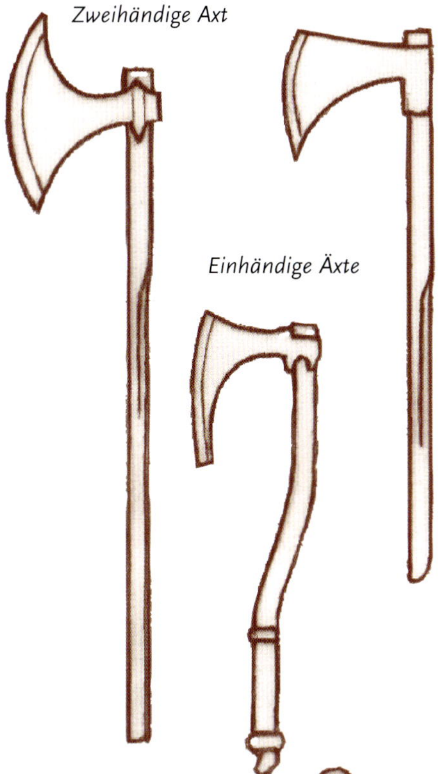

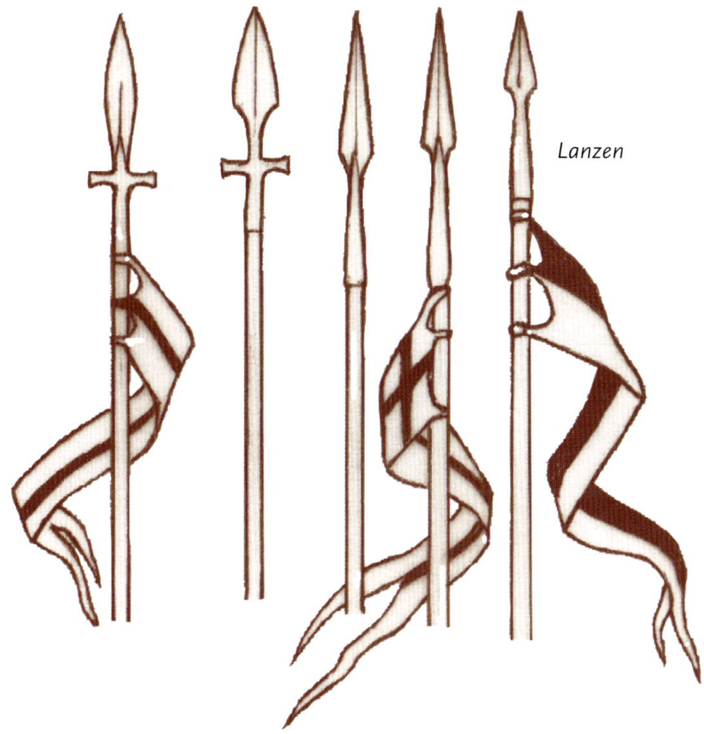

Erste Seitenwaffe des Ritters war zwar das Schwert, doch waren auch andere Waffen wichtig. Viele Reiter bevorzugten in der Schlacht die einhändige Axt; sie hatte die gleiche Reichweite, aber mehr Wucht als das Schwert. Zweihändige Äxte waren beim Kampf ohne Pferd ebenfalls beliebt.

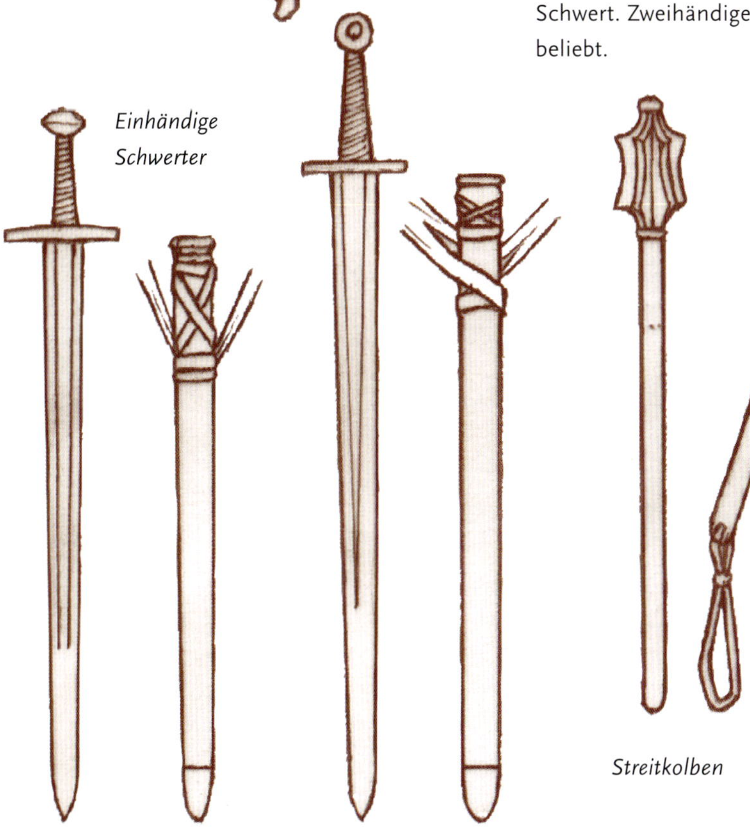

Der Morgenstern und andere dreschflegelähnliche Waffen waren das Markenzeichen des fanatischen Kreuzritters, aber auch bei konventionelleren Truppen in Gebrauch. Der Streitkolben galt in manchen Gegenden ebenso als Amtszeichen wie das Schwert. Die gebräuchlichsten Handwaffen aber waren Lanzen und verschiedene Speere. Sie waren preiswert und gleichzeitig hocheffizient.

BERITTENER BOGENSCHÜTZE, BURGUND (1475)

Viele Armeen experimentierten mit berittener Infanterie, die sich zu Pferd bewegte, aber zu Fuß kämpfte. Dazu gehörten auch die berittenen Bogenschützen aus dem Burgund. Sie trugen leichte Rüstungen, Schwerter und Langbogen, ritten nah an den Feind heran, stiegen ab und rückten vor, wobei sie ihre Pfeile abschossen. In der Schlacht war dies allerdings wenig effizient, da das Auf- und Absteigen Zeit erforderte und jemand die Pferde halten musste, während die anderen kämpften. Dennoch verfügte eine berittene Infanterie über eine schnelle und mobile Feuerkraft.

saker an einer Kreuzfahrerarmee eine Katastrophe herein. Zum ersten Mal war es den muslimischen Herrschern gelungen, die Kreuzritter in offenem Kampf zu besiegen; nun wussten sie um die Taktiken, wie ihnen dies fortan wieder würde gelingen können. Daraufhin rief der Herrscher des neu gegründeten Kreuzfahrerstaates Antiochia, Prinz Bohemund, einen Kreuzzug aus, um das Prestige wiederherzustellen. Er wollte die zerstrittene Stadt Mosul von den Seldschuken zurückerobern. Die Seldschuken einigten sich jedoch und beschlossen, gemeinsam gegen die Bedrohung von außen vorzugehen.

Bohemund befehligte eine Streitkraft von rund 3000 schweren Reitern und etwa drei Mal so viel Infanterie, die meisten davon Bogenschützen. Sie marschierten gegen die befestigte Stadt Harran, die auf dem Weg nach Mosul lag. Die Stadt ergab sich, die Garnison in der Zitadelle jedoch nicht, und bevor Bohemund diese schleifen konnte, erschien die 10 000 Reiter starke seldschukische Armee auf der Bildfläche. Bohemund entschloss sich zur Schlacht; man weiß zwar nicht genau, wo sie stattfand, doch sind die folgenden Ereignisse gut dokumentiert. Die seldschukische Kavallerie war leichter gerüstet als ihre Gegner und hätte einem Frontalangriff wahrscheinlich nicht standhalten können. Bewaffnet war sie mit Langspeer und Krummsäbel. Ihre Rüstungen boten zwar weniger Schutz, waren aber auch weniger schwer, was sie insgesamt mobiler machte. Einige seldschukische Reiter waren auch Bogenschützen.

Bohemund verbarg einen Teil seiner Streitmacht hinter einem Hügel, wo er geduldig auf den richtigen Zeitpunkt wartete. Der Rest rückte aggressiv vor; nachdem sie ihre Pfeile abgeschossen und Speere geworfen hatten, zogen sich die Seldschuken zunächst zurück. Die Kreuzfahrer setzen nach, konnten sie jedoch nicht einholen. Die Türken überquerten den Fluss Balikh und lockten die ermüdeten Kreuzritter immer weiter von ihrer Verstärkung fort.

Schließlich machten die Seldschuken kehrt und griffen ihrerseits die Kreuzfahrer an, die nun aber schon erschöpft waren. Sie wurden umzingelt und größtenteils in Handgemenge verwickelt. Da die Türken ihnen zahlenmäßig überlegen waren, konnten sich die einzelnen Kämpfer zwischendurch ausruhen. Dann rückte auch der verborgene Teil der Streitmacht vor, zog sich gleich darauf jedoch weise zurück. Die meisten Kreuzfahrer kamen bei dieser Schlacht ums Leben.

In der Schlacht von Harran funktionierte die Taktik des vorgetäuschten Rückzugs ausgezeichnet; dabei hatte die schwere Kavallerie gegen die leichte kaum eine Chance. Eine Reserveeinheit hätte die Kreuzfahrer sicherlich retten können.

VORPOSTEN

Der Vorposten der leichten Reiterei war zwar keine Taktik als solche, konnte jedoch auf den Ausgang der Schlacht entscheidenden Einfluss nehmen. Die leichte Kavallerie fungierte als Späher und Überfallkommando, sie sammelte Informationen, besorgte Vorräte und hielt wenn möglich den Feind davon ab, dasselbe zu tun. Dies alles war für eine Armee auf dem Feldzug enorm wichtig. Ein gut informierter Befehlshaber konnte Marschrichtung oder -geschwindigkeit ändern und dort auf den Feind treffen, wo er wollte. Ein schlecht informierter Befehlshaber vergeudete seine Zeit und ermüdete seine Männer durch mehr oder weniger zielloses Umherirren.

Marschierten die beiden Streitkräfte aufeinander zu, wollten die Kriegsherren genau wissen, mit wem sie es zu tun hatten und wie stark die gegnerischen Truppen waren. Manchmal gaben schon die Banner einen Hinweis auf die Zusammensetzung der Armee, meist sogar auf die politische Situation des jeweiligen Reiches. Wusste man, welcher Lehnsherr in die Schlacht ritt, wusste man häufig auch, welche Vasallen ihn begleiteten.

All diese Informationen konnte die leichte Kavallerie besorgen; zudem konnte sie beobachten, wo sich die gegnerische Armee gerade befand. Sie überbrachte Nachrichten quer über feindliches Territorium, was ein einzelner Bote nicht vermocht hätte; sie stellte Männer ab, die das Vorrücken des Feindes im Auge behielten. Darüber hinaus konnte sie sich auch aktiver an der Schlacht beteiligen.

Die leichte Kavallerie war zwar nicht dazu in der Lage, es mit der gesamten feindlichen schweren Kavallerie aufzunehmen, kleinere Einheiten konnte sie jedoch durchaus überwältigen. Aufgrund ihrer Beweglichkeit konnte sie schnell zuschlagen und sich schnell zurückziehen – ein sehr nützliches Überfallkommando. Zudem konnte sie den Feind auch mit kleineren Dingen ärgern, beispielsweise einen Wald in Brand stecken, den die feindliche Armee passierte, oder einen schlecht bewachten Versorgungszug plündern. Sie griff gegnerische Vorposten an und Männer, die Holz, Nahrung oder Wasser besorgen wollten. Auch das konnte der Moral der feindlichen Truppen enorm schaden.

Als beste Gegenmaßnahme erwiesen sich ebenso mobile Einheiten, mit anderen Worten: die leichte Kavallerie des Feindes. Die leichte Reiterei war gewissermaßen Auge und Ohr der Armee; sie konnte den Feind durch Kleinigkeiten in Bedrängnis bringen und die eigene Armee davor schützen, dass der Feind dasselbe tat. Bei kurzen Feldzügen in der Nähe der Heimat spielte das keine so große Rolle; bei einem längeren Krieg in weithin unbekanntem Territorium war die leichte Kavallerie geradezu eine Lebensversicherung.

Die meisten Militäraktionen im Mittelalter beschränkten sich auf Belagerungen und Überfälle. Hier steckt die Kavallerie Häuser in Brand, und eine Nonne versucht, einen Soldaten davon abzuhalten, ihre Abtei niederzubrennen (um 1380).

VOM RITTER ZUM REITER

Im 16. Jahrhundert verschwand der Ritter allmählich vom Schlachtfeld. Der bewaffnete und gerüstete Reiter hielt sich jedoch länger. Auch im englischen Bürgerkrieg und in den Religionskriegen im 17. Jahrhundert tauchten Reiter in Rüstungen auf dem Schlachtfeld auf, ebenso zu Zeiten Napoleons. Der Brustharnisch konnte sogar eine Musketenkugel abfangen. Die letzten Krieger dieser Art waren die französischen Kürassiere von 1914 – dann jedoch erwies sich die Rüstung den modernen Waffen gegenüber als nutzlos.

Es war aber nicht die Muskete, die den Ritter letztlich vom Schlachtfeld vertrieb. Es waren eher die wirtschaftlichen, gesellschaftlichen und taktischen Veränderungen in der Kriegsführung, die dazu führten, dass der berittene Adlige in Rüstung zum Anachronismus wurde.

Fusssoldaten

In aller Regel begab sich der Adel zu Pferd in die Schlacht. Die Adligen waren auch diejenigen, die die Wandteppiche und andere Kunstgegenstände in Auftrag gaben, auf denen die heroischen Ereignisse für die Nachwelt festgehalten werden sollten. Deshalb stehen die Ritter meist im Mittelpunkt des Geschehens – was das Bild der mittelalterlichen Kriegsführung allerdings verzerrt.

Dieses französische Gemälde aus dem 14. Jahrhundert zeigt Ritter und Soldaten, die zu Fuß ins Kampfgeschehen verwickelt sind. Gekämpft wurde mit verschiedenen Waffen, darunter auch Schwerter und Stangen.

Der berittene Soldat war zweifelsohne die glamourösere Erscheinung unter den mittelalterlichen Kriegern, doch spielte auch der Fußsoldat eine wichtige Rolle bei den Schlachten, Belagerungen und Überfällen, die über das Schicksal ganzer Königreiche entschieden. Auf Gobelins erscheint die Infanterie zwar meist unter »ferner liefen«, oft war sie jedoch maßgeblich für den Ausgang der Schlacht.

In einigen Regionen kämpfte sogar der Hochadel zu Fuß; die Huscarls – professionelle Infanteristen – besaßen einen ähnlich hohen Status wie eine Leibgarde von Rittern. Sie bewegten sich zwar zu Pferde fort, stiegen zum Kämpfen aber ab. Manch mittelalterlicher Herrscher forderte unter bestimmten Bedingungen dasselbe auch von seinen Rittern.

Zum Absteigen gezwungen war der Ritter natürlich, wenn sich sein Pferd verletzt hatte oder bei Belagerungen; manchmal war eine Elitestreitkraft zu Fuß aber auch aus taktischen Erwägungen günstig – etwa zu Verteidigungszwecken. Damit kamen auch spezielle Waffen wie das Zweihänderschwert in Gebrauch. Einem Krieger, der ausschließlich zu Pferd kämpfte, nützten diese nichts; im Bodenkampf waren sie jedoch weitaus praktischer als z. B. das Standard-Einhand-Langschwert. Das wiederum zog ein anderes Training nach sich, da sich viele Ritter nun auf den Kampf zu Fuß konzentrierten.

Eine professionelle Infanterie gab es fast überall. Sie wurde von ausgehobenen Truppen unterstützt, deren Kampfkraft bestenfalls jedoch zweifelhaft war. Die Berufsfußsoldaten waren mit den besten Waffen und Rüstungen ausgestattet, die sie sich leisten konnten; diese reichten sogar oft an die der Ritter heran. Die Miliz dagegen kämpfte mit allem, was gerade greifbar war. Eine standardisierte Ausrüstung und ein ausreichendes Training der Miliz war die Ausnahme.

DIE HISTORISCHE PERSPEKTIVE

Den Infanteristen kann man gewissermaßen als Prototypen aller Soldaten bezeichen. Selbst ein unbewaffneter Mann kann noch als Fußsoldat kämpfen – wenngleich auch wenig effektiv – und seine Kampfkraft durch einen einfachen Stecken oder Stein vergrößern. Eine Infanterie aufzustellen ist deshalb nicht sehr schwer; wie erfolgreich diese ist, steht allerdings auf einem anderen Blatt.

Der Kampf zu Fuß geht bis auf kriegerische Banden der Steinzeit zurück, die mit Speeren und Keulen kämpften und sich durch Tierhäute schützten. Mit fortschreitender Technologie kamen bessere Waffen auf, etwa Dolche aus Bronze oder Eisen, längere und gerade Speere sowie schließlich recht anspruchsvolle Waffen wie Langschwerter und Äxte. Als Schutz wich dicke Kleidung speziellen Rüstungen aus Metall und Leder sowie einem Schild.

Auch die Taktiken wurden mit der Zeit immer raffinierter und passten sich der Ausrüstung, dem Feind und einer Reihe von kulturellen Faktoren an. Die Kultur der Wikinger z. B. brachte Krieger hervor, die sich auf rasche Überfälle spezialisierten, was einen ganz anderen Kampfstil erforderte als groß angelegte Schlachten.

Zusammengeschweißt wurden die Kriegerbanden durch gegenseitige Loyali-

Dieser Abschnitt des Teppichs von Bayeux zeigt normannische Ritter, die den Schildwall der Angelsachsen angreifen. Besonders auffällig sind die einander überlappenden Schilde und Waffen; ein Speerwerfer trägt eine Axt.

Das Kettenhemd bot Schutz, wo es den Körper bedeckte. Es erforderte allerdings ein gepolstertes oder aus Leder gefertigtes Unterkleid, um Abschürfungen zu vermeiden und Hiebe abzufangen.

tät sowie Familien- oder Stammesbande. Die Ausrüstung war individuell höchst unterschiedlich; während die einen mit Pfeil und Bogen kämpften, benutzten die anderen Speere und die Reicheren Äxte und Schwerter. Vereinigten sich mehrere Banden zu einer Armee, wundert sich der heutige Betrachter darüber, dass man diese der größeren Effizienz wegen nicht durch- und umorganisierte.

Es wäre sicher sinnvoller gewesen, alle Bogenschützen zu einer Formation zusammenzustellen, ebenso wie die leichter gerüsteten Plänkler mit ihren Wurfspießen. Den Großteil der Männer, mit Speer, Schild und Dolch bewaffnet, hätte man zu Infanterieblöcken zusammenschließen können, wobei die am besten ausgerüstete die Elite der schweren Infan-

MAURISCHER FUSSSOLDAT

Mit ihrem Schwert, Schild und manchmal einer leichten Rüstung waren diese Fußsoldaten höchst gefährlich, wenn es ihnen gelang, die feindlichen Linien zu durchbrechen und den Gegner in Zweikämpfe zu verwickeln. Nützlich waren sie auch bei Angriffen auf Befestigungsanlagen. In der offenen Schlacht behinderte sie die kurze Reichweite ihrer Waffen. Viele maurische Kriegsherren setzten die Fußsoldaten zum Schutz wertvollerer Truppen ein; sie sollten das feindliche Feuer auf sich lenken und größere Verluste in den nachfolgenden Reihen verhindern, während sie unaufhaltsam weiter vorrückten.

»EBERSCHNAUZE«

Der Formation der »Eberschnauze« bedienten sich vor allem die Wikinger. Man hielt sie für ein Geschenk Odins – wahrscheinlich wurde die Taktik jedoch von den Römern übernommen. Sie erforderte ein Maß an Koordination, das nur erfahrene Truppen wie die Leibgarde des Stammesoberhaupts aufwiesen. Der Großteil der Wikingertruppen – meist bewaffnete Bauern – benutzte konventionellere Taktiken. Die »Eberschnauze« bestand im Grunde aus einem Keil, der eine Lücke in die feindlichen Linien trieb. Danach kam die sprichwörtliche Kampfeslust jedes einzelnen Wikingers zum Tragen.

SCHILDWALL

Der Schildwall gehörte zu den grundlegenden militärischen Taktiken. Er war recht einfach herzustellen und bot Schutz auf Kosten der Beweglichkeit. Die Schilde überlappten einander, dazwischen staken die Waffen heraus. Die nachfolgenden Reihen verliehen der Formation noch mehr Standfestigkeit, indem die Krieger ihre Waffen über die Schultern der Kameraden schleuderten. Hielt der Wall zusammen, bot er großen Widerstand; brach der Feind durch, löste sich die gesamte Formation rasch auf.

terie gebildet hätte. Eine militärisch durchaus sinnvolle Option – leider aber im Normalfall nicht möglich.

Die Männer kämpften mit ihren Verwandten und den Führern der Gemeinschaft. Der andere Speerträger mochte mit den gleichen Waffen ausgerüstet sein, war aber immer noch ein Fremder – und mit solchen zusammenzukämpfen war im Konzept der Stammesverbände des frühmittelalterlichen Europa einfach nicht vorgesehen. Erst mit dem Aufkommen autoritärer Königreiche konnte man eine effiziente Infanterie bilden, was im Laufe der Zeit auch notwendig wurde. Da die Truppen, die in eine Schlacht involviert waren, immer größer wurden, war auch ein größeres Maß an Organisation vonnöten, um Chaos zu vermeiden.

GEGENÜBER: *Entgegen der landläufigen Vorstellung trugen die Wikinger keine ausgefallenen, mit Hörnern verzierten Helme. Sie bevorzugten ein funktionales Design mit Augen- und Nasenschutz.*

Der Großteil der Streitkräfte bestand aus Männern, die entweder ihr Heim beschützen wollten oder ihre Pflicht gegenüber der Gemeinschaft erfüllten. Die meisten Gemeinschaften verfügten zwar auch über eine Truppe von Berufssoldaten, diese war jedoch nie sehr groß. Zum einen war die Ausrüstung teuer, zum anderen die Männer selbst.

Geld kam durch die Soldaten nur bei Überfällen und Eroberungsfeldzügen herein; in Friedenszeiten kosteten sie nur. Zwar verhinderten die Männer Gesetzlosigkeit und Angriffe von außen, was der Wirtschaft indirekt natürlich nutzte; doch konnte sich die Gemeinschaft eine größere Truppe von Berufssoldaten schlicht nicht leisten. In Kriegszeiten musste man deshalb weitere Soldaten aus dem Volk rekrutieren.

Dazu standen der Gemeinschaft mehrere Möglichkeiten zur Verfügung, etwa die »Fyrd« oder ausgehobene Truppen – beides Formen der Miliz, also des Volksheeres im Gegensatz zum Berufsheer. Das Prinzip war immer das gleiche: Das Oberhaupt der Gemeinschaft verpflichtete das gemeine Volk zum Militärdienst. Eine vorherige Ausbildung im Kämpfen erhielt es meist nicht.

AUSRÜSTUNG DER MILIZ

Die Ausrüstung der Miliz war in aller Regel sehr einfach: ein Speer, ein irgendwie gearteter Schild und alle Waffen, derer die Bauern habhaft werden konnten. Die Kampfesformationen waren ebenso einfach. Die Standardverteidigung bestand aus dem Schildwall, einander überlappende Schilde, über die die Speere geschleudert wurden. Der Schildwall war zwar zur Immobilität verdammt, konnte jedoch nicht leicht durchbrochen werden und bot den Männern dahinter großen Schutz. Die Tatsache, dass bei dieser Formation Kamerad ganz dicht an Kamerad kämpfte, förderte die Moral der schlecht ausgebildeten Truppe zusätzlich.

Für den Angriff war eine losere Formation notwendig, insbesondere wenn

Angelsächsische Krieger benutzten meist Zweihänder-Streitäxte. Diese Waffen konnte man leichter herstellen als ein Schwert, in der Schlacht waren sie zudem außerordentlich effektiv.

die Krieger mit Schwertern oder Äxten kämpften. Hier galt das Beispiel des Anführers mehr als irgendwo sonst in der Schlacht: Sah man einen Kriegsherren zögern, oder – schlimmer – wurde er im Kampf getötet, führte das mitunter zur Auflösung der ganzen Armee. Schritt der König oder Anführer jedoch mutig dem Feind entgegen, versorgte das die Truppe mit neuem Kampfesgeist und ließ sie ihrem Kriegsherren folgen.

Im Laufe des Mittelalters bildeten sich für die Fußsoldaten allmählich eigene Regeln und Systeme heraus, wenngleich sich ihre grundlegende Rolle nicht allzu sehr änderte. Professionelle Fußsoldaten rekrutierte man aus der Klasse der »Yeoman« oder Freisassen; diese waren recht gut ausgebildet und ausgerüstet und verdienten sich dadurch einigen Respekt. Sie konnten auch in den Ritterstand erhoben werden, wenn sie sich in der Schlacht auszeichneten.

ADLIGE, BERUFSSOLDATEN UND BAUERNMILIZ

Durch das Feudalsystem, das fast im ganzen mittelalterlichen Europa herrschte, hatte jede soziale Gruppe gewisse Pflichten gegenüber Angehörigen höher gestellter Schichten zu erfüllen. Die Lehnsherren etwa mussten dem König militärische Streitkräfte zur Verfügung stellen und hatten selbst wiederum Ritter, die ihnen

AXTKAMPF

Äxte waren mächtige Waffen; verpatzte man jedoch einen Hieb, konnte dies schnell tödlich ausgehen. Der Krieger rechts muss nach einem erfolglosen Schlag seine Waffe erst wieder unter Kontrolle bringen, wobei er dem Gegenschlag kaum ausweichen kann. Beim Axtkampf tragen die Soldaten ihre Schilde meist auf dem Rücken.

ANGELSÄCHSISCHER FUSSSOLDAT

RÜSTUNG, KLEIDUNG UND AUSRÜSTUNG

Die Ausrüstung des professionellen angelsächsischen Infanteristen folgte im Großen und Ganzen festgelegten Standards. Streitwaffe war die Axt oder der Speer, hinzu kamen noch Schwert, Schild und Messer oder Dolch. Zu seinem Schutz trug er ein kurzes Kettenhemd sowie einen Helm oder eine helmartige Kappe. Darunter trug der Krieger seine normale Kleidung. Auch in Friedenszeiten durfte der Berufsfußsoldat sein Schwert tragen, wenn es ihm nicht im Weg war; auf jeden Fall hatte er jedoch immer ein Messer dabei.

WARÄGER

Die aus Skandinavien stammenden Waräger bildeten die Eliteleibgarde der byzantinischen Kaiser. Die unpolitischen Krieger waren gefürchtete Kämpfer; ihre Loyalität galt eher dem Titel »Kaiser« denn der Person, die diesen Titel vorübergehend innehatte. Zu ihren einzigartigen Rechten gehörte es, nach dem Tod des Kaisers die kaiserliche Schatzkammer plündern zu dürfen.

verpflichtet waren. Auch das gemeine Volk konnte für den Kampf rekrutiert werden. Diese Art des Volksheers wurde je nach Epoche unterschiedlich bezeichnet; die Angelsachsen etwa nannten ihre Miliz »Fyrd«, die Franzosen »Ban«. Wenn der Lehnsherr das für nötig hielt, ermöglichte er seiner Miliz einen gewissen Grad an Ausbildung; dies war jedoch eher die Ausnahme als die Regel.

Generell kann man sagen, dass die Erwartungen, die ein Kriegsherr an seine Miliz richtete, nicht besonders groß waren. Die schlecht ausgerüsteten und noch schlechter ausgebildeten Bauern flohen in der Schlacht oder wurden von besser aufgestellten Truppen massakriert. Als Streitmacht hatten sie deshalb einen ausgesprochen schlechten Ruf.

HUSCARLS

Zusätzlich zur Miliz und den Rittern unterhielt der Adel noch weitere professionelle Truppen. Bei Bedarf und je nach Umständen und spezifischen Pflichten mussten auch sie ihren Lehnsherrn militärisch unterstützen. Einige Ritter kämpften an der Spitze ihrer Fußtruppen, andere schlossen sich Gleichrangigen in der Kavallerie an und überließen ihre Soldaten einem anderen Anführer. Zu Beginn des Mittelalters besaßen viele Lehnsherrn und Könige eine Leibgarde namens »Huscarls«. In vielerlei Hinsicht glichen diese den Rittern, etwa indem sie sowohl eine politische als auch eine militärische Funktion erfüllten. Sie beschützten nicht nur ihren Herrn und bildeten eine professionelle Kerntruppe, um die herum man eine Armee aufstellen konnte; sie hatten auch Repräsentationspflichten und sorgten für die Einhaltung der Gesetze.

Huscarls genossen die Unterstützung ihres Herrn und wurden oft bar bezahlt; zudem erhielten sie Geschenke wie Land oder andere Güter. In einigen Gegenden mussten die Huscarls jedoch reich genug sein, um sich selbst versorgen zu können, ähnlich wie die Vasallenritter, die von ihrem Land lebten. Das System der Landvergabe an die Huscarls bildete die Basis des Feudalsystems und Vasallentums – auch noch lange nachdem der letzte Huscarl von den Schlachtfeldern Europas verschwunden war.

Huscarls waren Fußsoldaten, wenngleich viele mit dem eigenen Pferd in die Schlacht ritten. Ihr Körperschutz bestand normalerweise aus einem Kettenhemd und einem Helm. Als Seitenwaffe trugen sie meist ein Langschwert, bevorzugte Streitwaffe war jedoch die Zweihänderaxt. Viele Huscarls trainierten das Umgreifen am Griff der Waffe, um den Gegner überraschenderweise auch auf der vom Schild ungeschützten Seite treffen zu können. Auch Wurfäxte kamen zum Einsatz, um die gegnerische Formation vor dem ersten Feindeskontakt aufzuweichen.

Die Huscarls spezialisierten sich auf einen höchst aggressiven und recht individuellen Kampfstil. Hatten sie einen Schild bei sich, trugen sie diesen zum Schutz vor Pfeilen meist auf dem Rücken. Im Zweikampf reichte der aggressive Stil als Schutz meist aus, da der Gegner so sehr mit der eigenen Verteidigung beschäftigt war, dass er selbst nicht angreifen konnte.

Nach der normannischen Eroberung Englands im Jahr 1066 kamen die Huscarls und ähnliche Leibinfanteristen gewissermaßen aus der Mode, da sie trotz der Unterstützung durch die Fyrd gegen die Ritter und berittenen Bogenschützen von Wilhelms Armee kaum eine Chance gehabt hatten und schwere Verluste hatten hinnehmen müssen.

Das Gesellschaftssystem, das die Huscarls hervorgebracht hatte, existierte allerdings nach wie vor, ebenso wie die Fußsoldaten selbst. Viele wurden Söldner, so etwa die berühmten Waräger, die in den Dienst der byzantinischen Kaiser traten.

Vergleichbar mit den Huscarls Westeuropas und Skandinaviens war die sogenannte Druschina, die Leibgarde der rus-

sischen und ukrainischen Herrscher, die in Kriegszeiten nicht nur den Kern jeder Armee bildete, sondern in Friedenszeiten auch den Tribut eintrieb. Auch sie stammte von nordischen Völkern ab, die sich in den Dienst osteuropäischer Herrscher begeben hatten. Anfangs erfüllte sie eine ähnliche Funktion wie die Huscarls, später entwickelte sie sich zur herrschenden Klasse, die im Allgemeinen zu Pferd kämpfte, und näherte sich damit den weiter westlich ansässigen Rittern an.

SERGEANTEN

In fast ganz Europa entwickelten sich die Huscarls und ihre Äquivalente allmählich zu einem Corps professioneller Fußsoldaten, die man auch als Sergeanten *(men at arms)* bezeichnete. Der Begriff bezog sich eigentlich auf jeden professionellen militärisch tätigen Mann – bedeutet also nichts anderes als Soldat –, auch auf Ritter und Bogenschützen. Der soziale Status dieser Männer lag jedoch etwas unterhalb des Status eines Ritters und etwas oberhalb des Status des gemeinen Volks.

Zeichneten sie sich im Kampf aus, konnten diese Soldaten auch in den Ritterstand erhoben werden; andernfalls waren sie zumindest gut bezahlt und genossen die Unterstützung ihres Kriegsherrn. Die Bezahlung war sogar so gut, dass Adelssprosse, die sich das Rittertum nicht leisten konnten, freiwillig diesen Berufsweg wählten.

Einige dieser Sergeanten dienten, wie bereits erwähnt, in der Kavallerie, andere als Fußsoldaten mit Speer, Stock oder Axt. Als Seitenwaffe konnte ein Schwert oder ein Dolch hinzukommen, als Streitwaffe taugten diese in der Regel jedoch nicht.

Darüber hinaus gab es im Mittelalter noch eine weitere Art von Berufssoldat: den Söldner, der mit seinem Auftraggeber einen Vertrag abschloss. Einige dieser Söldner waren wenig mehr als Banditen, andere grundbesitzlose Adlige mit einer Ausrüstung wie andere Ritter auch. Die meisten ähnelten den Berufssoldaten im Dienst der Adligen.

Auf dem Teppich von Bayeux sind angelsächsischen Huscarls mit Schwert und Schild dargestellt. An ihrer Kleidung kann man sehen, dass die Huscarls recht wohlhabend waren.

Damals wie heute wiesen die Kampfqualitäten der Söldner große Unterschiede auf. Für einen schlechten Ruf sorgten auch Praktiken wie das Recht zu plündern, entweder zusätzlich zur oder anstelle der vereinbarten Bezahlung. Unter- oder unbezahlte Söldner plünderten zudem auch Nahrungsmittel – verständlicherweise. Manchmal wechselten sie bei besserer Bezahlung auch die Seiten, was

Auf diesem Abschnitt des Teppichs von Bayeux ist die Krönung des englischen Königs Harolds II. im Januar 1066 dargestellt.

jedoch nicht sehr häufig vorkam; wurde ruchbar, dass ein Söldneranführer dies getan hatte, fand er nur sehr schwer einen neuen Auftraggeber.

Ebenso wie bei den Fußsoldaten gab es auch bei den Söldnern verschiedene Typen. Meist waren sie gut ausgerüstet und wurden von Adligen angeführt, die wie ihre Untergebenen zu Fuß kämpften.

DIE SCHLACHT VON STAMFORD BRIDGE, 1066

Kurz vor der berühmteren Schlacht bei Hastings hatte der englische König Harold II. einen weiteren Kampf – dieses Mal siegreich – gegen die Wikinger ausgefochten. Der Grund war der gleiche: Nach dem Tod Eduards des Bekenners war der englische Thron verwaist, und nicht nur Harold erhob Anspruch darauf, sondern u. a. auch der normannische Herzog Wilhelm sowie Harolds Bruder Tostig.

Tostig verbündete sich mit dem norwegischen König Harald III. Hardråde, der eine Armee zu Tostigs Unterstützung entsandte. Die mehreren Tausend wikingischen Krieger, die daraufhin in Yorkshire landeten, waren zwar auch in die üblichen Überfälle und Plünderungen verwickelt, hatten jedoch ein größeres militärisches Ziel vor Augen: die Eroberung Englands.

Die beiden englischen Grafen, die sich den Wikingern in den Weg stellten, wurden vernichtend geschlagen. Tostig und Harald Hardråde verlangten Lösegeld für ihre adligen Geiseln, das in der Nähe von Stamford Bridge übergeben werden sollte. Diese Situation wiederum kam dem englischen König Harold nicht ungelegen. Ihm standen zwar nur wenige Truppen zur Verfügung, da seine Miliz dafür vorgesehen war, die Streitigkeiten um die Thronfolge beizulegen. Die Fyrd war ihrem König zwar Militärdienst schuldig, jedoch nur für zwei Monate im Jahr. Als die Wikinger landeten, war ein Großteil der Miliz bereits wieder zu Hause, und Harold konnte nur auf seine professionellen Truppen zurückgreifen. Diese bestanden jedoch aus etwa 3000 gut trainierten, loyalen und erfahrenen Huscarls, die überdies körperlich dazu in der Lage waren, den 288 Kilometer langen Marsch nach Stamford Bridge in vier Tagen zurückzulegen.

Mit dieser Spitzenleistung überraschte Harold die Wikinger, die selbstgefällig darauf warteten, dass das eingeschüchterte Volk ihnen huldigte und Geschenke brachte. Stattdessen sahen sie sich plötzlich mehreren Tausend zwar müden, aber höchst aggressiven Soldaten gegenüber, die nach einem Angriff lechzten.

Die Wikinger waren für diese Schlacht weder gerüstet noch psychologisch darauf vorbereitet; bereits die erste Angriffswelle fügte ihnen hohe Verluste

Oben: *Die Schlacht von Stamford Bridge (1066). Dass, wie hier gezeigt, die Soldaten auch zu Pferd kämpften, ist unwahrscheinlich.*

Unten: *Normannische Sergeanten mit Schwert, Axt und Speer (19. Jh.). Schutz boten die auffälligen Drachenschilde.*

zu. Den meisten Wikingern gelang es zumindest, sich über den Fluss zurückzuziehen und ihre Rüstungen anzulegen, während – der Legende nach – ein einziger Mann Harolds Armee in Schach hielt.

Die Wikinger verteidigten sich mit einem Schildwall in Keilformation gegen Harolds Huscarls, den sie während der gesamten Schlacht aufrechtzuerhalten versuchten. Doch nicht nur die Huscarls kämpften für Harold, auch die Fyrd, zu denen einige Bogenschützen gehörten, setzten den Wikingern zu. Einem dieser Bogenschützen fiel der norwegische König Harald Hardråde schließlich zum Opfer. Da es Tostig nicht gelang, die wikingischen Truppen nach dem Tod ihres Königs zu sammeln, brach der Schildwall zusammen.

Nur wenige Wikinger konnten fliehen, der Großteil wurde auf dem Schlachtfeld oder auf der Flucht niedergemetzelt. Die ganze Armee erlitt so große Verluste, dass sie für England fortan keine Bedrohung mehr darstellte.

Nun vernahm der englische König Harold, dem es gerade gelungen war, einen Thronrivalen zu beseitigen, die

Diese Illustration aus dem 14. Jahrhundert zeigt Ritter Karls des Großen, die sich mit Schwert und Schild duellieren. Die Ausrüstung stammt allerdings nicht aus der Zeit Karls des Großen, sondern aus einer späteren Epoche.

Kunde, dass der normannische Herzog Wilhelm im Süden Englands gelandet war. Dies zwang ihn dazu, den ganzen langen Marsch noch einmal zurückzulegen. Die wikingischen Fußsoldaten hatte Harold besiegt, gegen Wilhelms Kavallerie und Bogenschützen hatte er keine Chance.

RITTER OHNE PFERD

Ob er nun zu Pferd oder zu Fuß kämpfte – seinen hohen sozialen Status behielt der Ritter. Er war der Elitekrieger der Zeit, ein Mitglied der herrschenden Klasse. In erster Linie kämpfte er in der schweren Kavallerie, er erfüllte aber auch andere

Funktionen. So konnten Adlige eine Streitkraft von Bogenschützen oder Infanteristen befehligen. Einige taten dies zu Pferd, andere führten ihre Männer zu Fuß in die Schlacht. Insbesondere wenn der Angriff während einer Belagerung erfolgte, war der Kampf zu Fuß unvermeidlich.

Natürlich waren die Ritter in beiden Kampfarten geschult. Sie dienten dem Hochadel als Leibgarde oder sorgten dafür, dass die Gesetze eingehalten wurden. Generell kann man sagen, dass die Ritter bei einem Massenangriff den Kampf zu Pferd bevorzugten und es ihren Kriegsherren übel nahmen, wenn diese von ihnen den Kampf zu Fuß forderten. Dennoch war es ihre Pflicht als professionelle Soldaten, Befehlen zu gehorchen. So konnte es also auch vorkommen, dass ein Ritter absteigen und zu Fuß weiterkämpfen musste. Dies machte ihn allerdings

DER KAMPF MIT SCHWERT UND RUNDSCHILD

ANGRIFFSBEREITE POSITION

Im Gegensatz zu anderen Schilden trug man den Rundschild wie eine Waffe in der Hand und schlug damit auch zu. Beim Schwertkämpfer links ruht der Rundschild auf dem Schwert; sein Gegner nimmt eine aggressivere Haltung ein und hebt den Schwertarm.

STOSS

Der Schwertkämpfer rechts führt einen Stoß aus. Der Gegner tritt zurück und verwendet Schwert und Rundschild, um die Waffe des Angreifers zu blockieren, während er selbst mit einem Angriff beginnt. Die Verteidigung mit Schwert und Rundschild ist sicherer als mit dem Schild allein.

GEGENANGRIFF

Der Schwertkämpfer links stößt sich mit dem hinteren Bein ab und schlägt mit dem Schild auf den Gegner ein. Das Schwert führt er so, dass er von unten zustoßen kann.

ABSCHLUSS

Der Schwertkämpfer links zwingt Schwert und Schild des Gegners nieder. Aus dieser Position heraus kann er einen Über-Kopf-Stoß ausführen, auch die Seite und das vordere Bein des Gegners sind nun ungeschützt.

unbeweglicher und bedeutete, dass er aufgrund der schweren Rüstung schneller ermüdete. Viele Rüstungen waren speziell für den Kampf zu Pferd gedacht, am Boden kam der Ritter damit oft nur schwerlich zurecht.

Ein Metallschutz an Fuß und Unterschenkel war für den Reiter sicherlich sinnvoll, da sich diese Körperteile auf einer Höhe mit der Angriffslinie gegnerischer Fußsoldaten befanden. Beim Bodenkampf war die Rüstung nicht nur nutzlos, sondern stellte auch zusätzliches Gewicht dar, das mit jedem Schritt gehoben werden musste.

Schwert, Streitkolben und Axt konnte der Ritter auch zu Fuß verwenden, die schweren Lanzen, die vielerorts üblich waren, dagegen nicht. Dafür standen ihm auch Zweihänderwaffen, etwa große Äxte oder Zweihänderschwerter, zur Verfügung; damit konnte der Ritter dem Schlag eine größere Wucht verleihen, wenngleich auf Kosten des Schilds. Darüber hinaus ging die Zeit, die der Ritter für das Training im Bodenkampf brauchte, von der Zeit für das Training im berittenen Kampf ab, was bis zu einem gewissen Grade zur Spezialisierung einzelner Ritter führte. Im Großen und Ganzen kämpften die Ritter jedoch weiterhin auch zu Pferd.

TURKOPOLEN

Die Turkopolen – »Söhne der Türken« – wurden von den Kreuzrittern im Heiligen Land rekrutiert und zum Christentum bekehrt. Einige dieser Speerträger kämpften zu Pferd, meist als berittene Bogenschützen, andere waren wie die leichte Infanterie gerüstet. Dieser Krieger trägt eine wattierte Rüstung und einen einfachen Helm, zudem den traditionellen Krummsäbel und einen kleinen Rundschild. Die Turkopolen waren zwar nicht besonders hoch geschätzt, leisteten oft jedoch wertvolle Dienste. Sie kämpften in separaten Einheiten und konnten selten auf Gnade vonseiten des Feindes hoffen – selbst dann nicht, wenn man andere Gefangene verschonte.

SCHWERTKAMPF

In einigen Gegenden galt das Schwert als erste Waffe des professionellen Kriegers. In Gebrauch waren zum einen mit beiden Händen geführte Schwerter wie das schottische Claymore oder der deutsche Zweihänder. Ein Teil der leichten Infanterie im Orient war mit Krummsäbel und Schild gerüstet, die schottischen Highlander bevorzugten einhändige Breitschwerter, ebenfalls als Claymore bekannt, sowie einen kleinen Rundschild.

Schwertkämpfer dieser Art bedienten sich eines sehr individuellen Kampfstils, der am besten für Plänkler in geschlossenem Terrain – etwa Wäldern – oder bei Belagerungen geeignet war. Auch im Kampf auf Schiffen waren sie hervorragend geschult. Im Kampf gegen die Kavallerie waren die leichten Waffen mit geringer Reichweite dagegen ein Nachteil. Als typische Streitwaffe in der Schlacht griff man deshalb auf schwere Waffen wie Lanze oder Axt zurück.

SPEERTRÄGER ODER PIKENIER

Der Speerträger genoss in der Schlacht einige Vorteile. Eine solide Speerformation bedrohte jeden einzelnen gegnerischen Soldaten mit mehreren Speerspitzen gleichzeitig; zudem konnte sie aus größerer Distanz kämpfen als ein mit Schwert oder Axt bewaffneter Krieger. Im Nahkampf war die Speerformation jedoch weniger effektiv. Da die Waffe allerdings recht preiswert war, gab es mehr mit Speeren bewaffnete Infanteristen als andere Truppenarten; Status und Bedeutung dieser Krieger waren gering.

In erster Linie existierten zwei verschiedene Arten von Speerträgern oder

SCHOTTISCHER PIKENIER

Der schottische Fußsoldat war kein hastig bewaffneter Bauer, sondern ein Freiwilliger, der bei Kameraden und Kriegsherren großes Ansehen genoss. Zu seiner einfachen Ausrüstung gehörten ein Helm, ein leichter Körperschutz und die Pike. Zudem trugen viele Pikeniere Schild, Schwert, Dolch und andere Seitenwaffen. War ihre Formation einmal zerstört, hatten sie gegen die englische Kavallerie kaum eine Chance. Ihre Kampfkraft war eindrucksvoll, wenngleich sie Bogenschützen ein leichtes Ziel boten.

Pikenieren. Dem angeheuerten Bauern drückte man eine billige Waffe in die Hand und hoffte auf das Beste. Der Berufspikenier hingegen, der seinen Dienst in einer stehenden Miliz mitunter sogar freiwillig versah, hatte wesentlich mehr Erfahrung und manchmal sogar eine recht gute Ausbildung. Meist trug er eine Rüstung aus wattiertem Stoff oder Leder sowie einen Kopfschutz. Ob er auch einen Schild hatte, hing davon ab, wie lang der Speer war bzw. wie er diesen verwendete.

Wie gut sich ein Speerträger oder Pikenier in der Schlacht schlug, hing direkt von den Erwartungen ab, die man an ihn richtete. In einigen Gegenden, insbesondere in Schottland und in der Schweiz, machten die Pikeniere den größten Teil der Armee aus. Dort waren sie auch erfolgreicher als man es von auf sich allein gestellten Speerträgern erwarten konnte; ihre Motivation bestand in Selbstvertrauen, Angriffslust und in der Tatsache, dass Sieg oder Niederlage von ihrer Leistung abhingen.

Der schottische Pikenier war demnach kein niedrig gestelltes Anhängsel, sondern Hauptstreitkraft der Armee; starke soziale Bande wie etwa die Clanzugehörigkeit hielten sie zusammen. Rüstungen trugen die schottischen Pikeniere in der Regel nicht, was sie jedoch nicht daran hinderte, sich genauso angriffslustig in die Schlacht zu stürzen wie andere Krieger auch. Geschlagen werden konnten sie meist nur, weil ihre englischen Gegner verschiedene Einheiten miteinader kombinierten.

Ähnlich verhielt es sich mit den Pikenieren aus der Schweiz. Auch ihre Armee bestand zum überwiegenden Teil aus Infanterie, deren Soldaten sich kaum eine militärische Ausrüstung leisten konnten. So blieb den Schweizern nichts anderes übrig, als aus den wenigen Mitteln das Beste zu machen – und mit Waffen zu kämpfen, die man andernorts verachtete.

Verwendete man einige Anstrengung darauf, die Speerträger auszubilden, anstatt ihnen nur rudimentäre Waffen in die Hand zu drücken, konnten sie beeindruckende Resultate erzielen. Im Allgemeinen gaben die Speerträger den Schützen Deckung, was jedoch nicht bedeutete, dass sie in der Schlacht nicht auch eine Entscheidung herbeiführen konnten. Ob sie dazu in der Lage waren, hing schlicht davon ab, welchen Wert ihnen ihr Kriegsherr zumaß.

Wer also Speerträger in die Schlacht führte, um die Anzahl der Krieger zu erhöhen oder Zielscheiben für Bogenschützen zu haben, die dafür sorgten, dass niemand Wichtigeres getroffen wurde, fand sich zumeist auch bestätigt. Wer jedoch etwas in Ausrüstung und Training der Speerträger investierte und sie taktisch einsetzte, bereicherte damit seine Armee um ein Vielfaches.

BANNOCKBURN, 1314

Kriege zwischen Schottland und England waren im Mittelalter an der Tagesordnung. Das wohlhabendere und bevölkerungsreichere England konnte sich große Streitkräfte berittener Soldaten leisten, die zusätzliche Unterstützung von Spezialeinheiten wie etwa Langbogenschützen erhielten. Das ärmere Schottland hingegen mussste mit dem in den Krieg ziehen, was die Bevölkerung auftreiben konnte.

So bestand die schottische Armee nur aus wenigen Rittern, dafür aber aus umso mehr Pikenieren. Diese waren mit einem etwa vier Meter langen Speer oder einer Pike sowie mit einer Seitenwaffe – in der Regel ein Schwert oder Dolch – gerüstet. Einige Männer trugen Schilde, andere Lederhelme; ganz wenige verfügten sogar über eine Rüstung.

Die Schotten waren schon verschiedentlich auf englische Armeen gestoßen und kannten ihre Stärken und Schwächen. Mit der Gefechtsformation des Schiltrons (siehe S. 113) konnten die Pikeniere sogar die schwere Kavallerie schlagen, während sie selbst relativ beweglich blieben. Den Bogenschützen war der Schiltron allerdings fast schutzlos ausgeliefert.

In vielen Schlachten wurden die schottischen Pikeniere deshalb so lange von Bogenschützen beschossen, bis der Schiltron zusammenbrach und die Kavallerie ihre Chance zum Angriff nutzte.

DIE SCHLACHT VON BANNOCKBURN, 1314

In der Schlacht von Bannockburn waren die Schotten nach einer langen Reihe von Niederlagen gegen die Engländer (blau) siegreich. Der englische Heerführer Eduard II. verschenkte den Sieg, indem er seine Flanke nachts durch einen Sumpf marschieren ließ – eine glänzende Gelegenheit für Robert the Bruce, die dieser bestens nutzte. Den Versuch der Engländer, die Situation zu retten, vereitelte die schottische Kavallerie, die Robert the Bruce klugerweise in Reserve gehalten hatte.

Gegen eine solche kombinierte Taktik verschiedener Einheiten waren die Schotten machtlos – bis zur historischen Schlacht von Bannockburn.

Im Jahr 1314 belagerten die Schotten unter Robert the Bruce Stirling Castle. Der schottische Herrscher führte u. a. 500 Ritter und 9000 Pikeniere an. Letztere kämpften freiwillig und hatten nicht nur ihrem König gegenüber einen Eid geleistet, sondern fühlten sich auch dem schottischen Unabhängigkeistkampf verpflichtet. Sie waren also überaus motiviert und entschlossen, wenngleich ihnen eine zahlenmäßig weit überlegene englische Armee gegenüberstand, die zur Rettung von Stirling Castle geeilt war.

Die englische Armee bestand aus rund 1000 Rittern und berittenen Soldaten sowie aus etwa 17 000 Fußsoldaten. Einige davon, etwa die walisischen Bogenschützen, genossen großen Respekt, andere waren schlichte Söldner. Ihr Ziel war es, Stirling Castle noch vor Mittsommer zu entsetzen, weil dies nach den damaligen Sitten ein traditionelles Datum für eine Kapitulation war.

Robert the Bruce entschied sich für die Schlacht direkt vor der Festung und ließ die englische Armee unter Eduard II.

Robert the Bruce feuert seine Männer vor der Schlacht von Bannockburn an. Teilweise waren die schottischen Infanteristen mit Stabwaffen anstatt mit langen Speeren ausgerüstet.

erst einmal herankommen. Dadurch hoffte er, sie schon vor der Schlacht zu ermüden. Roberts Armee war in vier große Blöcke von Pikenieren aufgeteilt, die hinter Gräben Schutz fanden; die Ritter hielt er vorerst in Reserve.

Zunächst schickte Eduard eine Einheit die Straße zur Burg hinauf, die jedoch nach einem erbitterten Kampf von mehreren Hundert Pikenieren zurückgedrängt wurde. Die Engländer reagierten ungeordnet und waren zunehmend erschöpft. Somit entschloss sich Eduard dazu, nicht gleich erneut anzugreifen, sondern die schottischen Pikeniere nachts zu umzingeln.

An Schlaf war für die englischen Soldaten also wieder nicht zu denken – stattdessen irrten sie in der Dunkelheit umher. Der sumpfige Untergrund, auf den sie bei dem Versuch, den Fluss Bannock Burn zu überqueren, stießen, machte die Sache nicht einfacher. Im Morgengrauen stolperten sie immer noch durch den Sumpf, ein gutes Stück hügelabwärts der Schotten.

Robert the Bruce konnte sein Glück kaum fassen: Er schickte den englischen Soldaten seine Pikeniere entgegen. Die gefürchteten walisischen Bogenschützen waren zur Untätigkeit verdammt, da sie sich selbst im Weg waren, und so mussten die manövrierunfähigen Engländer schwere Verluste hinnehmen.

Nun befanden sich zwar auch die Schotten in sumpfigem Terrain, doch blieben sie zusammen und trieben die Engländer vor sich her. Wer zurückfiel, ertrank oder wurde von den hinteren schottischen Reihen getötet.

Der Versuch, die Situation mittels Bogenschützen an der Flanke zu retten, scheiterte an der schottischen Kavallerie. Und ohne die Bogenschützen konnten auch die englischen Ritter gegen den Schiltron, einer eigens auf sie abgestimmten Formation, wenig ausrichten. Schließlich hielt die englische Armee dem Druck

SCHILTRON

Der Schiltron war eine schottische Erfindung, wenngleich sich Pikeniere und Speerträger auch andernorts dieser Formation bedienten. Quadratische oder rechteckige Formationen waren weiter verbreitet als runde. Der Vorteil waren die zahlreichen Speerspitzen, die in alle Richtungen wiesen und sogar die Kavallerie abhielten. Dafür war der Schiltron unbeweglich und ein leichtes Ziel für Bogenschützen. Die Schotten nutzten den Schiltron vorbildlich, gegen die Kombination aus Bogenschützen und Kavallerie konnten sie damit jedoch nichts ausrichten.

der vorrückenden Pikeniere nicht mehr stand; die Soldaten flohen und machten aus der Niederlage eine Blamage.

Bannockburn war ein Triumph für eine leicht gerüstete, aber hoch motivierte Armee angemessen geführter Fußsoldaten. Robert the Bruce wusste die Fähigkeiten der Pikeniere zu nutzen und erlaubte es ihnen, nach ihren eigenen Regeln zu kämpfen. Er wurde mit Stirling Castle und dem Sieg über eine Armee belohnt, die besser ausgerüstet und doppelt so groß wie die seine war.

DER KAMPF MIT AXT, SPIESS UND HELLEBARDE

Mit der Streitaxt kämpften zunächst vor allem die Huscarls und ähnlich gut ausgestattete Soldaten, deren Waffen auch gegen Rüstungen und Schilde einsetzbar waren. Mit Streitäxten bewaffnete Truppen kamen jedoch allmählich aus der Mode, die Vorteile von Klinge und Griff wollte man aber weiterhin nutzen. Nach und nach ersetzten andere Stabwaffen wie etwa die Hellebarde die Axt. Diese Waffen waren vielseitiger und konnten sowohl

ENGLISCHER FUSSSOLDAT

Dieser Soldat trägt Sporen, gehört also eigentlich der Reiterei an, ist aber abgestiegen und kämpft zu Fuß. Dass dies öfter vorkommt, zeigt seine schwere Axt, die zu Pferd nicht zu gebrauchen und so unhandlich ist, dass er sie nicht mitnehmen würde, wenn er sie nicht bräuchte. Der breitkrempige Helm bietet Schutz vor Pfeilen; oft wird berichtet, dass die Soldaten in der Schlacht mit gesenktem Haupt vorrückten, wie in einem Hagelsturm. Die schwere Beinrüstung mit den ausgeprägten Fuß- und Knieschienen eignet sich zweifelsohne besser für den Kampf zu Pferd, der restliche Körperschutz war in jeder Situation effektiv.

aus größerer Distanz als auch im Nahkampf eingesetzt werden. Der Spieß war ursprünglich ein Werkzeug der Bauern, das sie mangels anderer Waffen zur Schlacht mitbrachten. Die militärischen Varianten dieser Werkzeuge – beispielsweise Stabwaffen wie die Hellebarde – waren allerdings viel effektiver und fanden unter den Fußsoldaten schnell Verbreitung.

Ähnlich wie bei den Speerträgern hing auch der Erfolg der Hellebardiere davon ab, wie viel man in sie investierte. Bauern, die mit ihren eigenen Waffen kämpften, waren schlecht; gut geschulte Hellebardiere, die eine Rüstung aus wattiertem Stoff oder sogar Metall trugen, stellten eine potente Streitkraft dar.

Mit Hellebarden ausgerüstete Krieger bildeten fast während des gesamten Mittelalters das Rückgrat der englischen Infanterie, und auch in anderen Ländern gab es ähnliche Truppen. Sie konnten die vielseitige Hellebarde sowohl als Hieb- als auch als Stoßwaffe gegen Infanterie und Kavallerie einsetzen. Für eine Stangenwaffe war der Schaft mit zwei Metern relativ kurz; so konnte die Hellebarde aber auch im Nahkampf benutzt werden. Diesen Vorteil hatten die Pikeniere nicht.

Italienischer Fußsoldat um 1450 in Brigantine und mit einer Waffe, die Haken, Eisenspitze und Speer kombiniert. Ihr Schaft ist so lang, dass man damit sogar Reiter erreichen kann.

SCHWERTER UND DOLCHE

Zusätzlich zur Streitwaffe trugen die Fußsoldaten normalerweise auch eine Seitenwaffe. Dazu gehörten Messer und Dolche ebenso wie verschiedene Arten von Schwertern. Einige Krieger führten Langschwerter mit sich; da diese sehr teuer waren, zeigten sie auch den hohen gesellschaftlichen Rang derer an, die sie trugen. Um Geld zu sparen, rüsteten viele Kriegsherren ihre Männer deshalb mit Kurzschwertern oder Dolchen aus. Mit zunehmenden Kenntnissen in der Metallbearbeitung wurden Schwerter auch für das gemeine Volk erschwinglich.

Zwei verschiedene Dolche aus dem 15. Jahrhundert: links einer mit rundem Griff, rechts ein »Schweizerdegen«. Mit beiden konnte man sogar Rüstungen durchbohren.

GEGENÜBER: Der Ausschnitt aus der »Holkham Picture Bible« zeigt den Kampf von Fußsoldaten bei der Schlacht von Bannockburn im 14. Jahrhundert. Das Handgemenge wird ausgesprochen wahrheitsgetreu dargestellt.

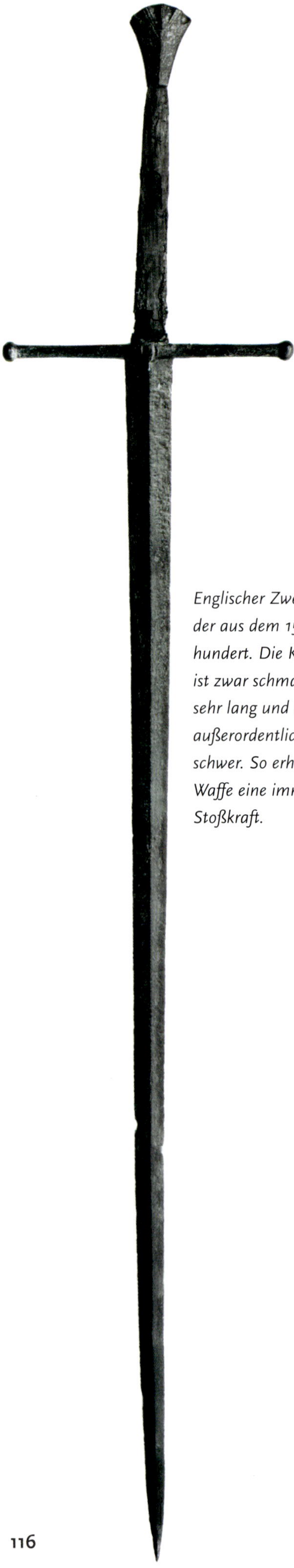

Englischer Zweihänder aus dem 15. Jahrhundert. Die Klinge ist zwar schmal, aber sehr lang und damit außerordentlich schwer. So erhält die Waffe eine immense Stoßkraft.

Wann genau ein Kurzschwert zu einem Dolch und umgekehrt wurde, ist bislang umstritten. In beiden Fällen eignet sich die Waffe gut für den Nahkampf, da man sie sowohl als Hieb- als auch als Stoßwaffe benutzen kann. Die Grundform des Dolchs bestand aus einer Spitze, einer zweischneidigen Klinge und einer Parierstange aus Metall, die die Hand schützte. Mit der sehr schmalen Klinge des Stiletts konnte man in Lücken in der Rüstung stoßen – ideal, um damit einem vom Pferd geholten Reiter den Garaus zu machen.

Der große Dolch bzw. das Kurzschwert war im Nahkampf mit einem leicht gerüsteten Feind handlicher als das ritterliche Langschwert, mit dem man viel weiter ausholen musste. Das Hauptproblem waren nach wie vor die Rüstungen, die man auch mit dem Langschwert nur schlecht durchdringen konnte, weshalb sich die Waffenschmiede genau darauf konzentrierten.

Eine Möglichkeit, durch eine Rüstung zu dringen, war der wuchtigere Hieb, und so entstanden Schwerter, die sowohl mit einer als auch mit beiden Händen geführt werden konnten. Diese sogenannten Anderthalbhänder oder Bastardschwerter erforderten viel Kraft, wollte man sie mit nur einer Hand führen. Am effektivsten

SCHWERTKAMPF MIT DEM ZWEIHÄNDER

Der Zweihänder war eine viel flexiblere Waffe als man vermuten könnte. Schwang man das Schwert mit beiden Händen, bekam der Hieb eine Wucht, mit der man Rüstungen und Pferdebeine zerschmettern konnte. Im Nahkampf konnte man den Zweihänder aber auch kürzer fassen, indem man eine Hand auf den nicht geschliffenen Teil der Klinge, das Ricasso, legte, der sich unterhalb der Parierstange befand. Dann musste die Waffe natürlich gänzlich anders ausbalanciert werden. So war der Zweihänder für fast jede Kampfdistanz geeignet.

waren sie, wenn man sie im Bodenkampf mit beiden Händen benutzte. Durch die zusätzliche Hebelwirkung konnte man dem Gegner selbst in Rüstung durch die schiere Wucht des Hiebs die Knochen brechen.

Weit verbreitet war auch der sogenannte Panzerbrecher. Die vielseitige Waffe ähnelte einem sehr dicken Breitschwert mit robuster Klinge, die einen drei- oder viereckigen Querschnitt aufwies. Im Prinzip verwendete man das Schwert wie eine Keule aus Metall. Eine besonders scharfe Klinge war nicht vonnöten, da man mit dem Panzerbrecher – wie der Name schon sagt – eher die Rüstung des Gegners zerschmettern wollte. Dennoch war das Schwert mit einer scharfen Spitze versehen, mit der man die Plattenteile der Rüstung sowie die Unterpanzerung – etwa Kettengeflecht – durchdringen konnte.

Der Kampf mit dem Panzerbrecher wollte gelernt sein. Eine Schwierigkeit bestand darin, den Gegner damit zu Boden zu zwingen, um ihn anschließend töten zu können. Dafür musste man beispielsweise das Umgreifen erlernen. Mit der Parierstange brachte man den Gegner zu Fall, den Knauf benutzte man wie eine Keule, indem man entweder damit zustieß oder den Panzerbrecher mit beiden Händen schwang. Manchmal wurde die Waffe jedoch auch wie ein gewöhnliches Schwert benutzt.

Auch mit größeren Schwertern konnte man Rüstungen durchdringen. Mit zweieinhalb bis drei Metern waren die Klingen einiger Zweihänder geradezu lächerlich lang. Diese konnte man nur schwingen – was allerdings eine tödliche Wirkung hatte – oder wie einen schweren Metallspeer gebrauchen, mit einer Hand am Griff und der anderen an der Klinge.

Die meisten Zweihänder waren mit ihren ein bis anderthalb Meter langen Klingen viel praktischer. Extrem große Breitschwerter wie das schottische Claymore führte man ebenfalls mit beiden Händen. Damit holte man Reiter vom Pferd, indem man Letzterem die Beine zerschmetterte. Dagegen war der deutsche Zweihänder eine gehobene Waffe. Außer über einen langen Griff verfügte er über einen stumpfen Klingenabschnitt – das »Ricasso« bzw. die »Fehlschärfe« – unterhalb der Parierstange, der es unter den beengten Bedingungen eines Nahkampfes ermöglichte, die Waffe auch kürzer zu fassen.

Man konnte den Zweihänder mit beiden Händen schwingen oder eine Hand wie beschrieben auf das Ricasso legen. Diese Art der Waffe trugen meist Soldaten, die sich in einer Einheit von Pikenieren verbargen und kurz vor Feindeskontakt hervorsprangen und in die gegnerische Formation eindrangen.

Allerdings war die Herstellung von Schwertern sehr teuer; sie erforderte nicht nur qualitativ hochwertiges Material, sondern auch einen fähigen Schmied. Je länger die Klinge des Schwerts sein sollte, desto kostspieliger war die Waffe.

Knauf und Parierstange eines venezianischen Schwerts aus dem 15. Jahrhundert. Der Knauf war sehr schwer und konnte auch wie eine Keule benutzt werden, um den Gegner niederzustrecken.

DER KAMPF MIT DER STANGENAXT

ÜBER-KOPF-SCHLAG

Der Krieger rechts bereitet sich auf einen massiven Über-Kopf-Schlag vor, den der Gegner abfangen will, indem er den Schaft der eigenen Waffe horizontal über den Kopf führt. Der Angreifer kann den Gegner dann zu sich heranziehen.

STOSS

Der Krieger rechts stößt mit der Spitze seiner Stangenaxt zu. Der Angegriffene pariert den Stoß, indem er ihn mit dem Schaft der eigenen Waffe ablenkt und gleichzeitig die Axt unter dem Knie des Gegners einhakt, um diesen zu Fall zu bringen.

STANGENWAFFEN

Der Speer ist eine sehr preiswerte und einfache und doch effektive Waffe. Er besteht aus einer Metallspitze am Ende eines hölzernen Schafts, der verschieden lang sein kann. Längere Speere nannte man üblicherweise Piken, allerdings wird meist nicht genau unterschieden.

Kurze Speere benutzte man im Nahkampf mit einer Hand, mit den längeren Piken wollte man die gegnerischen Truppen auf sicherer Distanz halten. Einige Speere waren mit einer zweiten Spitze am anderen Ende des Schafts ausgestattet, mit der man einen bereits am Boden liegenden Gegner töten konnte. Manchmal war der Schaft auch durch eine Metallscheide geschützt. Eine Parierstange verhinderte, dass der aufgespießte Gegner den Schaft hinaufrutschte.

Je länger die Pike, desto schwieriger ihr Gebrauch. Das bloße Gewicht der Waffe machte sie recht unhandlich, und da der Schaft relativ biegsam war, schwang das Ende hin und her. Dafür erreichte man mit der Biegsamkeit, dass man mit einer Pike auch Rüstungen durchdringen konnte, da der Schaft beim Aufprall nicht brach. Piken waren am effektivsten, wenn sie in großer Zahl in mehreren Reihen benutzt wurden, die kürzeren Speere dagegen eigneten sich für Handgemenge. Oft mussten die Pikeniere im Laufe der Schlacht auf handlichere Waffen zurückgreifen.

PIKEN UND HELLEBARDEN

Um sich durch den offensiven Gebrauch der Piken verteidigen zu können, bedurfte es eines gewissen Grades an Schulung und Koordination, der den meisten nichtprofessionellen Truppen fehlte. Verteidigte man sich gegen die Kavallerie, reichte es aus, die Piken mit der Spitze nach oben in den Boden zu rammen und darauf zu warten, dass sich der Feind selbst aufspießte. Im Angriffsfall war die Sache etwas schwieriger. Man hatte die Wahl zwischen niedriger und Über-Kopf-Haltung – in beiden Fällen hatte der Pikenier mit einer sich biegenden schweren Waffe zu kämpfen. Gleichzeitig musste er in dichter Formation rasch vorrücken, oft genug über raues Terrain. Den Schweizern und Schotten gelang dies allerdings recht gut, ihre Pikeniere waren in der Schlacht gefürchtet. Ein Angriff mit gesenkten Piken war verheerend; stießen zwei solche Einheiten aufeinander, war das Ergebnis äußerst blutig.

Andere Stangenwaffen boten, verglichen mit dem Speer, den zusätzlichen Vorteil, dass man dem Gegner damit Schnittverletzungen zufügen konnte. Es gab z. B. axtähnliche Stangenwaffen mit einer schweren Klinge, einer Spitze und einem Haken, meist auf der Rückseite der Klinge. Damit konnte man einen Reiter vom Pferd holen oder einen Fußsoldaten in Rüstung kampfunfähig machen.

Hellebarden waren im Allgemeinen länger als englische Piken und hatten

STABWAFFEN UND PIKEN

Im Mittelalter gab es eine verwirrende Vielzahl von Stab- oder Stangenwaffen und Pikenköpfen. Sie alle bestanden jedoch aus einer zentralen Speerspitze und verschiedenen Klingen, Haken oder Hämmern. Einige Spitzen der unten abgebildeten Waffen haben zusätzlich scharfe Kanten. Darüber, welche Waffe wann am effektivsten war, streitet man sich heute noch.

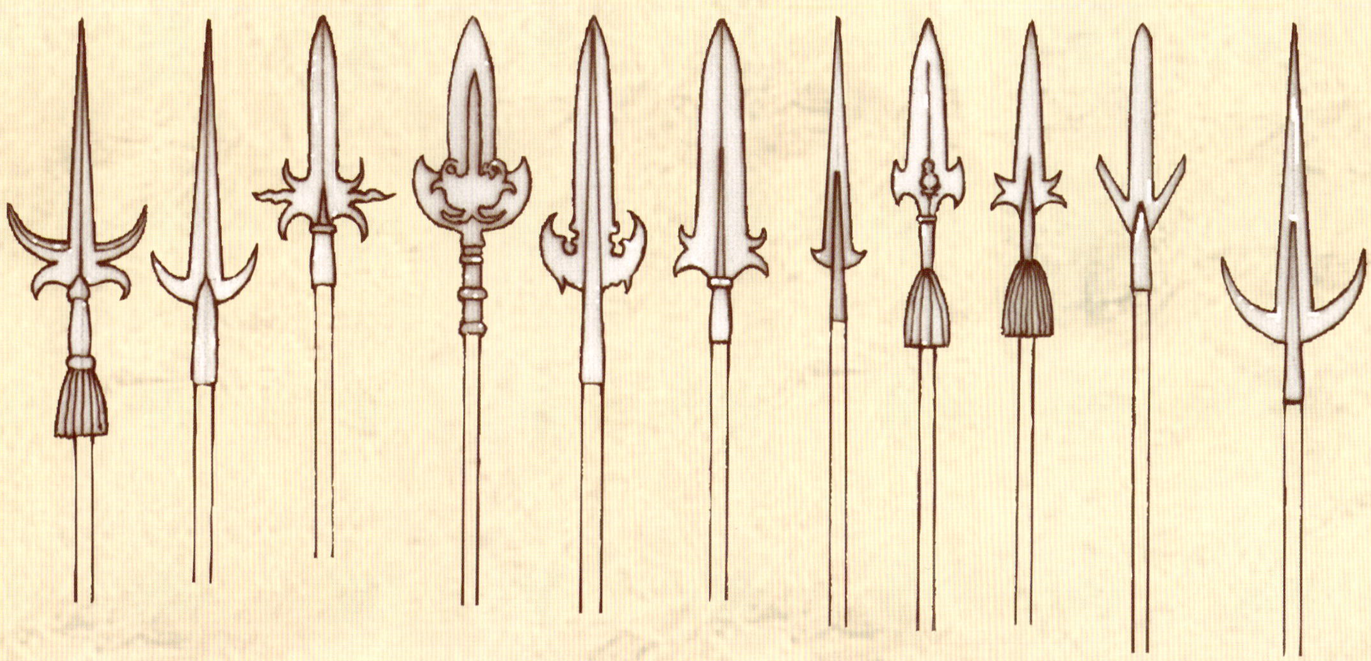

HELLEBARDEN UND PIKEN

Je nach »Modell« konnte man mit diesen Waffen zustoßen, schlitzen oder beides. Sie haben sich aus ursprünglich landwirtschaftlichem Gerät heraus entwickelt und waren meist einfach konstruiert. In der Schlacht erwiesen sie sich jedoch als tödliche Waffen, die vor allem in England benutzt wurden. Die Hellebarde war sowohl mit einer Speerspitze als auch mit einer Axtschneide ausgestattet. Die Länge des Schafts variierte je nach Region, ebenso wie der Waffenkopf an sich. Längere Hellebarden hatten natürlich auch eine größere Reichweite.

eine dementsprechend größere Reichweite; für den Nahkampf eigneten sie sich dagegen weniger. Es gibt sehr viele unterschiedliche Hellebardenarten, eine bunte Mischung aus Speerspitzen, Axtschneiden, Hämmern und schmaleren Klingen, die Rüstungen durchdringen konnten. Bei den meisten Hellebarden und ähnlichen Stangenwaffen war der Schaft mit Metall verstärkt.

Auch ein nicht-geschulter Soldat konnte eine Hellebarde in der Schlacht tragen – um die Waffe allerdings effektiv zu nutzen, bedurfte es schon etwas mehr Trainings. Durch die flexible Reichweite konnte man die Hellebarde werfen oder damit zustoßen; wurde eine Hellebardenformation in Zweikämpfe verwickelt, hatte sie auf jeden Fall bessere Chancen als die Pikeniere mit ihren weniger vielseitigen Waffen.

Um Rüstungen zu durchdringen, war auch eine Reihe von stumpfen Waffen in

SPANISCHER BAUERN-SÖLDNER (1400)

Es gab verschiedene Möglichkeiten, Truppen auszuheben. Einige Herrscher zogen es vor, das gemeine Volk nicht zum Kampf auszubilden, in den Augen anderer Herrscher war dies wohl unvermeidlich. War diese Art von Söldner-Fußsoldaten Teil einer größeren Streitkraft, konnte sie sehr nützlich sein. Die Langaxt war in den Händen eines starken und entschlossenen Mannes ein tödliches Instrument. Aufgrund mangelnden Trainings und unzureichenden Schutzes konnte die Formation jedoch auch leicht durchbrochen werden.

Gebrauch. Dabei handelte es sich meist um langgriffige Varianten der Streitkolben und dreschflegelähnlichen Waffen, die die Reiter benutzten. Die Wirkung einer solchen Waffe – etwa des zweihändig geführten Streitkolbens, ob nun mit oder ohne Dornen – war verheerend, und dafür brauchte man eigentlich nur genügend Platz.

Die zweihändig geführten dreschflegelähnlichen Waffen entwickelten eine solche Wucht, dass man sich fast gar nicht gegen sie zur Wehr setzen konnte. Damit konnte ein Krieger allerdings auch den umstehenden Kameraden schaden, weshalb eine offene Formation hier noch wichtiger war. Meist benutzten nur Individualisten wie Ritter diese Waffen; in den Reihen der professionellen Infanterie sah man sie selten.

WURFSPIESSE

In manchen Gegenden kämpften die Fußsoldaten auch mit Wurfwaffen von geringer Reichweite, beispielsweise mit Wurfspießen. Diese hatten den Vorteil, dass z. B. ein Plänkler, der sich von feindlichen Truppen umzingelt sah, seinen Wurfspieß kurzerhand zu einem improvisierten Speer umfunktionieren konnte. Bei den fränkischen Völkern waren auch Handäxte sehr beliebt. Die kleinen und schweren Waffen wurden meist kurz vor einem Angriff geworfen und hatten eine beträchtliche Wirkung. Mit ihnen konnte man die feindliche Formation durchbrechen und den nachfolgenden Angriff mit Handwaffen noch effektiver machen.

Die meisten Truppen waren jedoch entweder mit Wurf- oder mit Handwaffen ausgerüstet. Um einen Wurfspieß zu werfen, brauchte man Platz – also eine offe-

UNTEN: *Die Darstellung (15. Jh.) zeigt Ritter im Duell vor einer Reihe von Würdenträgern. Der eingezäunte Kampfplatz war in Wirklichkeit allerdings etwas größer.*

RECHTS: *Das ehemals landwirtschaftliche Instrument verfügt nun über eine Speerspitze, einen Haken, mit dem man den Gegner vom Pferd holen konnte, und einen seitlich angebrachten Dorn.*

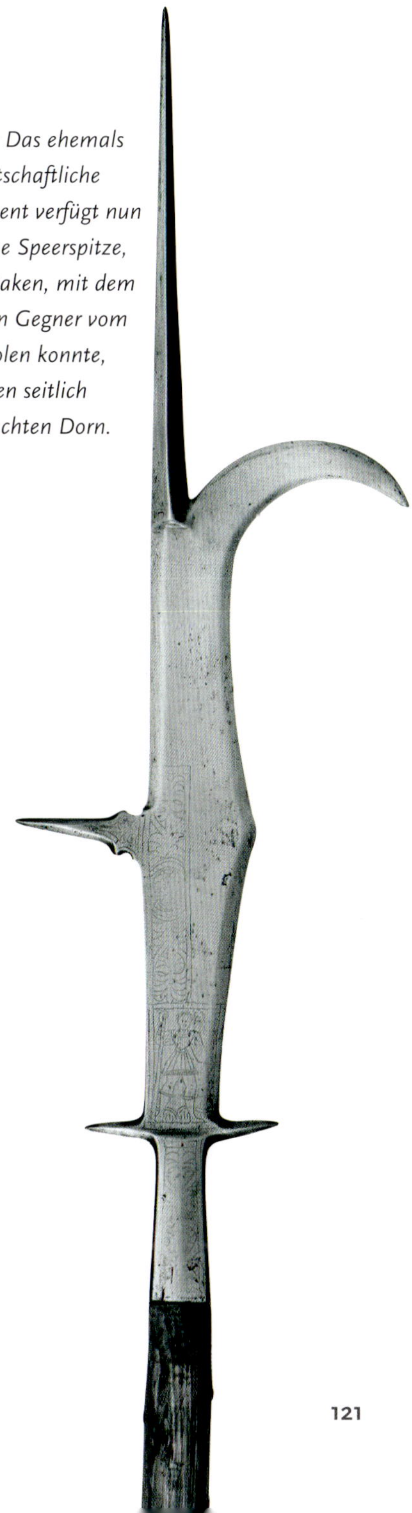

INFANTERIEHELME

WESTEUROPA

Welche Waffen und Rüstungen in Gebrauch waren, hing zum einen von der regionalen Mode und zum anderen von dem Feind ab, gegen den man kämpfte. Die breite Krempe dieser Helme etwa schützte vor einem Pfeilhagel. Die oben dargestellten Modelle waren in Westeuropa vom 12. bis zum 16. Jahrhundert in Gebrauch.

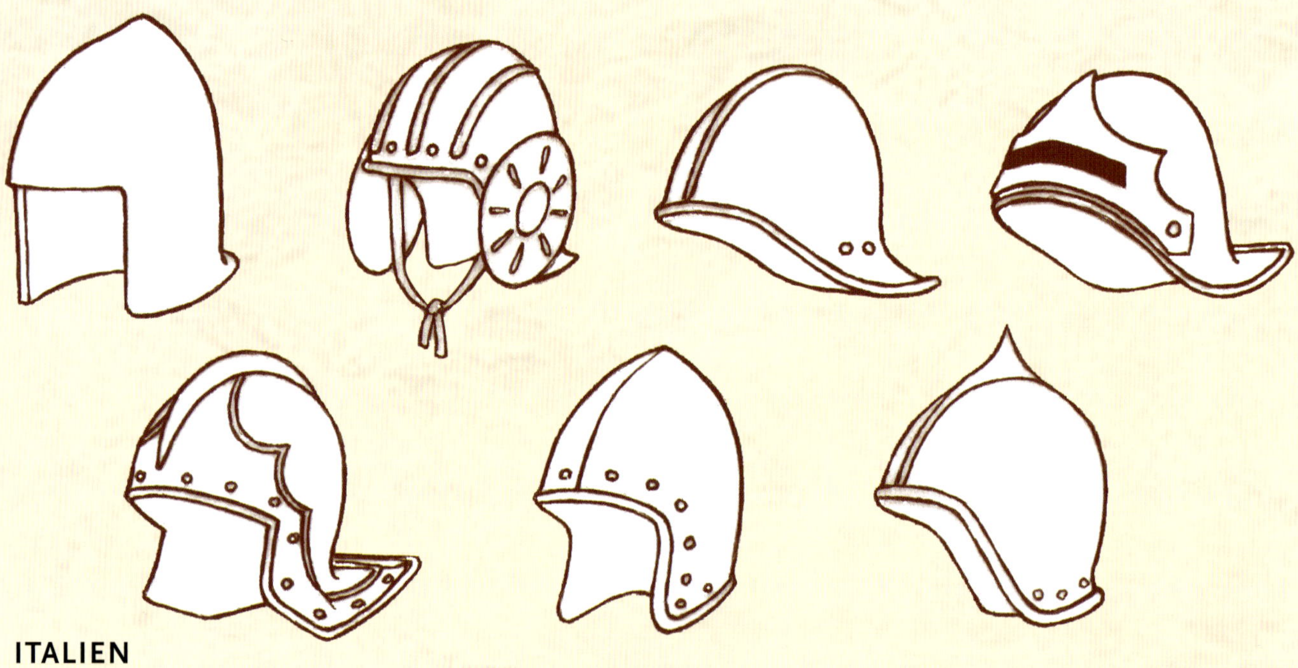

ITALIEN

In Italien war vor allem die Armbrust beliebt. Da diese Pfeile nicht von oben auf den Gegner einprasselten, brauchte der Helm auch keine so breite Krempe. Die oben abgebildeten Modelle stammen aus dem 14. und 15. Jahrhundert; möglicherweise sind sie in ihrer Form von den klassischen römischen und griechischen Helmen beeinflusst.

UNTEN: Kesselhaube aus dem 14. Jahrhundert. In dem Loch an der Seite wurde das Visier befestigt. Die konische Form trug erheblich zur Stabilität des Helms bei.

WATTIERTER ROCK

Wattierungen kamen bei der Schutzkleidung nie aus der Mode. Durch das Steppen entstanden Taschen, die mit Haar, Stoff oder anderen Materialien gefüllt wurden. War der wattierte Rock, wie er hier abgebildet ist, der einzige Schutz seines Trägers, konnte er noch mit Metallringen, -schuppen oder -streifen verstärkt werden. Beabsichtigte man, einen Brustpanzer oder eine andere Rüstung über dem Rock zu tragen, war dies nicht nötig. In diesem Fall war auch die Wattierung nicht ganz so dick, um dem Träger mehr Bewegungsfreiheit zu ermöglichen.

OBEN: Dieser Schaller mit Visier stammt aus dem 15. Jahrhundert. Die gekurvte Oberfläche des Helms lenkte den Schlag ab.

nere Formation –, der Zweikampf mit Speeren erforderte hingegen eine geschlossenere Formation.

RÜSTUNG UND AUSSTATTUNG

Die Ausrüstung und der persönliche Schutz eines zu Fuß kämpfenden Ritters ähnelte denen seines berittenen Kollegen. Auch einige Fußsoldaten kämpften mit dieser Ausstattung, insbesondere diejenigen, die an der Seite von Rittern fochten, oder die persönliche Leibgarde eines großen Herrschers. Die überwiegende Mehrheit des Fußvolks konnte sich einer solchen Ausstattung jedoch nicht rühmen – manchmal sogar überhaupt keiner. Söldner und ähnliche Krieger durften natürlich mitbringen, was immer sie hatten, und in einigen Gegenden gab es auch strikte Regeln, was man mit einem bestimmten sozialen Status an Kriegsrüstung besitzen musste. In manchen Städten gab es Arsenale, um die Miliz auszustatten. Oft genug konnte der Bauer jedoch froh sein, nicht mit landwirtschaftlichem Gerät kämpfen zu müssen – von Schutzkleidung ganz zu schweigen, die sich ein Bauer, der Steuern zahlen und seine Familie ernähren musste, schlicht nicht leisten konnte.

Wohlhabendere Fußsoldaten trugen in der Schlacht ein wattiertes oder aus Leder gefertigtes Wams und einen Helm. Letzterer war jedoch oft von geringerer Qualität als etwa der Helm eines Ritters, was auf die Ausrüstung generell zutraf. Eine Handvoll Ritter für eine Schlacht mit Platten- oder Kettenpanzer auszustatten, mochte dem Kriegsherrn finanziell gerade noch möglich gewesen sein – dies für eine Armee von Fußsoldaten zu tun, überstieg das Budget bei Weitem.

SCHILDE

Einige Fußsoldaten benutzten Schilde, die unterschiedlich gestaltet sein konnten. Die Soldaten, die mit einem kurzen Speer, einem Schwert oder einer Handaxt kämpften, hatten eine Hand für den Schild frei; doch auch die Soldaten, die ihre Waffe mit beiden Händen führten, griffen auf den Schutz des Schilds zurück.

Das moderne Ölgemälde aus der Zeit der Sowjetunion (1942) zeigt den verzweifelten Nahkampf bei der Schlacht auf dem Peipussee.

Diesen befestigten sie etwa auf dem Rücken und brachten ihn im Fall eines Pfeilangriffs nach vorne. Oder der Soldat drehte sich um und ging in die Hocke.

Bei manchen Kampfstilen kam der Schild auch mit einer zweihändig geführten Waffe zum Einsatz. Meist war dies ein Speer, da der Schild bei Axt oder Stangenwaffe eher im Weg war. In diesem Fall fixierte man den Schild an einem Riemen und hängte ihn sich an die linke Seite. Gut kontrollieren konnte man den Schild beim Kampf allerdings nicht. Es gab auch kleine Schilde, die man am Unterarm befestigte; diese boten mehr Schutz, waren aber auch nicht einfacher mit der Waffe zu koordinieren.

Für gut ausgerüstete Truppen oder Ritter, die zu Fuß kämpften, war die Frage des Schilds weniger wichtig. Je besser die Rüstungen wurden, desto entbehrlicher war der Schild, dem man im Zweifelsfall eine große und schwere Waffe vorzog.

DIE SCHLACHT AUF DEM PEIPUSSEE, 1242

Mitte des 13. Jahrhunderts kollidierten die Interessen des Papstes, der die orthodo-

DIE SCHLACHT AUF DEM PEIPUSSEE, 1242

Die russische Streitmacht (rot) konnte der Kavallerie des Deutschen Ordens (blau) nichts entgegensetzen; so nutzte sie das steile und zerklüftete Ufer des Sees als Verteidigungsmauer. Dies brachte den Deutschen Orden so aus dem Konzept, dass die russische Infanterie zuschlagen konnte. Aus der Schlacht wurde ein einziges Handgemenge, die Kavallerie des Deutschen Ordens wurde schließlich von der russischen Infanterie umzingelt.

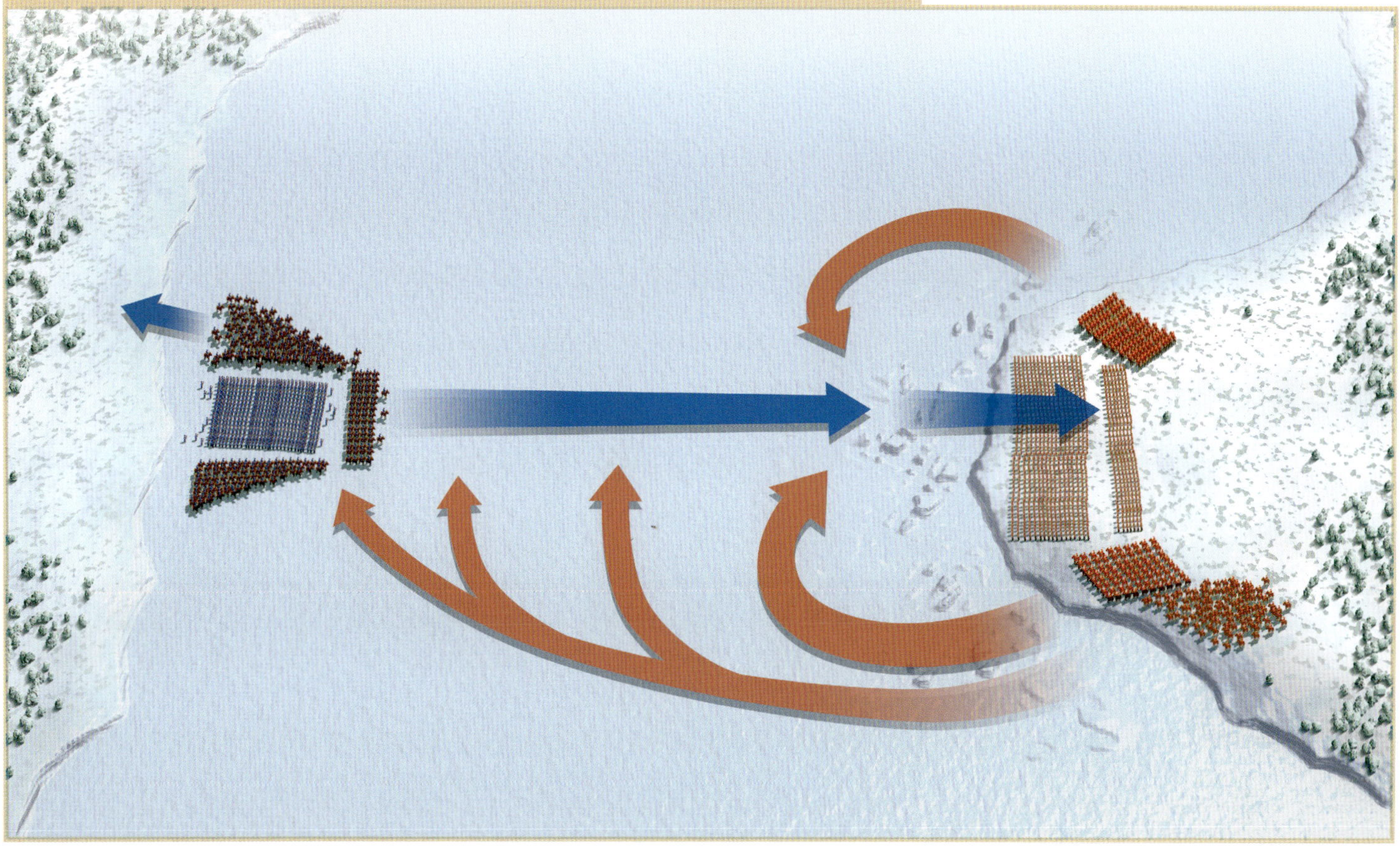

xen Christen von Nowgorod unter seinen Einfluss bringen wollte, mit den wirtschaftlichen und politischen Bestrebungen der skandinavischen Herrscher zu dieser Zeit. Ein Kreuzzug nach Osten in Richtung Russland war die Folge.

Die Streitkräfte von Nowgorod führte Fürst Alexander Newski an. 1240 hatte er die schwedische Armee geschlagen, doch schon bald sah er sich Angriffen vonseiten des Deutschen Ordens ausgesetzt. Die Ritter und Soldaten des Deutschen Ordens wurden noch von dänischen und estländischen Ritter sowie einer Miliz unterstützt – insgesamt etwa 2000 Männer, die in das Land eindrangen, wobei die rund 420 Ritter sicherlich die wichtigste Komponente waren.

Zunächst waren die Eindringlinge erfolgreich, und Alexander musste ihnen mit etwa 6000 Mann gegenübertreten. Nach einer Weile zogen diese sich zurück, die Ritter aus dem Westen folgten ihnen. Die Jagd ging über den zugefrorenen Peipussee, wobei die Streitkräfte Nowgorods das gegenüberliegende Ufer zuerst erreichten. Als ihnen klar wurde, dass die Hauptstärke der westlichen Armee in ihrer Kavallerie bestand, brachte Alexander seine Fußsoldaten in eine gute Verteidigungsposition am Ufer des Sees; das raue und steile Gelände bot seiner Infanterie Schutz vor der gegnerischen Reiterei, während die russische leichte Kavallerie die Flanken beschützte.

Die Krieger des Deutschen Ordens waren ohnehin in der Minderheit; die Situation verschärfte sich jedoch noch, als die estländischen Söldner flohen, die wohl im wahrsten Sinne des Wortes kalte Füße bekommen hatten. Nichtsdestotrotz waren mehrere Hundert Ritter in Rüstungen ein schlagkräftiges militärisches Argument. Und diese Ritter bereiteten sich auf einen Angriff vor.

Der Angriff erfolgte in Keilformation, wobei die am schwersten gerüsteten Männer die vorderen Reihen bildeten. Er geriet jedoch bald ins Stocken: zum einen durch gegnerische Bogenschützen und zum anderen durch das zerklüftete Terrain, auf dem Alexanders Fußsoldaten ausharrten. So erreichte die Kavallerie zwar ihr Ziel, konnte die feindlichen Linien aber nicht durchbrechen. Stattdessen wurde sie in Handgemenge verwickelt, auch mit der russischen leichten Kavallerie, die sich von den Flanken dazugesellte.

Rund die Hälfte der westlichen Reiterei wurde getötet oder gefangengenom-

Ritter und Fußsoldaten des Deutschen Ordens in dem Film »Alexander Newski« (1938). In Wirklichkeit war die Infanterie allerdings nicht so gut ausgerüstet.

men. Einige schafften es, über den zugefrorenen See zurück zu fliehen. Wenig später schloss man einen Friedensvertrag.

LEBEN

Mussten Miliz, Söldner und Fyrd gerade keinen Militärdienst leisten, bestellten sie ihr Land oder betrieben Handel. Auf dem Schlachtfeld drohten Krankheit, Hunger und ein grausamer Tod, und die Zeit, in der sie sich nicht um ihren Hof oder ihre Werkstatt kümmern konnten, bedeutete einen direkten Verlust des Einkommens oder – im Fall des Bauern – der Existenzgrundlage.

Dem Berufssoldaten ging es in dieser Hinsicht etwas besser. Er wurde von seinem Arbeitgeber ernährt und lebte im Allgemeinen unter besseren Bedingungen als der Bauer. Er konnte trainieren oder musste Wachdienst leisten und Botengänge für seinen Herrn erledigen.

AUSBILDUNG

Das Training mit der Waffe war ein wichtiger Bestandteil des Soldatenlebens; wie dies aussah, hing vom Status des Soldaten und natürlich von der Art der Waffe ab. Von niedrig gestellten Soldaten etwa erwartete man keine ausgefeilte Schwertkunst – für sie genügte es völlig, die gängigsten Kampftechniken zu kennen und ein wenig an einem Holzpfahl zu üben. Prestigeträchtigere Einheiten wie z. B. Leibgarden mussten dagegen schon gewandtere Schwertkämpfer sein.

Zum einen hatte dies ganz praktische Gründe. Vielleicht führte der Kriegsherr selbst die Einheiten an, oder sie kämpften an der Seite von Rittern. Und im Nahkampf hing das Überleben aller von der Leistung jedes einzelnen Kameraden ab – in die Ausbildung der einzelnen Soldaten zu investieren war also auch eine Art Lebensversicherung. Bei der Leibgarde ist dieses Argument noch augenscheinlicher: Ein Lehnsherr tat selbstverständlich gut daran, sich und sein Heim von fähigen Kämpfern beschützen zu lassen.

Zudem hatte der Schwertkampf auch gesellschaftliche Bedeutung. Das Schwert war die Waffe des Adels; hoffte ein einfacher Soldat darauf, in den Ritterstand erhoben zu werden, musste er sich dies mit den entsprechenden Fähigkeiten erst verdienen. Je besser sich der Soldat den Werten, Sitten und Gebräuchen der Oberschicht anpasste, desto größer waren seine Chancen, eines Tages selbst zur herrschenden Klasse zu gehören.

Für den durchschnittlichen Soldaten reichte es aus, mit einer passenden Seitenwaffe und mit der Fähigkeit, diese auch benutzen zu können, ausgestattet zu sein. Davon hing sein Leben ab. Aus diesem Grund verbrachte er seine Zeit eher damit, mit dieser Waffe – Speer, Pike oder dergleichen – zu üben als sich im Schwertkampf zu schulen.

DER KAMPF MIT LANGSCHWERT UND SCHILD

OFFENSIVE SCHILDTAKTIKEN

Im ersten Bild benutzt der Krieger rechts seinen Schild, um die Sicht des Gegners einzuschränken und ihn davon abzuhalten, die eigene Waffe zu gebrauchen. So ist der Gegner ausgesprochen angreifbar. Im zweiten Bild bedient sich der Krieger links einer ähnlichen Taktik. Er drückt seinen Schild nach vorne und blockiert damit Sicht und Schildarm des Gegners; nun hat er die Chance, das Bein des Gegners mit dem Schwert zu treffen.

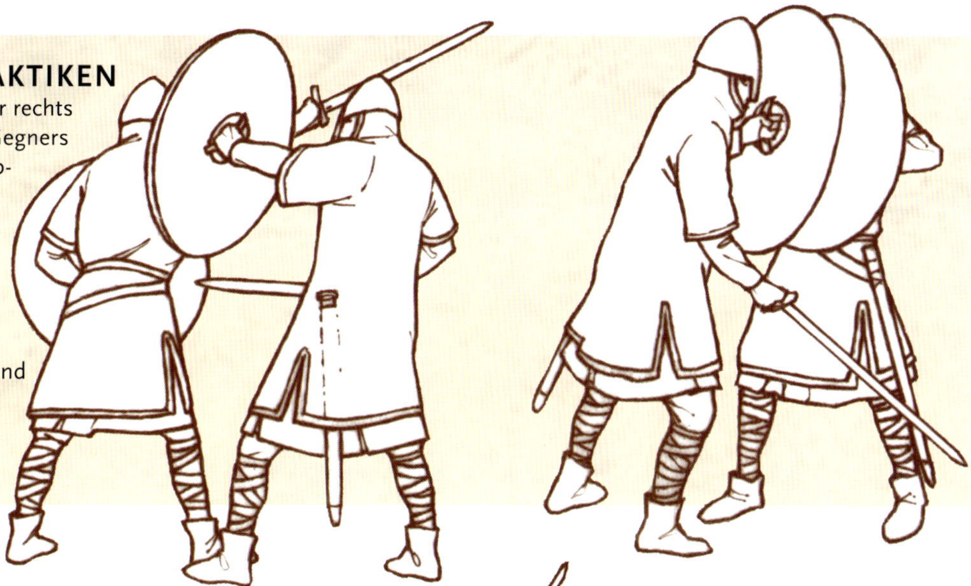

DEFENSIVE SCHILDTAKTIKEN

Der Krieger rechts hebt den Arm zum Schlag. Der Gegner kontert mit dem Schild. Der Arm des Angreifers trifft auf den Schildbuckel, wobei er sich selbst verletzen oder das Schwert verlieren kann. Der Angegriffene ist durch den Schild gut geschützt, die Klinge des Schwerts aber kann sich verbiegen oder gar zerbrechen – der Angreifer wäre entwaffnet.

SCHWERT UND SCHILD

Dem Krieger links ist der Schild aus der richtigen Position geglitten. Der Gegner tritt vor und blockiert den Schwertarm mit seinem Schild. Das eigene Schwert hält er dabei hinten, um zustoßen zu können. Im zweiten Bild hält der Angreifer den Schild näher am Körper. Er versucht, über den Schild hinweg den Kopf des Gegners zu treffen. Der Gegner kontert jedoch mühelos, indem er seinen Schild nach vorne und oben führt.

LANGSCHWERTTRAINING

ÜBER-KOPF-HIEB

Der Krieger links bereitet sich auf einen kräftigen Über-Kopf-Hieb vor, bei dem auch die Parade des Gegners – das einfache Heben des Schwerts – nichts nützen würde. Stattdessen verteidigt sich der Gegner, indem er versucht, von seitlich unten zuzustoßen. Wer sein Schwert als Erster wieder frei bekommt, greift als Nächster an.

ÜBER-KOPF-STOSS

Der Schwertkämpfer links führt einen Über-Kopf-Stoß aus. Seine linke Hand liegt auf dem Knauf der Waffe, damit er kräftiger zustoßen kann. Der Gegner kontert, indem er den Stoß ebenfalls von oben ablenkt und so das Schwert des Angreifers niederzwingt – ein zumindest vorübergehender Vorteil.

ÜBER-KOPF-BLOCKADE

Der Schwertkämpfer links führt sein Schwert nach unten. Sein Gegner kontert mit einer Blockade, die noch durch den gehobenen Arm verstärkt wird. Als Nächstes wird der Angegriffene versuchen, den Arm des Angreifers zu packen und so die Waffe des Gegners außer Gefecht zu setzen.

Militärischen Drill der Art, wie ihn die Soldaten der römischen Armee praktizierten und wie er auch bei heutigen Streitkräften üblich ist, gab es im Mittelalter nicht. Einheiten, die so groß waren, dass sich diese Art Training gelohnt hätte, wurden nur zu einer Armee zusammengestellt, wenn ein Feldzug bevorstand. Man legte wenig Wert darauf, die Einheiten gemeinsam zu trainieren. Formationen im großen Stil waren eigentlich nur eine große Anzahl von Männern, die sich einzeln ganz gut schlagen konnten und einem gemeinsamen Befehlshaber unterstanden. Dies schränkte ihre Manövrierfähigkeit ein und bedeutete auch, dass die einzelnen Einheiten, etwa bei einem Angriff der feindlichen Kavallerie, einander kaum vertrauten – was den höher gestellten Kriegern, also den Rittern, die den Angriff durchführten, nicht ungelegen gekommen sein dürfte. So bestand das Training des Fußvolks zumeist aus sportlichem Wettstreit. Wettkämpfe im Ringen und Speerwerfen förderten den Kampfgeist ebenso wie die körperliche Kondition – mit dem Kampf in der Schlacht hatten sie allerdings kaum etwas zu tun. Die Wettkämpfe waren vor allem bei den unteren gesellschaftlichen Schichten beliebt und wurden vorzugsweise an Markttagen abgehalten. Größere Turniere lockten sogar Ringkämpfer von weit weg an, mit den Ritterturnieren waren sie kaum vergleichbar.

Die Methoden der europäischen Bauern-Ringkämpfer waren meist ausgesprochen brutal. Schlagen und Treten waren erlaubt, und der Sieg bestand in der Regel darin, den Gegner kampfunfähig zu machen – d. h. so stark zu verletzen, dass er aufgeben musste. Und gleichermaßen ging es auch auf dem Schlachtfeld zu. »Schmutzige Tricks« wie das Befestigen von Hufeisen an der Schuhspitze, um dem Feind damit das Schienbein zu zerschmettern, waren an der Tagesordnung. Beliebt war auch die Technik, dem Gegner mit dessen Helm das Genick zu brechen.

Dem Speerträger oder Pikenier schien der Ringkampf wenig nützlich zu sein, doch stärkte er seine Angriffslust und führte zu einer Kampfestradition des gemeinen Volks, die sehr zähe Individuen hervorbrachte. Und statt eines professionellen Trainings tat es das Ringen auf dem Marktplatz auch.

Nach einem Feldzug kehrten die Söldner meist nach Hause zurück. Einige brachten vielleicht ein Schwert oder eine andere Waffe vom Schlachtfeld mit, andere waren beim Plündern erfolgreich und bereicherten sich auf diese Weise. Die meisten allerdings hatten Glück, überhaupt noch am Leben und rechtzeitig vor der Ernte wieder zu Hause zu sein.

Der Berufssoldat wurde mit Waffen, einer Rüstung, Bargeld oder Statuszuwachs belohnt. Einem gemeinen Fußsoldaten bot man vielleicht einen Platz in einer prestigeträchtigeren Einheit, etwa einer Leibgarde, an; in ganz seltenen Fällen konnte er sogar in den Ritterstand erhoben werden.

WUNDEN UND MEDIZINISCHE BEHANDLUNG

Diese Belohnungen waren jedoch nichts im Vergleich zu den Risiken des Militärlebens. Der Kontakt mit dem Feind war nur eins davon. Öfter kamen die Soldaten durch Krankheiten denn durch feindliche Speere und Schwerter ums Leben, insbesondere wenn viele Männer über einen längeren Zeitraum hinweg in einem Lager zusammengepfercht waren. Französische Chronisten berichten, dass jeder von einem englischen Pfeil getroffene Soldat schließlich daran sterben, vorher allerdings noch verrückt werden würde. Dies lag daran, dass man die Pfeilspitzen damals noch nicht sauber entfernen konnte und das Eisen in der Wunde rostete. Ähnliches traf auch auf andere Wunden zu, die nur rudimentär versorgt werden konnten und sich deshalb in aller Regel entzündeten.

Eine Art Rente für in der Schlacht Versehrte gab es nicht. Um die Adligen kümmerten sich ihre Familien, doch die Aussichten eines Bauern, der das Land nicht mehr bestellen konnte, waren mehr als düster. Wie immer litten also die unteren Klassen am meisten.

BRUNKEBERG, 1471

Im späten 15. Jahrhundert erhob der dänische König Christian I. Anspruch auf den schwedischen Thron, der in den politischen Turbulenzen der damaligen Zeit vorübergehend unabhängig geworden war. Die Schweden protestierten und wählten Sten Gustavsson Sture zu ihrem königlichen und militärischen Herrscher.

HELLEBARDIERE

Die Hellebarde gehört zu den vielseitigsten der mittelalterlichen Waffen, da die Krieger damit – ähnlich wie die Pikeniere – in dichter Formation kämpfen oder aber die Formation zugunsten von Zweikämpfen öffnen konnten. Mit der Spitze der Waffe konnte der Hellebardier sogar Rüstungen durchdringen, hinderlich war dagegen die oft extreme Länge der Hellebarde. Im Prinzip konnte jeder mit einer Hellebarde kämpfen; am effektivsten – und um Kollateralschäden zu vermeiden – waren jedoch ausgebildete Hellebardiere, die sowohl im Formationskampf als auch im Einzelkampf geschult waren.

Die dänische Armee näherte sich mit rund 6000 Mann vom Meer aus. Neben dänischen Rittern und professionellen Fußsoldaten umfasste die Streitkraft auch Söldner, darunter etwa 3000 Deutsche. Letztere waren sehr zuverlässig und in der Schlacht erfahren.

Die schwedische Armee, die sich den Eindringlingen entgegenstellte, bestand aus wenigen Hundert gut ausgerüsteten Rittern und Fußsoldaten sowie etwa 9000 Bauern, die mit allem, was gerade greifbar gewesen war, bewaffnet waren. Ein untrainierter und disziplinloser, aber hochmotivierter Haufen; freiwillige Krieger, die kämpften, um ihr Land zu verteidigen, nicht, weil sie bezahlt wurden.

Die Dänen hofften auf eine offene Schlacht, in der ihnen ihre bessere Ausrüstung und Disziplin den Sieg garantiert hätten. So versuchten sie es zunächst mit der Taktik des Zermürbens: Sie belagerten Stockholm und zwangen damit Sture und seine Armee, zur Rettung der Stadt zu eilen.

Hätten sich die Dänen an diesen ursprünglichen Plan gehalten, hätten die Dinge vermutlich eine bessere Wendung für sie genommen. Die Absicht war, die Stockholm verteidigenden Schweden zum Angriff zu zwingen, wobei die Dänen dann noch auf die furchterregende Defensive ihres befestigten Lagers – u. a. Kanonen – hätten zurückgreifen können. Stattdessen teilte König Christian seine Streitkräfte auf. Ein Teil der dänischen Armee setzte die Belagerung fort, ein anderer sicherte die Rückzugslinie zur Flotte.

Nach einem kurzen Waffenstillstand, bei dem die Schweden noch mehr Truppen ausheben konnten, griff Sture an. Die deutschen Söldner und das Kanonenfeuer schlugen den Angriff zunächst nieder, was den Dänen in gewissem Sinne allerdings schadete – sie wurden übermütig. Als die Schweden erneut angriffen, befahl König Christian seinen Truppen, aus dem Lager vorzurücken und den Feind vom Schlachtfeld zu fegen. Das folgende Handgemenge fand auf unwegsamem Terrain und zwischen Bäumen statt; die Dänen waren zwar in der Minderzahl, aber besser ausgerüstet. Während dieser Schlacht gelang es zusätzlichen Streitkräften aus Stockholm, sich – teils per Boot – in den Rücken des Feindes zu stehlen.

So standen die Dänen nun von allen Seiten unter Beschuss, wobei ihnen auch die bessere Ausrüstung nichts half. Der verzweifelte und mutige Gegenangriff des dänischen Königs und seiner Leibgarde schien das Blatt vorübergehend zu wenden; doch als der König verwundet und sein Stellvertreter getötet wurde, löste sich die dänische Armee rasch auf.

Die Dänen flohen. Viele Soldaten kamen ums Leben, als die Holzbrücke, über die sie fliehen wollten, zusammen-

DIE SCHLACHT AM BRUNKEBERG, 1471

Die Schlacht am Brunkeberg verloren die Dänen (blau), weil sie ihre Streitkräfte aufteilten und so aufstellten, dass sie einzeln geschlagen werden konnten. Dann ließen sie sich auch noch in Handgemenge verwickeln, bei denen die Schweden (rot) durch ihre Überzahl den entscheidenden Vorteil hatten.

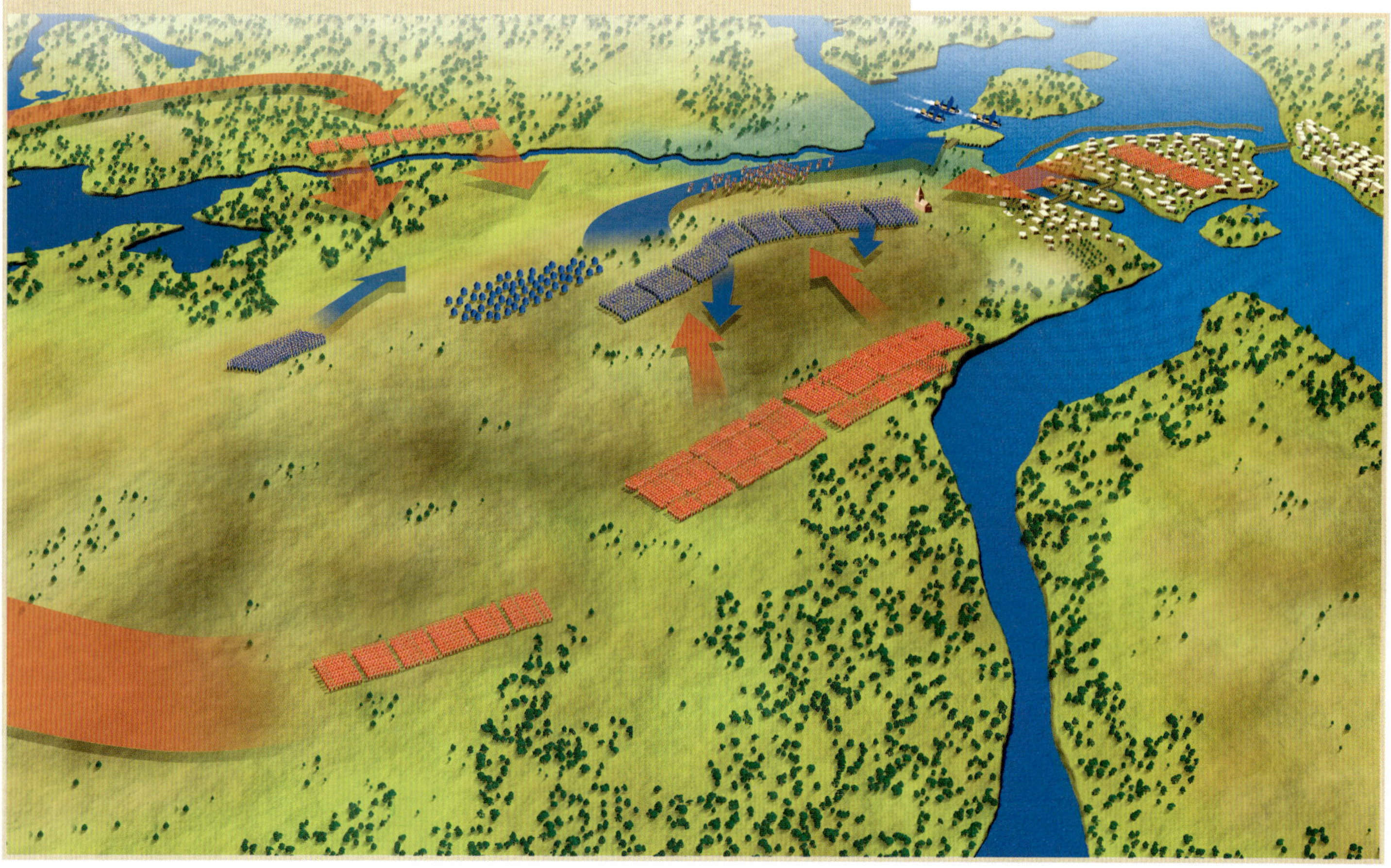

brach. Nur wenigen gelang es, die Flotte zu erreichen. So also wurde die bei Weitem besser ausgerüstete und ausgebildete dänische Armee von einem Bauern-»Mob« geschlagen. Dies war jedoch nur möglich, weil sich ihr Anführer gut überlegt hatte, wie er seine Streitkräfte am effektivsten nutzen konnte. Und nicht zuletzt war es natürlich auch die Entschlossenheit der Schweden, sich von der dänischen Oberherrschaft zu befreien.

TAKTIKEN UND TECHNIKEN

Da die damaligen Armeen gerade einmal notdürftig ausgebildet waren, waren auch die militärischen Taktiken recht simpel.

In dieser idealisierenden Darstellung der Schlacht am Brunkeberg führt Sten Sture (1440–1503) die schwedischen Ritter und Pikeniere gegen die Dänen an.

Die meisten Befehlshaber benutzten die Infanterie lediglich dazu, auf den Feind vorzurücken und ihn in Handgemenge zu verwickeln oder sich als Block schützend vor die Kavallerie zu stellen, die sich derweil zu einem neuen Angriff formierte. So also bildete die Infanterie in der Regel eine Angriffsformation und rückte dann zum Nahkampf vor. Diese Formation war jedoch alles andere als regelmäßig und ähnelte eher einer großen Gruppe bewaffneter, nahe beieinander stehender Männer als einer geschlossenen Einheit. So war auch jedes Vorrücken ebenso unregelmäßig, kohärente Manöver einander

Die spätmittelalterliche Darstellung der Schlacht am Brunkeberg (1471) romantisiert den Sieg der Schweden über die Dänen.

In dieser Schlacht im Hundertjährigen Krieg stehen 30 mit Speeren bewaffnete Engländer in voller Rüstung 30 Franzosen gegenüber.

unterstützender Formationen gab es selten. Eine Ausnahme bildeten allerdings die Schweizer, die sich eines Systems bedienten, bei dem Blöcke von Pikenieren von Schützen und Hellebardieren unterstützt wurden. Sie gingen ausgesprochen aggressiv vor: Die Formationen der Pikeniere sammelten sich zum Angriff und stürzten dann – wenngleich in mehreren Angriffswellen – los. Die Flanken wurden derweil von Plänklern geschützt.

VERTEIDIGUNGSTAKTIKEN

Zu einigen wenigen Gelegenheiten griff die Infanterie erfolgreich die Kavallerie an. Dazu musste die Reiterei allerdings bereits in Handgemenge verwickelt oder durch das Terrain behindert sein. Normalerweise kam es auf die defensiven Fähigkeiten der Fußsoldaten an, wenn sie einer Armee mit schwerer Kavallerie gegenüberstanden.

Gegen die Infanterie konnte die Reiterei offensiv vorgehen. Umgekehrt konnte ein Mann zu Fuß einen Reiter nicht einholen; ihm blieb also nichts anderes übrig, als den Angriff defensiv abzuwehren. Rückte die Infanterie dennoch einmal gegen die Reiterei vor, bot sie währenddessen ein leichtes Ziel für Angriffe. Jede Schwäche oder mangelnde Kohärenz hatte verheerende Folgen.

Trafen die Fußsoldaten auf die Kavallerie, war die übliche Taktik die geschlossene Formation, die die Spitzen ihrer Waffen auf den Feind richtete. Von großem Vorteil waren dabei Hindernisse wie ein Fluss, eine Hecke oder Bäume, hinter denen die Fußsoldaten sich verbergen konnten. In offenem Terrain waren sie viel angreifbarer und mussten sich zu ihrem Schutz auf ihre Waffen und die jeweilige Formation verlassen.

Hinsichtlich der Defensive bot der schottische Schiltron exzellenten Schutz zu allen Seiten. Die Formation ähnelte einem Igel, dessen Stacheln – die Piken – zu allen Seiten herausragten. Darüber hinaus konnte sich der Schiltron rascher bewegen und sogar besser in die Offensive gehen als die meisten anderen zeitgenössischen Pikenformationen.

Nur vor Pfeilen bot der Schiltron wenig Schutz; meist unterlag er den kombinierten Angriffen der Kavallerie und Bogenschützen, derer sich die englischen Armeen häufig bedienten. Der drohende Angriff der Reiterei zwang die Fußsoldaten in die Defensive. Dann folgte ein Pfeilhagel, der die Formation aufweichte, und die Kavallerie hatte leichtes Spiel. Dies konnte man nur vermeiden, wenn andere Truppen zu Hilfe eilten oder wenn man rasch siegte.

Die Hellebardiere etwa und andere Truppen mit Stangenwaffen konnten die Reiter ebenso auf Distanz halten wie die Pikeniere und auch die gleichen Formationen verwenden. Meist wurde die Kavallerie mit in den Boden gerammten Piken empfangen. Hatte der Reiter den nötigen Schwung, spießte er sich selbst auf; zögerte er beim Angriff, war er leichte Beute für den Fußsoldaten, der nur wenige Meter vortreten musste, um den Reiter mit seiner Waffe anzugreifen.

ANGRIFFSTAKTIKEN

Beim Angriff kam es in erster Linie darauf an, die Spitze der Waffe mit der nötigen Wucht zu versehen. Dies gelang, wenn man die Waffe mit beiden Armen kräftig nach vorne stieß; besser war es allerdings, wenn der Soldat etwas Anlauf nehmen, d. h. selbst angreifen konnte. Das machte es zwar schwieriger, das Ziel zu treffen, verlieh dem Stoß jedoch viel Wucht.

Die Kollision zweier mit Piken oder Speeren bewaffneter Einheiten war eine ausgesprochen blutige Angelegenheit. Auf das anfängliche Blutbad folgte das »Hauen und Stechen«, bei dem beide Seiten versuchten, den Gegner zurückzudrängen. Die Einheit, die sich zuerst auflöste, musste schwere Verluste hinnehmen; wer fiel, wurde niedergetrampelt oder mit der Pike getötet. Kämpfte man mit dem Schwert, musste man näher an den Feind herankommen – d. h. meistens auch hinter die Spitze der längeren Stangenwaffe. Im Nahkampf hatten Hellebardiere einen Vorteil gegenüber den Pikenieren; das Problem war nur, überhaupt so nah an den Feind zu gelangen. Eine Lösung dieses Problems war eine Art Suizidkommando, das den Weg für die hinteren Reihen freimachte. Insbesondere die Schweizer waren für diese Taktik berüchtigt. Meist meldeten sich die betreffenden Soldaten – im Allgemeinen Söldner – freiwillig, weil sie die Regeln ihres Heerführers gebrochen hatten. Überlebte der Soldat, vergab man ihm seine Vergehen und erließ ihm weitere Strafen.

SCHWEIZER PIKE

Die Schweizer kämpften gern mit der Pike, auch als diese auf dem Schlachtfeld beinahe aus der Mode gekommen war. Ihre Truppen waren zwar auch mit anderen Waffen – etwa Hellebarden oder zweihändigen Schwertern – ausgerüstet, doch war es die Pike, die die Schweizer Soldaten in ganz Europa als Söldner so beliebt machte. Die Waffe war eher unhandlich, mangels einer schweren Rüstung konnten sich die Pikeniere jedoch relativ leicht bewegen. Disziplin und Training erlaubten rasche Manöver und sorgten für kohärente Formationen.

In dieser – reichlich fantasievollen – Darstellung (19. Jh.) nehmen es die Speerträger der Kreuzfahrer mit der sarazenischen Kavallerie auf.

Kriegsherren, die ihre Fußsoldaten für nützlicher hielten, als sie bloß als Schutzwall vor die Kavallerie zu stellen, benutzten bis zu einem gewissen Grade auch kombinierte Taktiken. Die Kreuzfahrerarmeen im Heiligen Land beispielsweise bedienten sich häufig einer Taktik, bei der die Speerträger den Feind auf Distanz hielten, während ihn die Bogen- und Armbrustschützen unter Beschuss setzten. Auf diese Weise kaschierten die beiden Truppentypen gegenseitig ihre Schwächen. Die langsam feuernden Armbrustschützen konnten zwar aus der Distanz schießen, waren dabei jedoch angreifbar; die Speerträger wiederum waren in der Defensive stark, konnten ihre leichter gerüsteten oder berittenen Gegner aber nicht erreichen.

Die erfolgreichsten Armeen im Mittelalter machten sich die Infanterie zunutze, indem sie kombinierte Taktiken verwendeten und die Stärken der Fußsoldaten nutzten, anstatt sie einfach vorrücken zu lassen – meist ohne Aussicht auf Erfolg. Eine Infanterie in guter Verteidigungsposition konnte sogar die Reiterei und – wenn sie nahe genug herankam – auch die feindlichen Bogenschützen abwehren.

SONSTIGE PFLICHTEN

Natürlich fand die Kriegsführung öfter außerhalb des Schlachtfelds als darauf statt. Wurden Truppen abkommandiert, stellte das Desertieren ein ernsthaftes

KOMBINIERTE TAKTIKEN

Jeder Truppentyp hat seine Stärken und Schwächen. Kombinierte Taktiken zielen darauf ab, Erstere zu nutzen und Letztere zu kaschieren. Hier bilden die ersten beiden aus Speerträgern bestehenden Reihen eine wirkungsvolle Defensive, die durch die Schilde vor feindlichen Geschossen geschützt wird. Dahinter folgt eine Doppelreihe Armbrustschützen, die abwechselnd nachladen und feuern. So ordentlich waren die Formationen in Wirklichkeit meist nicht, insbesondere dann nicht, wenn der Feind sehr nah heranrückte.

Problem dar, doch gab es auch für das Aufteilen der Truppen gewichtige Gründe. Teile der Infanterie konnten die Umgebung nach Nahrung durchsuchen oder – schlimmstenfalls – plündern; bei den meisten Feldzügen war beides an der Tagesordnung.

Das Verwüsten gehörten zum Krieg einfach dazu: Indem man Ernte und Dörfer des Feindes vernichtete, schadete man ihm sowohl kurz- als auch langfristig ökonomisch. Ein Feind, der finanziell nicht dazu in der Lage war, einen Feldzug zu organisieren oder seine Truppen auszurüsten, war selbstverständlich ein weit weniger mächtiger Gegner als eine militärisch potente Streitkraft.

Fußsoldaten, ob nun mit oder ohne Unterstützung durch Schützen, konnten kleineren feindlichen Gruppen in einem Hinterhalt auflauern, was es diesen erschwerte, sich in unbekanntem Terrain frei zu bewegen. Diese Art des Überfalls war ausgesprochen effektiv. Darüber hinaus eignete sich die leichte Infanterie auch hervorragend dazu, ihrerseits Banden von feindlichen Soldaten, Deserteuren und Banditen abzuwehren – eigentlich Aufgabe der leichten Kavallerie, die nun anderweitig eingesetzt werden konnte. Und schließlich besetzte man mit Fußsoldaten strategisch wichtige Punkte wie Flussfurten, Dörfer und Versorgungsposten.

Auch das Lager der Armee musste mit Wachen besetzt werden, um einerseits Überfälle des Feindes zu verhindern und andererseits die eigenen Männer vom Plündern abzuhalten. Die logistischen Arrangements waren zwar primitiv, doch brauchten sowohl die Vorräte für Soldaten und Pferde als auch die Wagen, in denen all das transportiert wurde, Schutz – eine weitere Aufgabe der Infanterie. Da der Fußsoldat weniger beweglich war als der Reiter und nicht aus so großer

Die französische Illustration aus dem 15. Jahrhundert zeigt die Schlacht von Formigny (1450), in der die Franzosen die Engländer besiegten.

DIE BELAGERUNG JERUSALEMS, 1099

Der übereilte Angriff auf Jerusalem lag darin begründet, dass eine Armee zur Rettung der Stadt nahte. Nach einem ersten erfolglosen Versuch formierten sich die Kreuzfahrer (rot) neu. Den Wendepunkt stellten das Erklimmen der Mauern und das Öffnen eines Stadttors dar, durch das der Großteil der Truppen nun eindringen konnte.

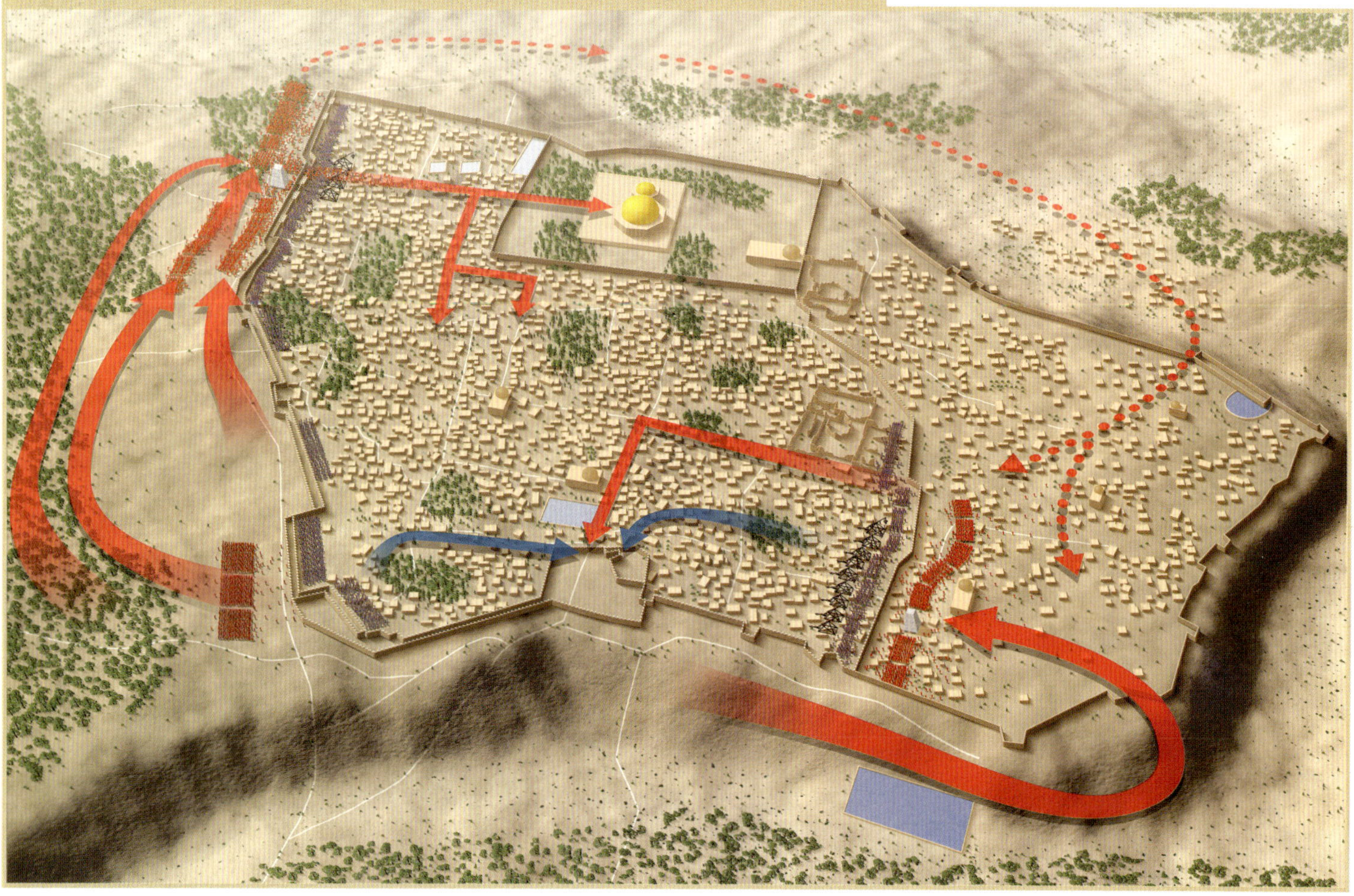

Distanz wie der Bogenschütze kämpfen konnte, lag seine Stärke im Nahkampf. Bei Belagerungen etwa griff die Infanterie an oder schlug den Angriff nieder. Diese Art des Kampfes war naturgemäß sehr individuell und hatte wenig mit groß angelegten Manövern zu tun. Der Fußsoldat begab sich schlicht dorthin, wohin es ihm befohlen wurde, und kämpfte gegen jeden, der ihn daran hindern wollte.

Die Kriegsführung im Mittelalter drehte sich eher darum, wer welche Städte und Burgen in seinen Besitz bringen konnte, denn um das Kämpfen auf dem Schlachtfeld. Es überrascht deshalb kaum, dass die Leistung der Infanterie in der offenen Schlacht, bei der es auf koordinierten Kampf ankam, mittelmäßig war, während man sich im Nahkampf absolut auf sie verlassen konnte.

Ein Grund dafür, warum die Techniken der Infanterie in der Schlacht im Mittelalter wenig fortgeschritten waren, lag darin, dass sie die meiste Zeit über in eher kleinen Einheiten kämpfte – und dass Schlachtfeldtechniken generell nicht so wichtig waren. Die Dominanz über das Schlachtfeld hatten zum größten Teil die Bogenschützen und Reiter. Die Fußsoldaten spielten dabei eine kleinere Rolle; eine effektive Streitkraft an Infanterie aufzustellen, hatte keine Priorität. Da die meisten Fußsoldaten keine ständige Armee bildeten, sondern aus kruzfristig angeheuerten Söldnern bestanden, scheute man sowohl Kosten als auch Mühen.

Der typische Auftritt der Infanterie bestand also darin, auf dem Schlachtfeld aufzutauchen und sich bestmöglich zu schlagen. Bei Belagerungen war sie jedoch unentbehrlich – hier wurde die Entschiedung über das Schicksal ganzer Königreiche getroffen. Der Fall von Städten und Burgen – und nur selten die einzelne Schlacht – entschied den Lauf der Geschichte. Tatsächlich waren die meisten Schlachten mit Belagerungen verbunden.

Bei den Fußsoldaten kam es demnach auf die Fähigkeiten jedes Einzelnen an, nicht so sehr darauf, ob sie sich in größeren Einheiten schlagen konnten. Ob sie sich auf dem Schlachtfeld bewährten, war weniger wichtig als ihre Fähigkeit, eine Festung stürmen zu können.

JERUSALEM, 1099

In dieser Illustration (1910) erklimmen die Kreuzfahrer mit Sturmleitern und Belagerungsturm die Mauern von Jerusalem.

Ziel des Ersten Kreuzzugs war es, Jerusalem unter europäische Kontrolle zu bringen. Nach zahlreichen Verhandlungen und auch Schlachten erreichte die Armee der Kreuzfahrer 1099 endlich die Heilige Stadt. Zu diesem Zeitpunkt war die Armee bereits drei Jahre unterwegs – Kräfte und Vorräte wurden allmählich knapp.

Schwer befestigt war Jerusalem nicht, aber dennoch befestigt – und eine Belagerung konnten sich die Kreuzritter nicht leisten. Eine Armee zur Rettung der Stadt war ebenfalls auf dem Weg; die Kreuzfahrer mussten also rasch in die Stadt gelangen, wenn sie überleben wollten.

Dies stellte sie vor eine Reihe von Problemen: Holz zum Herstellen von Belagerungsgerät gab es kaum; darüber hinaus war unter den Anführern der Kreuzfahrer ein Streit ausgebrochen. Der erste Versuch, die Stadt mittels einer Sturmleiter einzunehmen, scheiterte.

Nachdem die Kreuzfahrer unter großen Schwierigkeiten nun doch an Holz gelangt waren, unternahmen sie einen zweiten Versuch – dieses Mal mit Belagerungstürmen und einem Rammbock sowie einer Artillerie, um die Stadt unter Beschuss zu setzen.

Die Streitigkeiten unter den Anführern sorgten dafür, dass zwei Angriffe mehr oder weniger gleichzeitig stattfanden, einer von Norden und einer von Süden. Der nördliche verlief besser als der südliche, bei dem der Belagerungsturm in Brand gesteckt wurde.

Jerusalem war von einer kleinen Außenmauer umgeben, durch die im Norden der Rammbock brach, sowie von einer dickeren Innenmauer, die man mit dem Belagerungsturm angriff. An anderen Stellen versuchte man es mit Sturmleitern. Einige Kreuzfahrer konnten in die Stadt gelangen; sie kämpften sich zum Josaphat-Tor vor und öffneten es – der Hauptangriff konnte beginnen.

Als die südliche Truppe davon hörte, versuchte sie es erneut mit Sturmleitern, was immer eine Verzweiflungstat war, da die Männer, die die Mauern zuerst erstürmten, den Verteidigern fast schutzlos ausgeliefert waren. Der Kampf hing von persönlicher Kampftüchtigkeit sowie von der jeweiligen Rüstung und den Waffen ab.

Nach erbitterten Kämpfen brach die Defensive jedoch zusammen, und die Kreuzfahrer folgten den letzten Verteidigern in die Zitadelle. Diese kapitulierte bald darauf, was darauf schließen lässt, dass die Angreifer massiv in der Überzahl waren. Doch die Kapitulation brachte den Verteidigern der Heiligen Stadt nicht viel: Als die Verstärkung eintraf, hatten die Kreuzfahrer alle Gefangenen massakriert.

Schützen

Die Waffen der Schützen waren »Schusswaffen« im Gegensatz zu »Stoßwaffen«. Sie zermürbten den Gegner, statt die feindliche Formation zu sprengen und ihn damit vom Schlachtfeld zu vertreiben. Kombinierte Taktiken – etwa das Zusammenwirken in den englischen Armeen zwischen Bogenschützen und schwerer Kavallerie – waren ausgesprochen effektive Maßnahmen. Doch manchmal waren auch die Bogenschützen allein für den erfolgreichen Ausgang der Schlacht verantwortlich.

Diese Szene aus dem Hundertjährigen Krieg (1337–1453) belegt die Präferenz der Engländer für Langbogen und die der Franzosen für Armbrüste. Die dargestellten Bogenschützen sind jedoch besser ausgerüstet, als dies in Wirklichkeit der Fall war.

Englische Bogenschützen besiegen die Franzosen bei Poitiers (1356). Dass nicht-adelige Krieger derart zentral dargestellt werden, zeigt, wie angesehen Schützen im Mittelalter waren.

Schützen waren für jede mittelalterliche Armee unentbehrlich. Während bereits Plänkler mit leichten Bogen oder Wurfspießen stets irgendwo auftauchen und den Gegner zermürben konnten, brachten die mit stärkeren Bogen oder Armbrüsten bewaffneten Soldaten dem Feind ernsthafte Verluste bei.

Besonders nützlich waren Schützen wie etwa Bogenschützen bei Belagerungen oder Seeschlachten; hier war der Angriff aus einiger Entfernung oft die einzige Möglichkeit, dem Feind zu Leibe zu rücken. Als gut organisierte Truppe erwiesen sich die Schützen jedoch auch auf dem Schlachtfeld als potente Streitkraft, und so genossen sie meist größeres Ansehen als der Rest der Infanterie.

Am berühmtesten der mittelalterlichen Schützen ist sicherlich der englische Langbogenschütze, wobei der Bogenschütze generell als Archetyp gelten kann. In einigen Gegenden bevorzugte man aus verschiedenen Gründen jedoch Armbrustschützen. Zum einen konnte man einen Armbrustschützen schneller ausbilden als einen Bogenschützen; zum anderen bot die flachere Flugbahn des Armbrustbolzens unter bestimmten Bedingungen besondere Vorteile. Und nicht zuletzt konnte man mit einer Armbrust gegen eine Rüstung auch wesentlich mehr ausrichten als mit Pfeil und Bogen.

Wurfwaffen wie z. B. Wurfspieße waren im Mittelalter weniger wichtig, wenngleich einige Plänkler damit beeindruckende Erfolge erzielen konnten. Das »Nachladen« war bei Wurfwaffen allerdings viel schwieriger; zudem hatten Pfeile eine größere Reichweite.

Feuerwaffen kamen im Mittelalter gerade erst auf, und es dauerte, bis sie sich zu einem nützlichen Arsenal entwickelt hatten. Zunächst waren sie höchst unzuverlässig und umständlich zu handhaben, doch allmählich wurden daraus Waffen, die in ihren Auswirkungen der Armbrust gleichkamen.

Angeführt wurden die Schützen meist von einem der ihren, d. h. von einem gemeinen Soldaten. In der Schlacht jedoch standen sie unter dem Kommando eines Adligen – eine begehrte Aufgabe, da die Schützen wie erwähnt einen recht hohen Status innehatten.

Ein Ritter, der das Kommando über einen schlecht bewaffneten Haufen Bauern hatte, beneidete seinen Nachbarn, der eine Kompanie Bogenschützen befehligte, nicht ohne Grund: Wie sich eine Truppe schlug, warf natürlich immer auch ein Licht auf ihren Anführer. Und Bogen- oder Armbrustschützen erzielten in aller Regel gute Ergebnisse in der Schlacht. Mit Bauernsöldnern, die im Ernstfall flohen oder sich niedermetzeln ließen, war dagegen kaum Staat zu machen.

SLUIS, 1340

Die Schlachten des Hundertjährigen Krieges zwischen England und Frankreich fanden zwar meist zu Land statt – wobei französische Ritter gegen englische Langbogenschützen kämpften –, es gab jedoch auch Ausnahmen.

Zur Seeschlacht von Sluis kam es, als der englische König Eduard III. Truppen in Brügge im heutigen Belgien anlanden wollte. Da keine Seite über Kriegsgaleeren verfügte, benutzte man stattdessen umgebaute Handelsschiffe. Die zivilen Koggen waren mit sogenannten Achter- und Bugkastellen, Rampen zum Kämpfen und einer kleinen Feuerstellung am Masttopp ausgestattet.

Die englische Flotte war zwar kleiner, aber besser gerüstet: 3000 bis 4000 Bogenschützen und rund 1500 Soldaten, dazu verschiedene bewaffnete Matrosen und Truppen ähnlich niedrigen Ranges. Die Franzosen hatten etwa 150 Soldaten und fast 20 000 bewaffnete Matrosen sowie rund 500 Armbrustschützen.

Die Seeschlacht von Sluis entwickelte sich rasch zu einem riesigen schwimmenden Handgemenge: die Schiffe Bord an Bord, die Krieger Mann gegen Mann.

Als die Engländer in die Mündung des Flusses Zwyn segelten, wartete die französische Flotte bereits auf sie. Die darauf folgende Schlacht war keine Seeschlacht im klassischen Sinn, sondern ähnelte eher einer Schlacht an Land. Anfangs waren die französischen Schiffe aneinandergekettet, damit die Engländer nicht durchbrachen – damit war jedoch auch die französische Seemannskunst nutzlos. Die meisten Schiffe konnten sich zwar befreien und begannen zu manövrieren, doch da war es bereits zu spät.

Die englische Streitmacht hatte sich in drei Linien formiert, auf den vordersten Schiffen waren die Langbogenschützen postiert. Diese setzten die französischen Schiffe unter Beschuss, als die Flotten aufeinanderzusegelten; die Franzosen mussten schwere Verluste hinnehmen. Sie erwiderten das Feuer mit Armbrustbolzen, doch waren die Engländer in dieser Art Kampf weitaus besser geschult. Kam ein Schiff nahe genug heran, warf man Enterhaken und verwickelte den Gegner in Zweikämpfe.

Auch hier hatten die Engländer einen entscheidenden Vorteil, obwohl die Franzosen in der Überzahl waren. Die gut ausgerüsteten professionellen Kämpfer bekamen Deckung von den Bogenschützen, die sich an erhöhten Stellen auf dem eigenen Schiff postiert hatten, und konnten den Gegner so mühelos überwältigen. Die französischen Soldaten wehrten sich zwar verbissen, konnten letztlich jedoch nur unterliegen. Die englische Streitmacht hatte sogar so wenig Verluste zu beklagen, dass jedes einzelne englische Schiff es problemlos mit mehreren französischen Schiffen nacheinander aufnehmen konnte.

So wurde aus der Seeschlacht ein einziges riesiges Handgemenge; über die ganze Flussmündung verstreut waren die Schiffe Bord an Bord ineinander verkeilt. Die Niederlage komplett machten flämi-

DIE SEESCHLACHT VON SLUIS, 1340

Die Franzosen (blau) setzten in der Schlacht von Sluis darauf, ihre Schiffe aneinanderzuketten, damit die Engländer (rot) nicht durchbrechen konnten. Dies beraubte sie jedoch auch ihrer Manövrierfähigkeit. Mit ihren vielen Soldaten und Bogenschützen hatten die Engländer den entscheidenden Vorteil über die Franzosen. Insbesondere die Bogenschützen in der Takelage der englischen Schiffe waren ungeheuer effektiv.

sche Schiffe, die den Engländern aus Sluis und anderen nahe gelegenen Hafenstädten Verstärkung brachten. Sie griffen die Franzosen hinterrücks an, die Schlacht war verloren.

Einer der Gründe dafür bestand darin, dass die englischen Langbogenschützen den französischen Armbrustschützen überlegen waren. Den Sieg brachten zwar die Soldaten ein, doch war dies nur möglich, weil die Langbogenschützen den Gegner so überaus effektiv unter Beschuss gesetzt hatten.

DIE HISTORISCHE PERSPEKTIVE

Der Nahkampf mit dem Feind war naturgemäß eine risikoreiche Angelegenheit – ob dieser Feind nun ein Beutetier oder ein Mensch war. Also entwickelte man Strategien, aus einiger Entfernung zu kämpfen.

Die frühesten Streitkräfte der Menschheitsgeschichte bestanden aus primitiven jagenden Banden, die mit ihresgleichen in den Krieg zogen. Zu diesen frühen Jäger-Kriegern gehörten auch Männer, die mit Keulen und Speeren bewaffnet waren, sowie solche, die mit Bogen und Wurfspießen kämpften. Mit fortschreitender Technologie wurden die Waffen immer brutaler und der Schutz davor immer besser, doch die Kriegerbanden blieben über Jahrhunderte hinweg die typische Truppenform.

Diese Art von gemischten Streitkräften ist nicht besonders effizient, weshalb man die Männer, die mit Pfeil und Bogen kämpften, allmählich von den Handwaffenkriegern trennte. Dies ermöglichte es jeder Einheit, das zu tun, was sie am besten konnte: Beschusstaktik oder Stoßtaktik. Im Mittelalter wurden daraus nach und nach organisierte Truppen, wobei die Schützen mit Pfeil und Bogen, Armbrüsten oder anderen Waffen ausgerüstet sein konnten.

Das Aufkommen von Feuerwaffen bot zunächst keinen zusätzlichen Vorteil. Primitive Kurzwaffen hatten eine kürzere Reichweite und waren zudem unzuverlässiger als Armbrüste; meist gefährdeten sie auch die eigenen Kameraden. Der einzige wirkliche Vorteil war psychologischer Natur: Krach und Rauchentwicklung waren enorm. Allerdings konnte leichter nachgeladen werden – wozu man natürlich Schießpulver benötigte. Hatte man dazu keinen Zugang, nützte auch die beste Feuerwaffe nichts.

Aus diesem Grund war es wieder einmal die herrschende Klasse, die vom Aufkommen der Feuerwaffen und dem damit verbundenen Niedergang von Bogen und Armbrüsten profitierte; denn die Rüstung eines Ritters konnte von einem Pfeil oder Armbrustbolzen durchbohrt werden – je weniger es davon gab, desto besser.

Kanonen waren dagegen von größerem Nutzen, da man sie bei Belagerungen einsetzen konnte. Doch konnte man sie aufgrund ihrer Größe und ihres Gewichts

König Eduard III. (1312–1377) in Kriegsrüstung. Eduard setzte seine Bogenschützen strategisch ein; sie dankten es ihm, indem sie ihm in mehreren wichtigen Schlachten den Sieg bescherten.

Oben: *Manchmal tauchten auch Bogenschützen in Rüstungen auf dem Schlachtfeld auf. Die meisten konnten sich diese Art Schutz jedoch nicht leisten; er war auch weniger nötig, da die Schützen auf Distanz kämpften.*

auch wesentlich weniger leicht handhaben als beispielsweise die Feuerwaffen der Infanterie. Einige Historiker sind der Meinung, dass Langbogen selbst im Jahr 1815 noch ausgesprochen praktische Waffen gewesen wären – in der Schlacht bei Waterloo etwa weitaus schneller und aus größerer Entfernung abzufeuern als die Musketen, die dort zum Einsatz kamen. Man kann also eigentlich nicht sagen, dass Feuerwaffen den Bogen und Armbrüsten überlegen gewesen wären; sie haben sie deshalb vom Schlachtfeld verdrängt, weil man im Gebrauch der Feuerwaffe leichter ausgebildet werden konnte.

HALIDON HILL, 1333

Die Schlacht bei Halidon Hill in Northumbria war möglicherweise die erste Gelegenheit, bei der die englischen Bogenschützen ihre Macht demonstrieren konnten; hier etablierten sich die Taktiken, die sich in nachfolgenden Schlachten als so ausgesprochen erfolgreich erweisen sollten.

Ärger zwischen England und Schottland gab es schon immer, doch 1333 sollte er sich zu einem Krieg auswachsen, als sich der englische König Eduard III. in schottische Erbfolgestreitigkeiten einmischte. Die Engländer rückten auf Berwick vor und belagerten die Stadt. Das Stadtoberhaupt stimmte – wie es damals üblich war – einer Kapitulation zu, es sei denn, er erhielt massive Verstärkung oder die Engländer wurden in der Schlacht geschlagen, was auf dasselbe hinauslief.

Als Kapitulationsdatum war der 19. Juli angesetzt; die Schotten mussten also schnell handeln. Das taten sie auch: Am 18. Juli erreichten sie Berwick mit einer Armee von rund 1150 Rittern und berittenen Soldaten sowie 13 500 Fußsoldaten. Die Infanterie bestand fast zur

Rechts: *Eduard III. unterstützt Edward Balliol im Kampf um die schottische Krone gegen David II. in der Schlacht bei Halidon Hill (1333).*

Gänze aus Pikenieren; diese hatten zwar kaum Rüstungen, dafür aber umso mehr Mut, was sie zu dieser Zeit durchaus über den Durchschnitt erhob.

Um das zu bekommen, was sie wollten – die Kapitulation Berwicks –, mussten die Engländer einzig eines tun: in der Schlacht den Sieg davontragen. Deshalb zog Eduard seine Armee auf dem Halidon Hill zusammen und wartete auf den Angriff des Gegners. Er war mit 9000 Mann zwar in der Unterzahl, hatte aber eine gute Ausgangsposition – und befehligte eine große Anzahl von Langbogenschützen.

Die Kombination von sumpfigem Untergrund und hügeligem Gelände machte einen Angriff der Kavallerie unmöglich, weshalb die schottischen Soldaten abstiegen und in vier Reihen Infanterie vorrückten. Doch auch sie hatten mit dem unwegsamen Terrain zu kämpfen; darüber hinaus wurden sie die ganze Zeit von den Bogenschützen auf dem Hügel über ihnen unter Beschuss gesetzt. Aus ihrer Position heraus mussten die Langbogenschützen die Pikeniere treffen; wenn ihre Pfeile sogar Ritterrüstungen durchbohren konnten, waren ihnen die Pikeniere umso schutzloser ausgeliefert.

Und doch schafften es die Schotten irgendwie den Hügel hinauf und griffen mit gesenkten Piken an. Sie trieben die Engländer sogar ein wenig zurück. Doch schließlich waren sie erschöpft, und die Engländer starteten mit frischen Truppen einen Gegenangriff. Sie jagten die Schotten den Hügel hinab und über den Sumpf zurück.

Zeitgenössischen Historikern zufolge verlor Schottland in der Schlacht bei Halidon Hill über 4000 Mann, darunter viele Ritter. Die Engländer beklagten den Verlust eines Ritters, eines Esquires und eines Dutzends Fußsoldaten.

Warum die Verluste so unterschiedlich schwer waren, liegt auf der Hand. Die Schotten griffen mit großem Mut an und rückten unablässig vor, auch wenn unzählige Krieger dabei fielen. Sie bewegten sich auf schwierigem Terrain und wurden schwer beschossen. Als es endlich zum Nahkampf kam, waren sie erschöpft, die gegnerische Infanterie jedoch frisch und beinahe ausgeruht. In dieser Schlacht waren die Schotten zur Niederlage verdammt, bevor der Kampf überhaupt begonnen hatte.

Bogenschützen beim Nachlegen der Pfeile und beim Schießen. Auffällig sind die dynamischen Haltungen der Soldaten (siehe S. 162).

BOGENSCHÜTZEN

Um aus einem Mann einen guten Bogenschützen zu machen, bedarf es mehr, als ihm lediglich Pfeil und Bogen in die Hand zu drücken. Die Bogenschützen des mittelalterlichen Europa genossen eine ganz besondere Ausbildung, die auch kulturelle Wurzeln hatte. Im Krieg kämpften sie mit der eigenen Waffe; darüber hinaus trugen sie eine Seitenwaffe wie einen Dolch oder ein Schwert.

ENGLISCHER BOGENSCHÜTZE UND RITTER (1415)

DIE LANGBOGENSCHÜTZEN VON AGINCOURT

Der Bogenschütze hat sich vorbereitet, indem er mehrere Pfeile vor sich in den Boden gesteckt hat. Wahrscheinlich dienen diese als Reserve für die Endphase der Schlacht; vorher lädt der Schütze aus dem Köcher nach. Vor der Kavallerie schützt er sich durch einen in den Boden gerammten Spieß. Zudem trägt er eine Seitenwaffe – in diesem Fall einen kurzen Säbel, ein Mittelding zwischen Messer und Schwert, oder manchmal auch ein Krummschwert.

Einige Bogenschützen trugen eine Rüstung oder einen Helm. Doch war es das zusätzliche Gewicht meist nicht wert, und so griffen viele von ihnen auf ein wattiertes oder Lederwams und einen Leichtmetallhelm zurück. Die Pfeile für die Schlacht trugen sie in Köchern an ihrer Seite; wollte der Bogenschütze jedoch eine bestimmte Schussposition einnehmen, musste er die Pfeile vor sich am Boden haben. Die Pfeile gingen rasch aus und waren so schwer, dass man sie nicht massenweise mit sich herumschleppen konnte. Um an mehr Pfeile zu gelangen, gab es zwei Möglichkeiten. Den Schützen in einer organisierten Einheit standen Wagenladungen voll von Pfeilen und ein System zur Verfügung, das sicherstellte, dass ihnen diese Pfeile auch gebracht wurden. Die zweite Möglichkeit bestand im Aufsammeln am Boden liegender Pfeile – meist der des Gegners, die während einer Schlacht also mehrmals die Seiten wechselten. Gab es allerdings weniger feindliche Bogenschützen, gab es auch weniger Pfeile zum Zurückschießen. In der Schlacht bei Hastings im Jahr 1066 etwa schossen die wenigen angelsächsischen Bogenschützen so wenig Pfeile zurück, dass den schnell feuernden normannischen Bogenschützen rasch die Munition ausging.

Konnte der Feind vor den Bogenschützen aufgehalten oder sogar zurückgedrängt werden, sammelten die Schützen die eigenen Pfeile auf. Dies geschah

Oben: Normannische Bogenschützen auf dem Teppich von Bayeux. In der Schlacht bei Hastings waren sie nur deswegen nicht so effektiv, weil es ihnen an Munition mangelte.

in der Schlacht von Crécy 1346: Hier verließen die Bogenschützen zwischen den Angriffen der Franzosen die eigenen Reihen und holten sich ihre Pfeile wieder.

Ohne Nachschub war der Bogenschütze allerdings zur Ineffektivität verdammt. Er hatte die Wahl: Er konnte in der verzweifelten Suche nach Pfeilen auf dem Schlachtfeld umherirren, sich aus der Schlacht zurückziehen oder wie der gewöhnliche Fußsoldat mit der Seitenwaffe weiterkämpfen. Es sagt sicherlich viel über das Ansehen der Bogenschützen in der damaligen Zeit aus, dass ihnen die Pfeile für gewöhnlich nicht ausgingen.

ARMBRUSTSCHÜTZEN

Wie andere Schützen trugen auch Armbrustschützen meist zusätzlich eine Seitenwaffe zu ihrem persönlichen Schutz. Darüber hinaus war ihnen eine schwerere Rüstung nicht so sehr im Weg wie den Bogenschützen – im Nahkampf ein großer Vorteil. Doch war der Nahkampf schlicht nicht die Aufgabe der Armbrustschützen, weshalb sie ihn wann immer möglich mieden.

Die Armbrust war um einiges einfacher zu handhaben als der konventionelle Bogen, war dem Schützen das Laden und Entsichern der Waffe erst einmal geläufig. Zu der recht schweren Rüstung der Armbrustschützen gesellte sich manchmal noch ein spezieller Schild, die sogenannte Pavese. Der sehr große Schild stand auf einer Art Sockel und konnte beim Vorrücken mit nach vorne bewegt werden. Musste der Schütze nachladen, bot die Pavese einen gewissen Schutz; er musste sich überhaupt nur zum Schießen dahinter hervorwagen.

In einigen früheren Kulturen wurde der Bogenschütze von einem Schildträger begleitet. Dies war allerdings wenig effektiv und deshalb auch nicht weit verbreitet. Der Armbrustschütze verbrachte jedoch wesentlich mehr Zeit mit Nachladen als mit Schießen – für ihn war der Schild durchaus sinnvoll.

Rechts: Zwei Armbrustschützen suchen hinter einer Pavese Schutz – für die schwere Waffe brauchte man eine Kurbel –, ein dritter schützt mit dem Schild seinen Rücken, während er nachlädt.

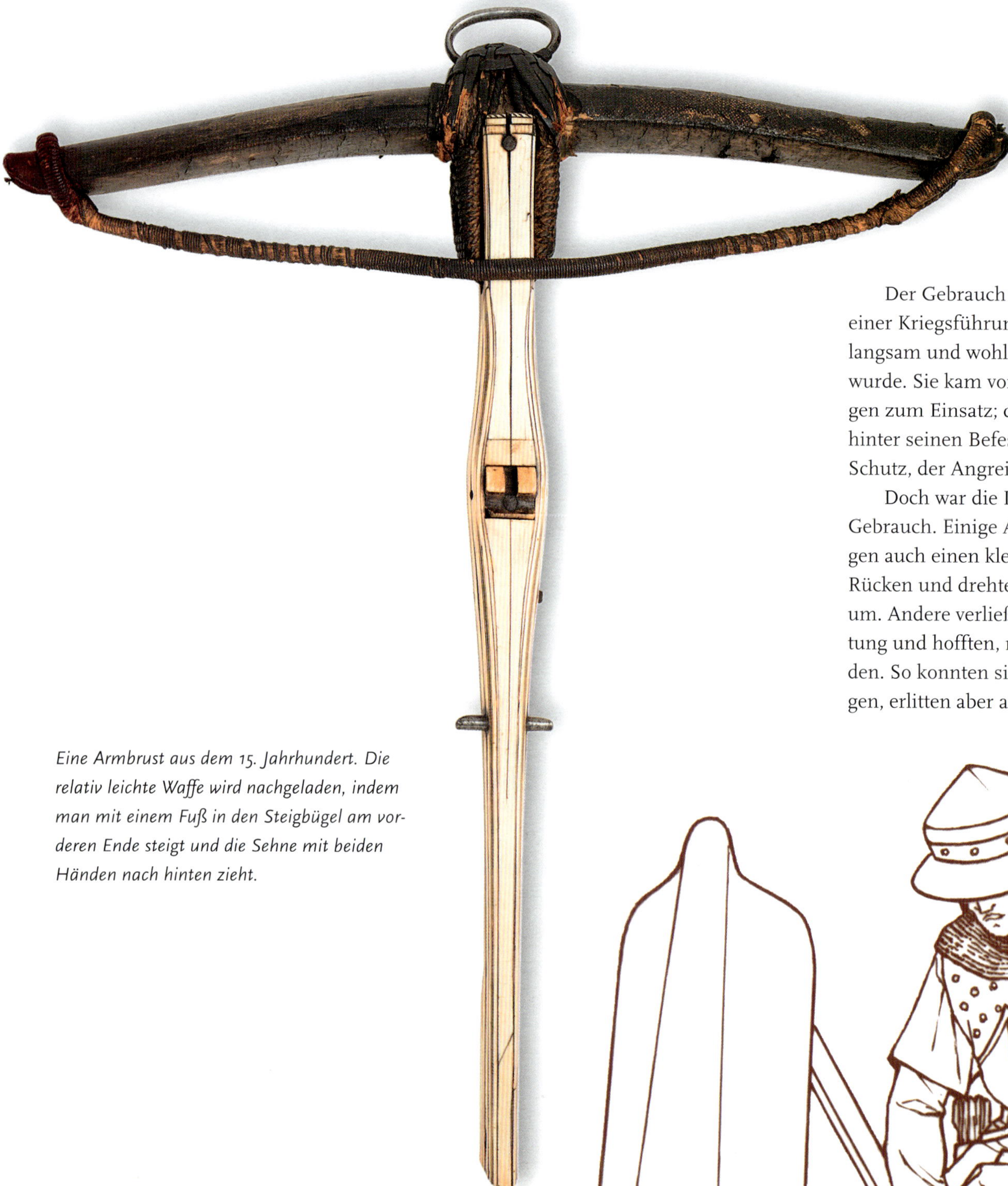

Der Gebrauch der Pavese führte zu einer Kriegsführung, bei der der Feind langsam und wohlüberlegt zermürbt wurde. Sie kam vor allem bei Belagerungen zum Einsatz; der Verteidiger fand hinter seinen Befestigungsmauern Schutz, der Angreifer hinter dem Schild.

Doch war die Pavese nicht überall in Gebrauch. Einige Armbrustschützen trugen auch einen kleineren Schild auf dem Rücken und drehten sich beim Nachladen um. Andere verließen sich auf ihre Rüstung und hofften, nicht getroffen zu werden. So konnten sie sich zwar freier bewegen, erlitten aber auch größere Verluste.

Eine Armbrust aus dem 15. Jahrhundert. Die relativ leichte Waffe wird nachgeladen, indem man mit einem Fuß in den Steigbügel am vorderen Ende steigt und die Sehne mit beiden Händen nach hinten zieht.

ARMBRUSTSCHÜTZE

Dieser Armbrustschütze (15. Jh.) sucht beim Nachladen hinter der Pavese Schutz. Der höchstwahrscheinlich professionelle Infanterist – vielleicht ein Söldner – trägt eine relativ schwere Rüstung, die einen Bogenschützen nur behindert hätte. Da der Armbrustschütze hinter dem Schild lädt und schießt, ist er vor Gegenfeuer relativ sicher; sollte ihm der Gegner wirklich einmal zu nahe kommen, muss er einen letzten Armbrustbolzen abfeuern und dann sein Schwert ziehen.

ALMOGÀVERS-FUSSSOLDAT

Die Almogàvers stammten ursprünglich aus den Pyrenäen, wurden später aber auch in anderen Teilen Spaniens rekrutiert. Die äußerst mobilen Söldner dienten in verschiedenen Gegenden Europas. Ihre Ausrüstung war leicht, zu den schweren Wurfspießen trugen sie ein Schwert oder einen Dolch. Zusätzlichen Schutz bot ein Helm. Meist wurden sie als Plänkler eingesetzt, doch verfügten die Almogàvers über eine sehr gute Disziplin. Sie waren vor allem im Kampf gegen die Kavallerie ausgebildet. Sie warfen ihren Spieß aus relativ kurzer Distanz und zielten dabei eher auf die Pferde als auf die Reiter. War dieser erst einmal vom Pferd geholt, wurde er mit Schwert oder Dolch getötet.

Die Armbrust ist eine relativ langsam feuernde Waffe; beim Nachladen ist der Schütze ohne Schild deshalb verhältnismäßig gefährdet. Diesen wunden Punkt versuchte man zu umgehen, indem die Einheit selten Salven abfeuerte. Während die einen schossen, luden die anderen nach, suchten sich ein Ziel und schossen selbst, während die Kameraden nun ihrerseits nachluden – eine ideale Taktik, um dem Angriff des Feindes mit einer solchen Waffe zu begegnen.

Vielerorts herrscht die Meinung vor, dass Bogenschützen viel öfter feuern konnten als Armbrustschützen, und zu Beginn einer Schlacht war dies auch tatsächlich der Fall. Doch im Verlauf der Schlacht ermüdeten die Männer natürlich, und da es weniger kräftezehrend war, mit einer Armbrust zu schießen, hielten diese Schützen das Feuer konstanter aufrecht. Alles in allem wird sich das Feuern der Schützen etwa ausgeglichen haben.

SCHLEUDERN UND WURFSPIESSE

Im Mittelalter war die Schleuder bereits weitgehend aus der Mode gekommen, obwohl sich einige Armeen ihrer noch bedienten. Meist handelte es sich bei den entsprechenden Spezialisten um Söldner oder um Angehörige eines Stammes, die einen Pakt mit ihren »zivilisierteren« Nachbarn geschlossen hatten. Eine Schleuder war einfach herzustellen, Munition gab es ebenfalls zuhauf; die Waffe effektiv einzusetzen erforderte allerdings einige Geschicklichkeit. Mit zunehmender »Verstädterung« ging die Kunst des Jagens mit der Schleuder allmählich verloren; jemanden aufzutreiben, der sich im Gebrauch der Schleuder auskannte, war relativ schwierig.

Zunächst einmal brauchte man zum Werfen eines Schleudergeschosses Platz. Zudem konnte ein Fehler beim Timing des Abschießens ernsthafte Folgen haben. Die beiden Faktoren machten die Schleuder in der mittelalterlichen Armee unüblich, da bei dieser die Truppen eher zu kompakten Einheiten zusammengeschlossen waren. Auch bei Belagerungen war die Schleuder wenig nützlich. Für den Bogen- oder Armbrustschützen stellten Befestigungen kein so großes Hindernis dar; ein Krieger mit Schleuder war da schon wesentlich schlechter gestellt.

Die Stabschleuder eignete sich besonders für größere Projektile wie z. B. Gefäße mit gebranntem, ungelöschtem Kalk. Einigen Quellen zufolge verwendete man

Die Szene vom Teppich von Bayeux zeigt Fußsoldaten, die Speere auf normannische Ritter werfen. Ein schwerer Wurfspieß hatte eine enorme Wucht; damit konnte man sogar Rüstungen durchdringen.

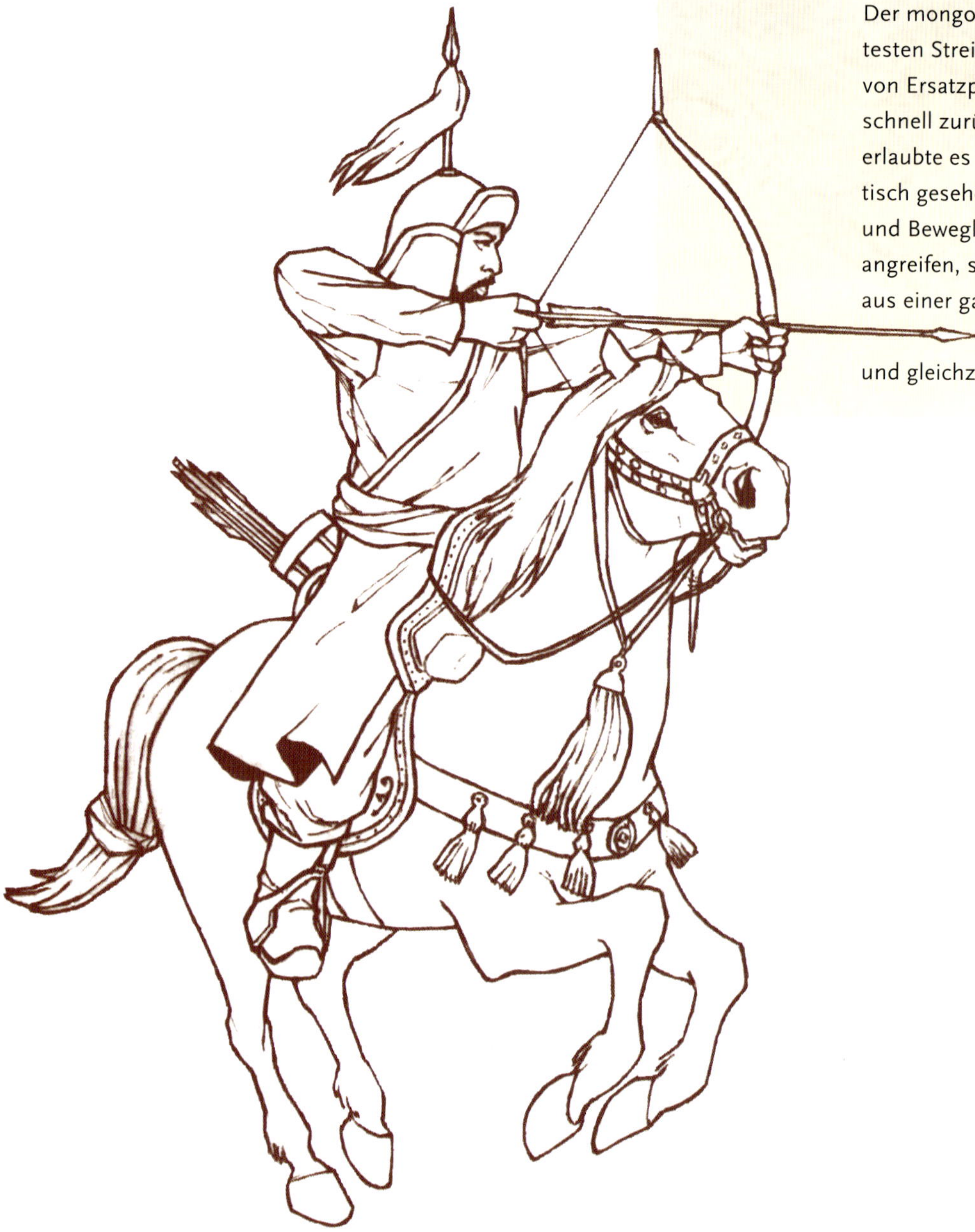

MONGOLISCHER BOGENSCHÜTZE

Der mongolische berittene Bogenschütze gehörte zu den potentesten Streitkräften im Mittelalter. Meist führte er eine Reihe von Ersatzponys mit sich und konnte große Entfernungen sehr schnell zurücklegen. Diese strategisch wichtige Mobilität erlaubte es ihm, fast überall überraschend zuzuschlagen. Taktisch gesehen, vereinte der berittene Bogenschütze Feuerkraft und Beweglichkeit; er konnte an der Schwachstelle des Feindes angreifen, sich im Bedarfsfall rasch zurückziehen und plötzlich aus einer ganz anderen Richtung wieder auftauchen. Dafür musste er aber auch zielsicher schießen können und gleichzeitig das Pferd unter Kontrolle haben.

Schleudern vor allem auch auf Schiffen, da die Feuchtigkeit dort den Bogen wenig zuträglich war.

Krieger mit Wurfspießen waren im Mittelalter ebenfalls nicht mehr so weit verbreitet wie zuvor, und zwar aus ähnlichen Gründen. Die Waffen hatten eine recht kurze Reichweite, erforderten aber große Geschicklichkeit und viel Platz. Selbst relativ leichte Wurfspieße waren immer noch unhandlich und sehr zeitaufwendig in der Herstellung. Eine ganze Schlacht lang für Nachschub zu sorgen war deshalb problematisch. Wie die Schleuderwerfer waren auch die Männer, die mit Wurfspießen kämpften, Söldner aus bestimmten Stammesgemeinschaften, die sonst der Jagd nachgingen. Die meisten waren nützlich – aber unzuverlässig. Bei Belagerungen konnten sie wenig ausrichten, dafür aber hinterher umso besser plündern. Krieger mit Schleudern oder Wurfspießen bevorzugten Bewegungsfreiheit und gingen dem Nahkampf aus dem Weg; eine schwere Rüstung brauchten sie deshalb nicht.

BERITTENE BOGENSCHÜTZEN

Die Kombination von Feuerkraft und Beweglichkeit, die dabei herauskam, wenn man einen Schützen auf ein Pferd setzte, war sicherlich reizvoll; einen wirklich guten berittenen Bogenschützen auszubilden war allerdings nicht einfach. Natürlich konnte man Bogen- und Armbrustschützen billige Pferde zur Verfü-

MONGOLENSATTEL

Sättel waren für berittene Krieger von großer Bedeutung. Der mongolische Sattel bestand aus einem mit Leder überzogenen Holzrahmen; ihn zierten zahlreiche Silberornamente. Zu den Traditionen des mongolischen Volkes gehörte das Segnen des Sattels, bevor der Reiter auf die Jagd ging oder in den Krieg zog.

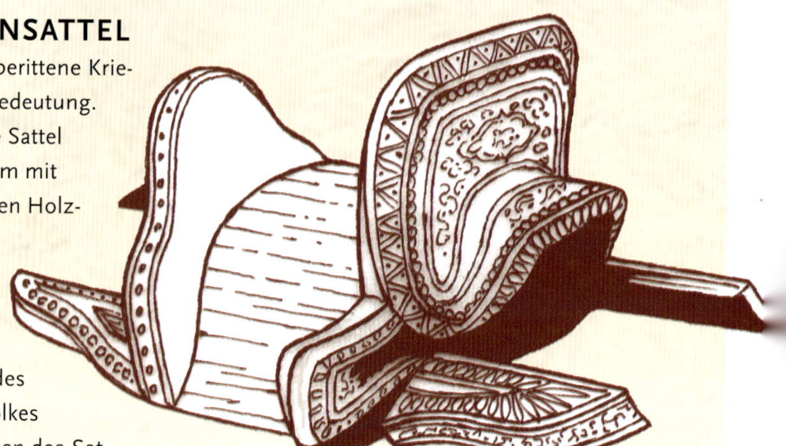

MONGOLISCHER BERITTENER BOGENSCHÜTZE – AUSRÜSTUNG

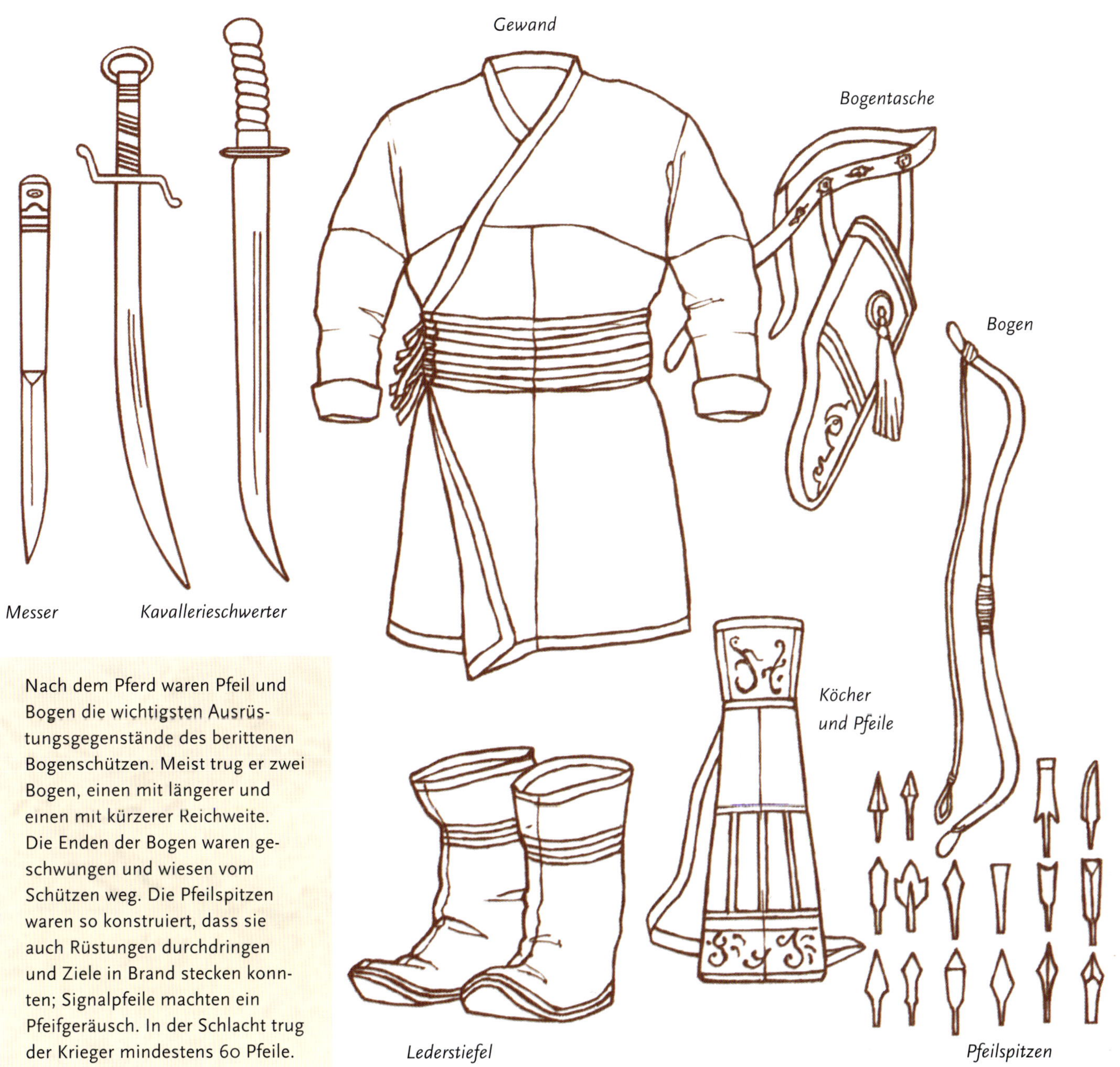

Nach dem Pferd waren Pfeil und Bogen die wichtigsten Ausrüstungsgegenstände des berittenen Bogenschützen. Meist trug er zwei Bogen, einen mit längerer und einen mit kürzerer Reichweite. Die Enden der Bogen waren geschwungen und wiesen vom Schützen weg. Die Pfeilspitzen waren so konstruiert, dass sie auch Rüstungen durchdringen und Ziele in Brand stecken konnten; Signalpfeile machten ein Pfeifgeräusch. In der Schlacht trug der Krieger mindestens 60 Pfeile.

gung stellen; die Krieger ritten, wohin sie wollten, und stiegen zum Kämpfen ab. Dies war in der Tat der Ursprung der Dragoner: Aus anfänglich berittenen Fußsoldaten entwickelten sich allmählich »echte« Reiter.

Doch wenn aus zu Fuß kämpfenden Bogen- oder Armbrustschützen plötzlich berittene Krieger werden sollten, warf das Probleme auf. Zum einen büßten sie ihre Beweglichkeit ein, sobald sie abstiegen; und das Auf- und Absteigen dauerte seine Zeit, insbesondere, wenn es sich nicht um erfahrene Reiter handelte. Zum anderen wusste man nicht so recht, was aus dem Pferd werden sollte, während der Krieger schoss. Die Tiere mussten in der Nähe bleiben und am Wegtraben gehindert wer-

MONGOLISCHER LAMELLENPANZER

Mongolische Krieger trugen entweder eine leichte Tunika aus Pelz und Leder oder einen schwereren Lamellenpanzer. Er bestand aus einem Unterkleid, an dem ähnlich wie beim Ketten- oder Schuppenpanzer Metallstreifen befestigt waren. Die Lamellen waren recht schmal und überlappten einander, was für die nötige Bewegungsfreiheit sorgte. Meist war der Lamellenpanzer noch mit zusätzlichen Platten wie etwa einer Unterarmschiene verstärkt.

Helm

Lamellenpanzer

Unterarmschiene

FRÜHE FEUERWAFFEN

Dieser hussitische Fußsoldat ist mit einer Donnerbüchse bewaffnet, einer der frühesten Handfeuerwaffen überhaupt. Sie bestand aus einem einfachen Rohr mit Zündloch, aufgestützt wurde sie meist auf einer hölzernen Gewehrgabel. Zum Laden schüttete man Schießpulver in das Loch und platzierte das Projektil darauf. Gezündet wurde mit einer Lunte, die Explosion presste das Projektil aus dem Lauf. Reichweite und Zielgenauigkeit waren miserabel, das Nachladen dauerte eine Ewigkeit. Der einzige Vorteil der Waffe bestand darin, dass man sie auch durch einen schmalen Schlitz – eine Schießscharte – abfeuern konnte.

den. Also stellte man Männer zu genau diesem Zweck ab, was die Feuerkraft der gesamten Truppe enorm reduzieren konnte.

Die Probleme gab es nicht, wenn die berittenen Schützen auch gute Reiter waren, die vom Pferd aus schießen konnten. Doch wenn schon die Ausbildung des zu Fuß kämpfenden Bogenschützen aufwendig war, war es die seines berittenen Äquivalents umso mehr. Reiten und Schießen musste er gleichermaßen perfekt beherrschen. Die besten berittenen Bogenschützen brachten deshalb Völker hervor, die die meiste Zeit ihres Lebens im Sattel verbracht hatten.

Der typische berittene Bogenschütze war ein Plänkler, den man aus einem Stamm rekrutiert hatte, der gewohnheitsmäßig mit Pferden jagte oder kämpfte. Diese waren allerdings oft nur ihrem Stammesoberhaupt gegenüber gehorsam, das seine Krieger entweder aus Loyalität oder für das Recht zu plündern entsandte.

Salven feuerten berittene Bogenschützen selten ab; meist ritten sie nah an den Feind heran, feuerten einige Male in dessen Reihen und zogen sich dann zurück, um ihre Pferde auszuruhen oder neue Pfeile zu holen. Ihre Taktik bestand im Zermürben des Gegners, nicht im Durchbrechen seiner Reihen. Sie schlugen schnell zu und zogen sich im Bedarfsfall schnell zurück. Dem Gegner blieb oft nichts anderes übrig als zurückzuschießen oder den Beschuss auszuhalten.

In den muslimischen Ländern Nordafrikas und des Mittleren Ostens wurden bevorzugt leichte berittene Bogenschützen eingesetzt. Mit den einfallenden Stämmen – etwa den Hunnen oder Mongolen – gelangten sie auch nach Europa. Die Eindringlinge besiedelten das Land oder beeinflussten zumindest seine Kultur, und so waren berittene Bogenschützen fortan in Osteuropa keine Seltenheit mehr. Der typische leichte berittene Bogenschütze trug fast keine Rüstung, nur einen Helm, ein wattiertes oder Lederwams, einen Schild und eine Seitenwaffe wie z. B. einen Krummsäbel.

In einigen Kulturen gab es auch schwere berittene Bogenschützen. Bei den Muslimen trugen diese einen leichten Kettenpanzer. Organisierte Einheiten schwerer berittener Bogenschützen waren nicht weit verbreitet, doch im Byzantinischen Reich hatten die Kataphrakten zusätzlich einen Bogen – eine Art Multifunktionskavallerie mit Beschuss- und Stoßtaktiken. Teilweise war die schwere Reiterei auch mit leichten Wurfspießen ausgerüstet; einen Dauerbeschuss erzielten sie damit aber kaum.

Im Laufe des Mittelalters erhielten die berittenen Armbrust- und Bogenschützen der westlicheren Reiche jedoch auch schwerere Rüstungen. Dies schränkte zwar ihre Beweglichkeit ein, allerdings spielte dies bei den damals üblichen »Rammbocktaktiken« fast keine Rolle. Schnelle und komplizierte Manöver waren weitgehend unbekannt.

Oben: *Jan Zizka (1360–1424) war als Kriegsherr so außerordentlich erfolgreich, weil er innovative Taktiken gegen konventionelle Streitkräfte einsetzte. Seine Wagenburg-Formation ermöglichte den Hussiten den Gebrauch von Feuerwaffen.*

ARKEBUSIERE

Arkebusiere erlangten erst im Spätmittelalter Bedeutung. Obwohl ihre primitiven Feuerwaffen anderen Schusswaffen unterlegen waren, genossen sie ein gewisses Prestige, das nicht immer ganz gerechtfertigt war. Ein Arkebusier musste seine recht schwere Waffe tragen, dazu einen Vorrat an Schießpulver, Munition und eine Lunte. Für eine Rüstung hatte er kaum noch Kapazitäten. Wurde er angegriffen, musste er ohnehin seine Hakenbüchse fallen lassen und mit der Seitenwaffe kämpfen – also war es eine Frage der Taktik, es erst gar nicht so weit kommen zu lassen und sowohl die gegnerische Infanterie als auch die Kavalliere von den Arkebusieren fernzuhalten.

Frühe Feuerwaffen bei einer Belagerung während der Hussitenkriege. Donnerbüchsen waren – wie der Name schon sagt – zwar laut, als Waffen aber waren sie wenig effektiv.

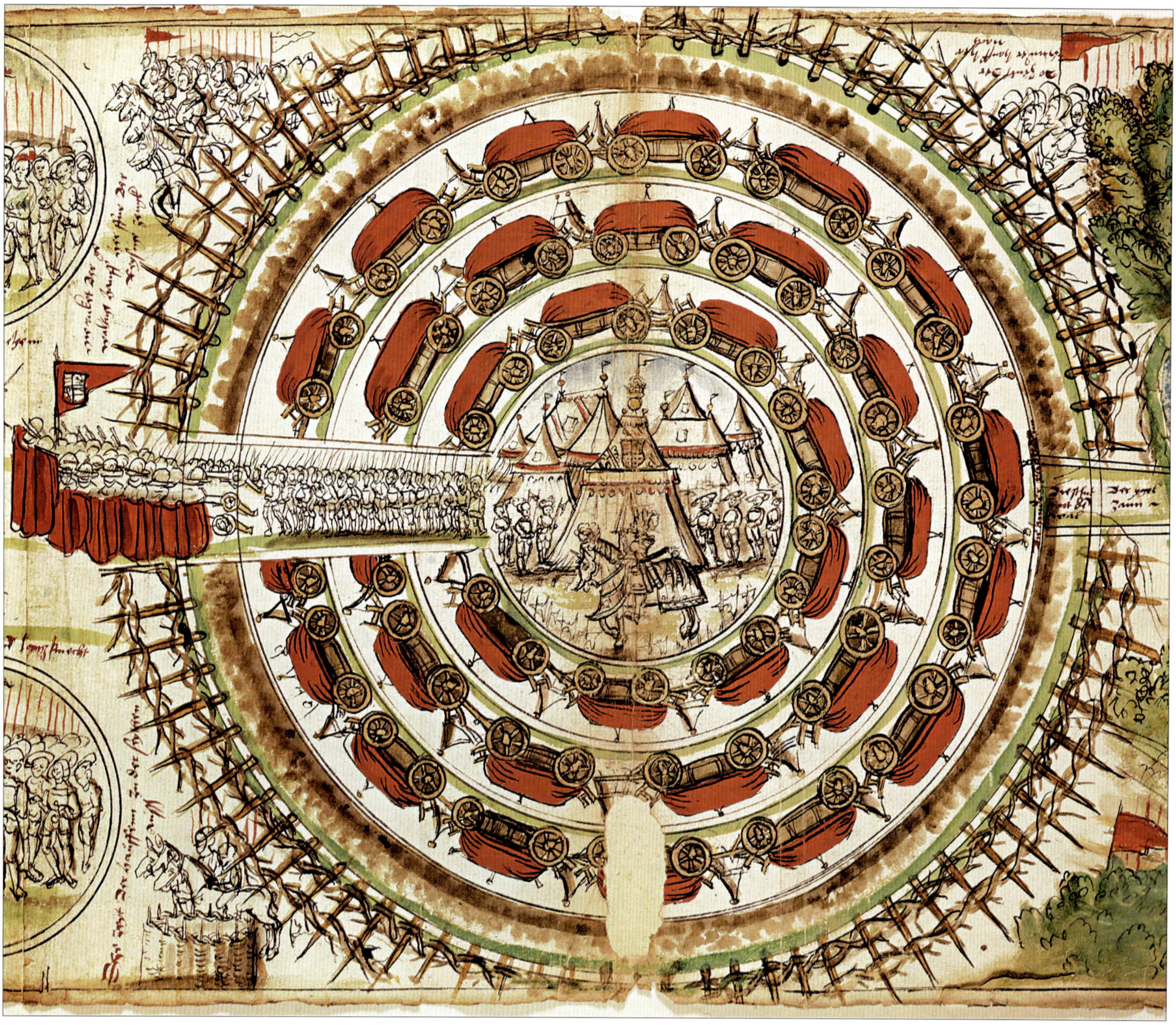

Die südböhmische Stadt Tabor um 1450. Sie wurde als befestigtes Lager von den Hussiten gegründet.

Sehr nützlich erwiesen sich Arkebusiere bei Belagerungen, da ihre Waffen auch durch schmale Schlitze in den Befestigungsanlagen passten. Diesen Vorteil hatten Armbrust- oder Bogenschützen nicht. Schoss einer der Letzteren auf den Feind, brauchte er auf jeden Fall genügend Platz dafür.

HUSSITENKRIEGE, UM 1420

Die Hussitenbewegung war eher politisch-religiöser denn staatlicher Natur. Sie entstand, als Jan Hus seine flammenden Predigten gegen die Exzesse des Klerus der damaligen Zeit hielt und dafür als Ketzer verbrannt wurde. Rasch entwickelte sich die Hussitenbewegung zur offenen Rebellion und wurde vom Papst verboten.

Zu den Kriegsherren auf hussitischer Seite zählte Jan Zizka, der aus seiner Militärdienstzeit einige innovative Ideen mitgebracht hatte. Die hatte er auch bitter nötig, da die Hussiten im Großen und Ganzen ein rebellierender Bauernmob waren, der sich gegen einen mächtigen Feind – gut gerüstete Ritter und andere professionelle Truppen – stellte. Zizka wusste, dass ihm keine Zeit zur Ausbildung seiner Armee blieb, dass andererseits aber unausgebildete Bauern kaum eine Chance hatten. Seine Lösung dieses Problems bestand aus einem System befestigter Wagen, die im Falle eines Angriffs zu einem Ring zusammengezogen wurden – eine wunderbare Stellung für seine Krieger, die mit Armbrüsten, anderen Handwaffen und notfalls auch mit landwirtschaftlichem Gerät kämpften.

So wurden die Hussiten geradezu berühmt für ihren effektiven Gebrauch von Waffen, in deren Handhabung sie nie ausgebildet worden waren. Insbesondere mit der beschriebenen Wagenburg-Formation gelang es den Bauern, sich als Fußsoldaten gegen einen viel stärkeren berittenen Feind durchzusetzen.

MONGOLISCHER BOGEN

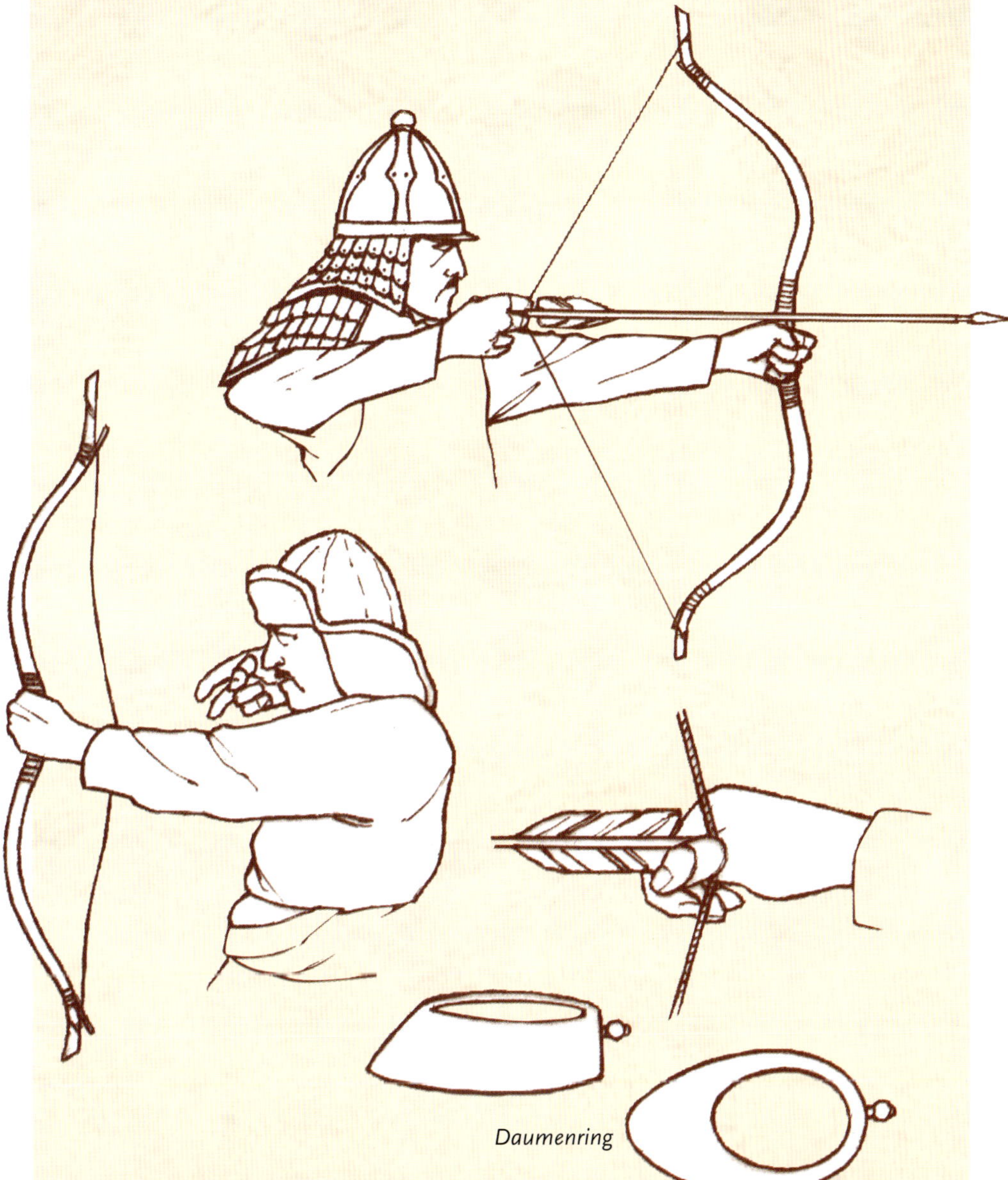

Der mongolische Bogen war zwar recht kurz, dafür aber sehr wirkungsvoll. Zog man den Pfeil bis hinter das Ohr zurück, war seine Wirkung sogar noch stärker; Zielgenauigkeit erreichte man, indem man den Pfeil auf Augenhöhe hielt. Im Gegensatz zu den Europäern, die die Sehne mit einem Finger spannten, verwendeten die Mongolen dazu ihren Daumen. Auch dabei gab es verschiedene Haltungen, jede hatte einen anderen Vorteil. Geschützt war der Daumen durch einen speziellen Ring aus Leder oder einem festeren Material wie z. B. Knochen, Metall oder sogar Stein.

DIE WAFFEN DER SCHÜTZEN

Die Waffen der Schützen waren in der Regel darauf ausgerichtet, das Ziel zu durchbohren, anstatt durch die bloße Wucht des Aufpralls Schaden anzurichten. Letzteres war sekundär. Die Hauptfunktion des Geschosses bestand darin, sich mit der Spitze so tief wie möglich ins Ziel zu bohren. Dennoch gab es auch sehr schwere Geschosse, beispielsweise Steine und andere Gegenstände; manchmal wurden auch Streitkolben aus relativ kurzer Entfernung geworfen. Darüber hinaus bediente man sich bestimmter Vorrichtungen wie etwa Schleudern, mit denen man das Projektil sehr kräftig und schnell werfen konnte. Von Hand geschleuderte Äxte durchbohrten und entwickelten Wucht. Das Durchschnittsprojektil bestand jedoch aus einer Spitze, die an einem Schaft befestigt war. Letzterer trieb das Geschoss nicht nur vorwärts, sondern sorgte auch für eine zielgerichtete Flugbahn sowie dafür, dass sich die Stoßkraft der Waffe hinter der Spitze konzentrierte. Die Flugbahn verlief allerdings nicht gerade, sondern beschrieb einen Bogen – so konnte das Geschoss tiefer eindringen.

Erreicht ein Pfeil oder ein ähnliches Geschoss sein Ziel, wird die Spitze zwar abgebremst, der Schaft bewegt sich jedoch noch etwas. Der Pfeil biegt sich und sammelt für einen kurzen Moment Energie in der elastischen Deformierung des Schafts. Streckt sich der Schaft wieder, treibt dies die Spitze noch tiefer ins Ziel. Mit bloßem Auge kann man diesen Effekt nicht beobachten, in einer Zeitlupenaufnahme ist er jedoch deutlich sichtbar. So können Pfeile sogar Rüstungen durchdringen.

Abgefeuert werden konnte das Projektil mithilfe verschiedener Geräte, wobei sich Bogen und Armbrust – so unterschiedlich sie auch aussahen und gebraucht wurden – sehr ähnelten. In beiden Fällen erzeugt man Energie, indem man die Sehne spannt, die an den Enden eines Bogens befestigt ist. Das auf diese Weise abgefeuerte Geschoss kann eine erstaunliche Geschwindigkeit erreichen.

BOGEN

Die Waffe des Bogenschützen bestand grundsätzlich aus dem erwähnten Bogen und der Sehne; die Details variierten jedoch erheblich.

Das Schnitzen eines Langbogens erforderte großes handwerkliches Geschick.

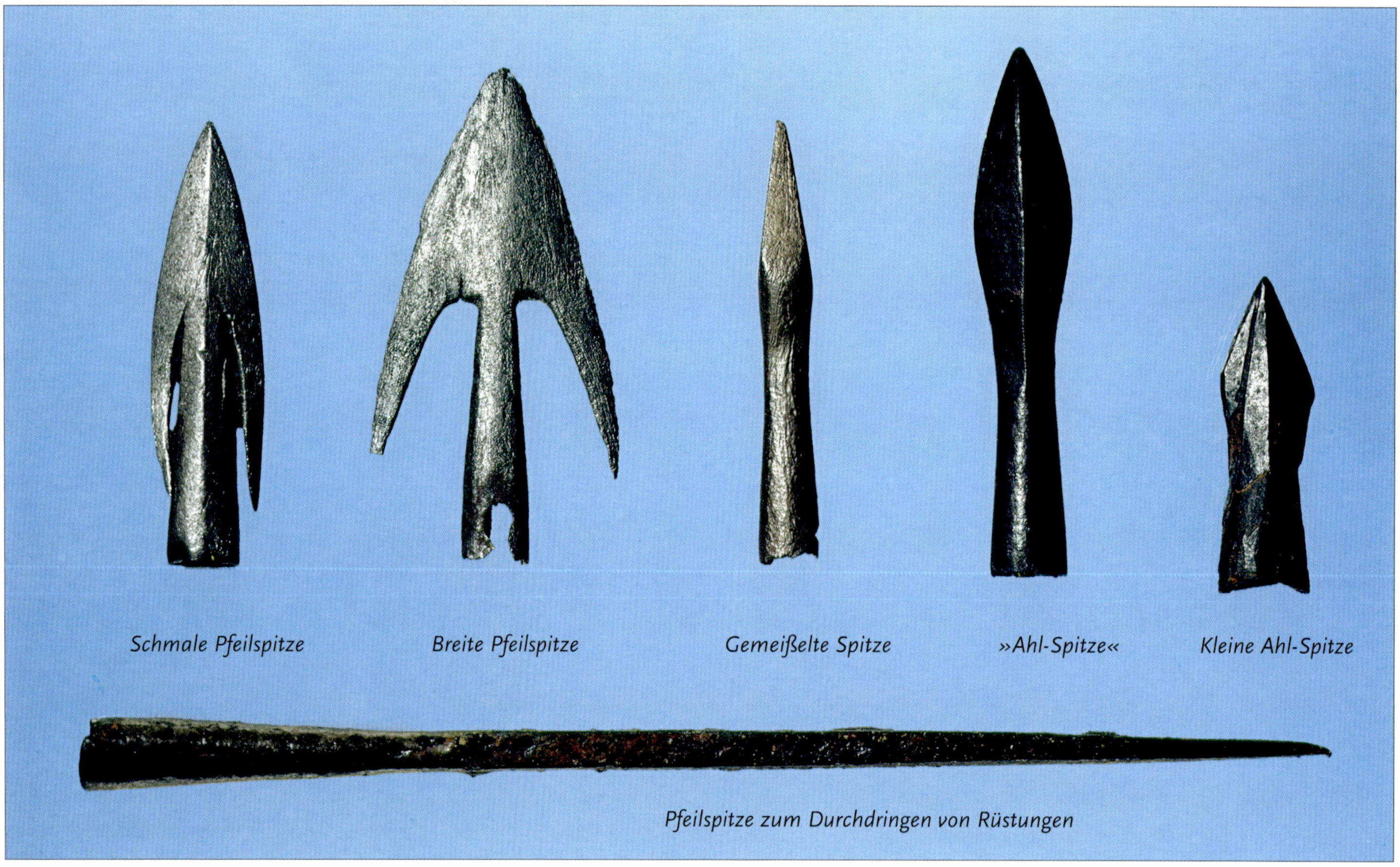

Im Allgemeinen wurden breitere Pfeilspitzen verwendet, die mehrere Funktionen gleichzeitig erfüllten. Es gab jedoch auch spezielle Pfeilspitzen, die z. B. Rüstungen durchbohren konnten.

Ein längerer Bogen war meist besser; es war allerdings auch schwieriger, das geeignete Holz dafür zu finden. Nach Möglichkeit verwendete man dafür das langsam wachsende Holz der Eibe. Einige Bogen waren aus einem Stück gefertigt, andere aus mehreren und wieder andere aus gemischten Materialien wie Horn, Sehnen und – natürlich – Holz.

Mit dem richtigen Material, d. h. wenn man die Biegsamkeit des Holzes optimal nutzte, konnte man allerdings auch aus einem kurzen Bogen eine sehr wirkungsvolle Waffe machen. Gut war eine Mischung aus Kernholz und Splintholz. War der Bogen dagegen schlecht gefertigt, konnte es passieren, dass er brach.

Auch die Form des Bogens variierte. Beim sogenannten Recurvebogen waren die Bogenenden nach vorne, vom Schützen weg gebogen. Ebenso gab es mehrere Arten, den Pfeil zu halten und die Sehne zu spannen. Nichtsdestotrotz ähnelten die Bogen einander im Gebrauch fast überall. Meist transportierte man Bogen und Sehne getrennt, damit der Bogen seine Elastizität nicht verlor. Den Bogen mit einer Sehne zu versehen, erforderte allerdings mehr Kraft, als die Sehne zum Abschießen des Pfeils zu spannen; dies konnte – insbesondere bei starken Bogen – dem Bogenschützen nur mit der richtigen Technik gelingen. In der Schlacht trug der Bogenschütze mehrere Ersatzsehnen bei sich.

Die Herstellung der Pfeile war eine Kunst, die anderen Handwerkern als den Bogenmachern oblag. Der Schaft musste zwar gerade, andererseits aber auch so flexibel sein, dass er beim Aufprall nicht zerbrach. Außer Schaft und Spitze besaß der Pfeil noch eine Befiederung und eine Nocke. An Letzterer saß der Pfeil auf der Sehne auf.

Ebenso wie beim Bogen gab es auch bei den Pfeilspitzen große Unterschiede. Die breiteren waren gewissermaßen Allzweckspitzen und meist noch mit Widerhaken ausgestattet, damit der Pfeil nicht so leicht herausgezogen werden konnte. Zum Durchdringen von Rüstungen entwickelte man die sogenannten Ahl-Spitzen, die sehr scharf waren, aber keine Widerhaken besaßen.

Pfeile konnten generell sehr tief in ihr Ziel eindringen. Überlieferungen zufolge drangen die Pfeile eines walisischen Langbogens rund zehn Zentimeter tief in eine Eichentür ein; es wird auch von Pfeilen berichtet, die die Beinschiene einer Rüstung, das Bein des Ritters und sein Pferd durchbohrten. Es gab Schützen, die mit ihren Pfeilen in den Sehschlitz eines Helms trafen – was allerdings nicht oft vorkam. Englische Langbogenschützen waren jedoch durchaus in der Lage, einen sich bewegenden Mann aus 50 Meter Entfernung in den Kopf zu treffen.

ARMBRÜSTE

Der Bogen einer Armbrust bestand entweder aus Metall oder aus Holz; auch Kompositbogen waren in Gebrauch. Leichte Armbrüste verwendete man nur

VERSCHIEDENE ARMBRÜSTE

EINFUSSARMBRUST

LINKS: Eine relativ leichte Armbrust konnte ohne mechanische Hilfe gespannt werden. Dazu musste der Schütze seinen Fuß in eine Art Steigbügel am vorderen Ende der Waffe setzen und die Sehne mit beiden Händen nach hinten ziehen, wo sie befestigt wurde.

SPERRKLINKENARMBRUST

RECHTS: Benötigte der Schütze eine Spannhilfe, konnte er sich eines Hebels mit Sperrklinkensystem bedienen. Der Hebel musste mehrere Male nach oben bewegt werden und rastete nach jedem Zug ein; dabei wurde die Sehne jedes Mal etwas straffer gespannt.

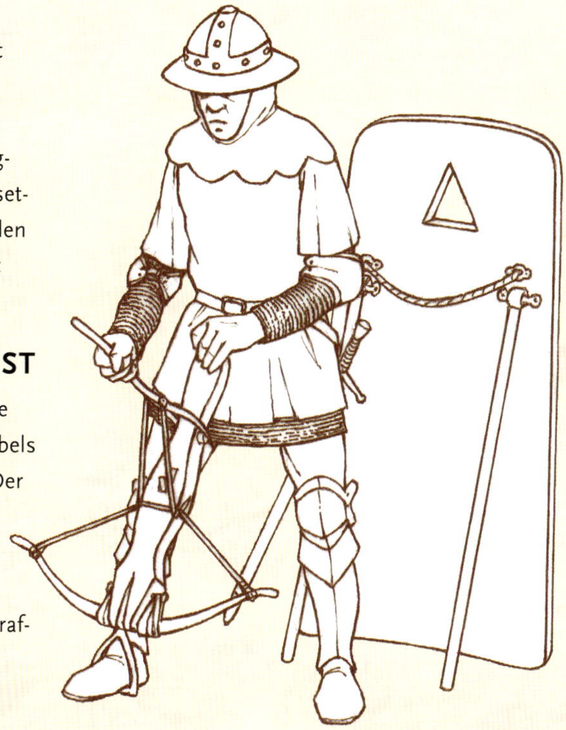

SPANNGÜRTELARMBRUST

LINKS: Bei dieser Technik verwendete man neben dem Steigbügel auch einen Spanngürtel mit Haken. Der Schütze kniete sich hin, befestigte die Sehne am Haken, stieg in den Steigbügel und stand auf. So konnte er die Sehne mit seiner Körpermuskulatur spannen.

WINDENARMBRUST

RECHTS: Zum Spannen der stärksten Armbrüste brauchte man eine Winde oder Kurbel, die ähnlich wie ein heutiger Fahrradantrieb arbeitete. Man stellte die Waffe mit dem vorderen Ende auf den Boden, stieg in den Steigbügel und kurbelte die Sehne in Position. Mit dieser mechanischen Hilfe konnten sehr schwere Armbrüste mit großer Durchschlagskraft konstruiert werden.

für die Vogeljagd; der Bolzen einer schweren Armbrust konnte jedoch Rüstungen durchdringen und den Ritter töten. Einmal geladen und entsichert, war die Waffe fast jederzeit einsatzbereit. Darüber hinaus konnte man mit ihr sehr gut zielen und treffen.

Die meisten Armbrüste waren zum Spannen am vorderen Ende mit einem Steigbügel ausgestattet, in den der Schütze seinen Fuß stellte, während er die Sehne nach hinten zog. Oft verwendete man zum Ziehen auch einen Haken. Für schwerere Armbrüste brauchte man eine Winde oder eine Kurbel; das dauerte zwar länger, ermöglichte jedoch die Konstruktion sehr durchschlagskräftiger Waffen mit Stahlbogen.

Armbrustbolzen waren meist kürzer und schwerer als Pfeile und deswegen auch einfacher herzustellen. Um eine Wirkung zu erzielen, brauchten sie eine gewisse Masse. Dass sie Rüstungen durchdringen konnten, lag in erster Linie daran, dass sie auch eine flacherer Flugbahn als Pfeile hatten.

Ob der Papst das Edikt, das Christen den Gebrauch der Armbrust verbot, tatsächlich deshalb erlassen hatte, weil es sich dabei um eine »barbarische Waffe«

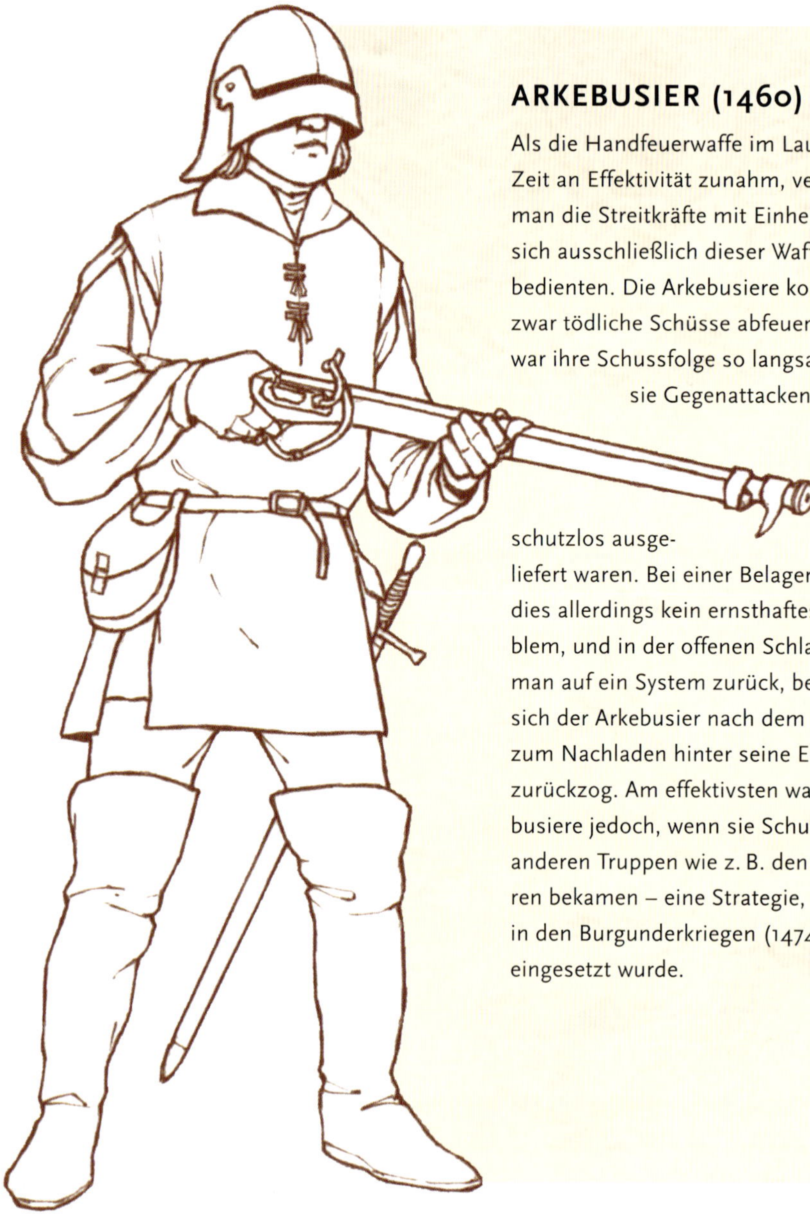

ARKEBUSIER (1460)

Als die Handfeuerwaffe im Laufe der Zeit an Effektivität zunahm, verstärkte man die Streitkräfte mit Einheiten, die sich ausschließlich dieser Waffenart bedienten. Die Arkebusiere konnten zwar tödliche Schüsse abfeuern, doch war ihre Schussfolge so langsam, dass sie Gegenattacken fast schutzlos ausgeliefert waren. Bei einer Belagerung war dies allerdings kein ernsthaftes Problem, und in der offenen Schlacht griff man auf ein System zurück, bei dem sich der Arkebusier nach dem Feuern zum Nachladen hinter seine Einheit zurückzog. Am effektivsten waren Arkebusiere jedoch, wenn sie Schutz von anderen Truppen wie z. B. den Pikenieren bekamen – eine Strategie, die auch in den Burgunderkriegen (1474–77) eingesetzt wurde.

Diese niederländischen Handfeuerwaffen aus Eisen stammen aus dem 15. Jahrhundert.

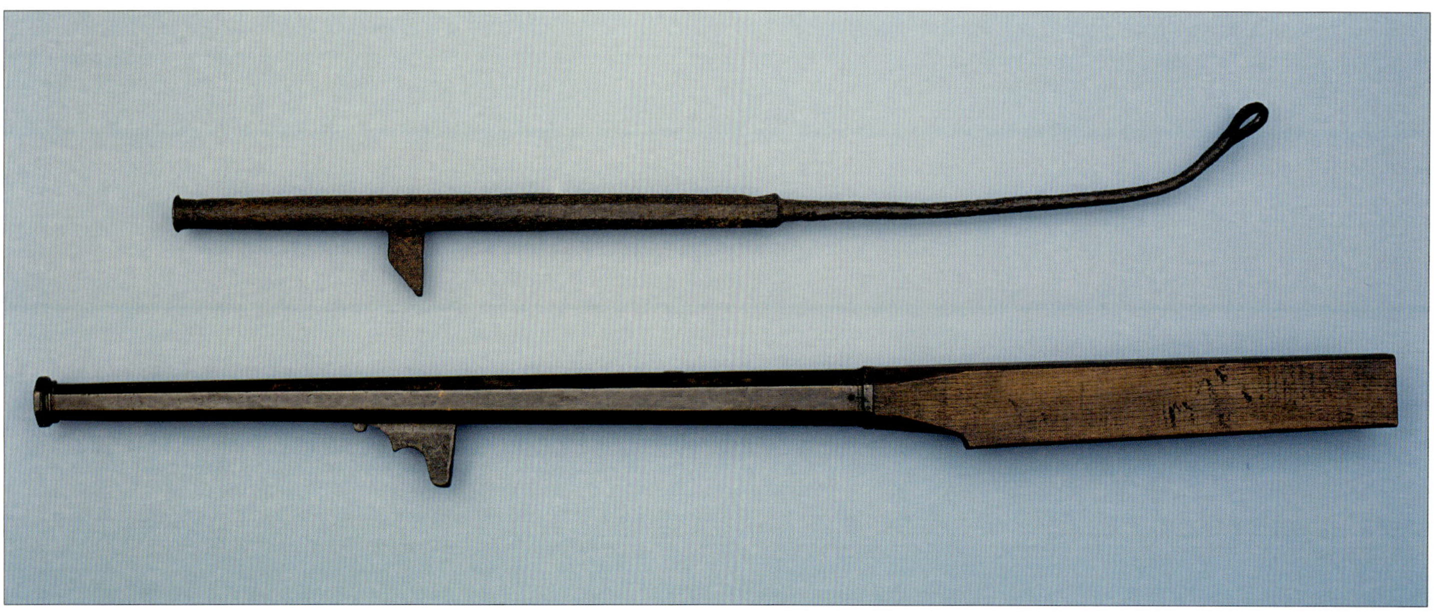

FRÜHE HANDFEUERWAFFEN

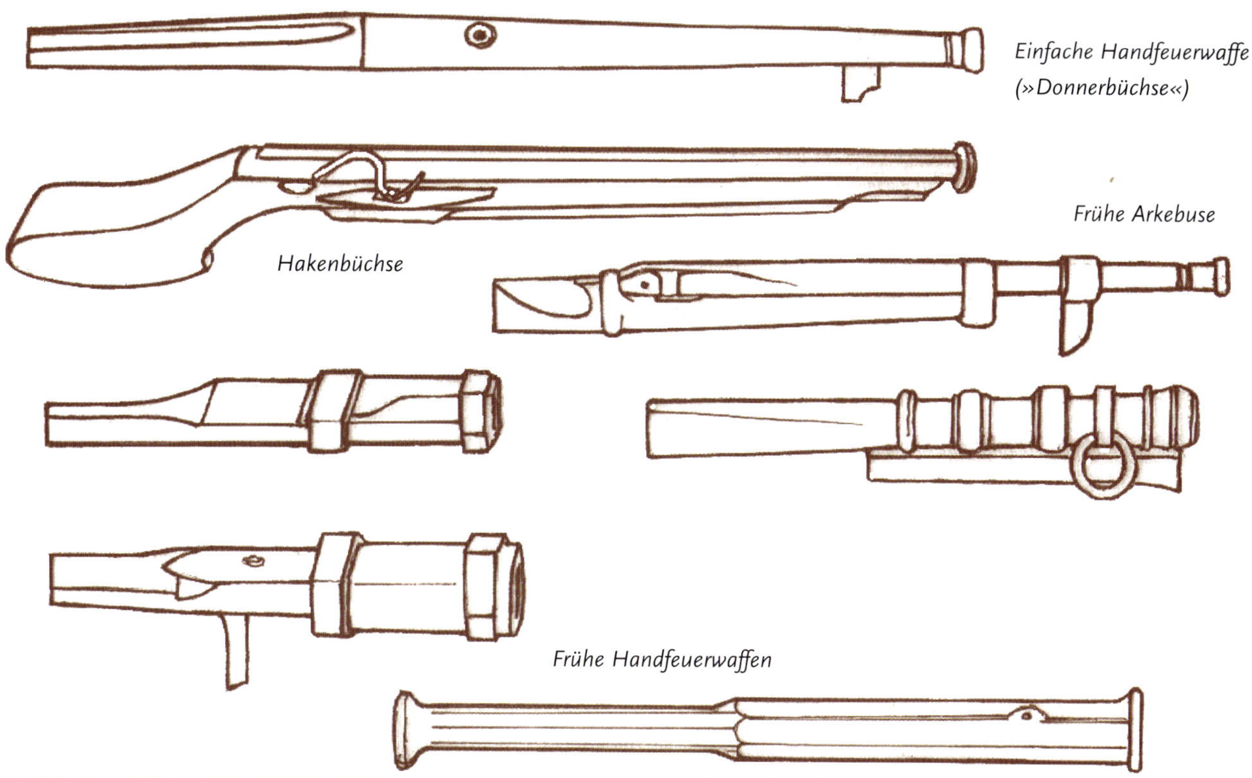

ARTEN FRÜHER HANDFEUERWAFFEN

Die frühen Handfeuerwaffen bestanden meist aus einem einfachen Metallrohr mit hölzernem Griff; einige ähnelten allerdings durchaus schon ihren modernen Nachfahren. Der Haken unter dem Rohr diente zum Stabiliseren der Waffe beim Abfeuern.

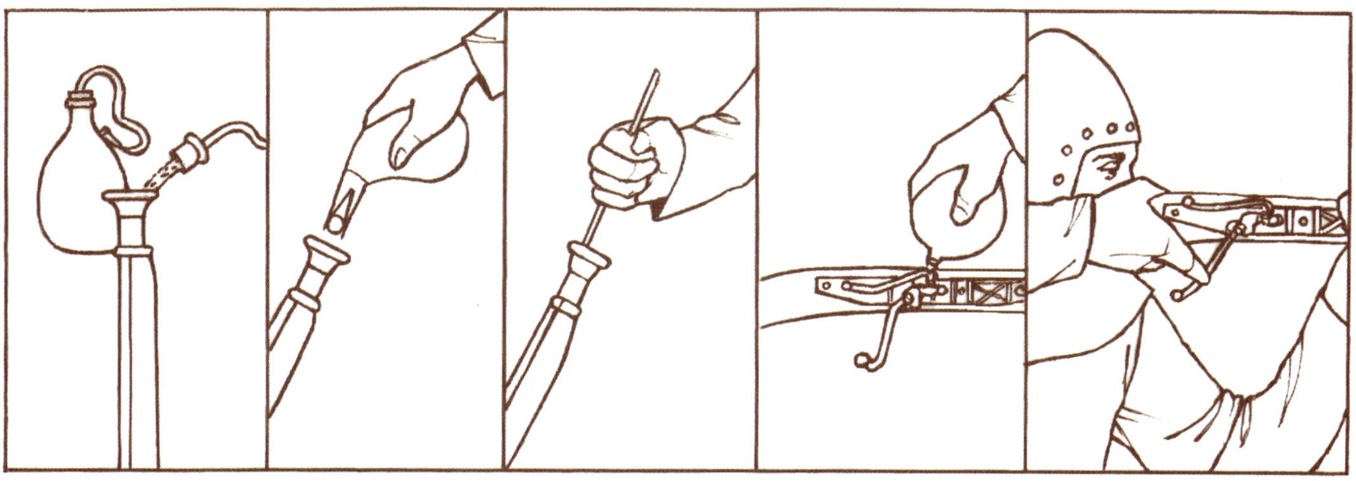

DAS ABFEUERN EINER FRÜHEN ARKEBUSE

Die Arkebusiere trugen oft mehrere Patronen mit einer bestimmten Menge Schießpulver bei sich, die gerade für einen Schuss ausreichte. Sie schütteten das Pulver in das Rohr, platzierten das Projektil darauf und stampften es fest. Dann wurde die Pfanne noch mit etwas Schießpulver geladen und die Waffe in Schussposition gebracht. Die Schießpulverladung wurde mithilfe einer Lunte gezündet.

AUSRÜSTUNG EINES ENGLISCHEN LANGBOGENSCHÜTZEN

Langbogenschützen waren im Allgemeinen keine Leibeigenen. Großen Besitz hatten sie dennoch nicht, weshalb ihre Ausrüstung auch recht einfach war. Am wichtigsten war natürlich der Bogen, für den der Schütze immer einige Ersatzsehnen bei sich trug, ebenso wie einen kleinen Vorrat an Pfeilen. Da dieser in der Schlacht jedoch relativ schnell ausging, trug der Schütze zudem eine Seitenwaffe, z. B. einen Dolch. Bekleidet war der Langbogenschütze mit dem, was ihm zur Verfügung stand; wenn er Glück hatte, war dies warm und wetterfest, da ausgedehnte Feldzüge natürlich viele Entbehrungen mit sich brachten.

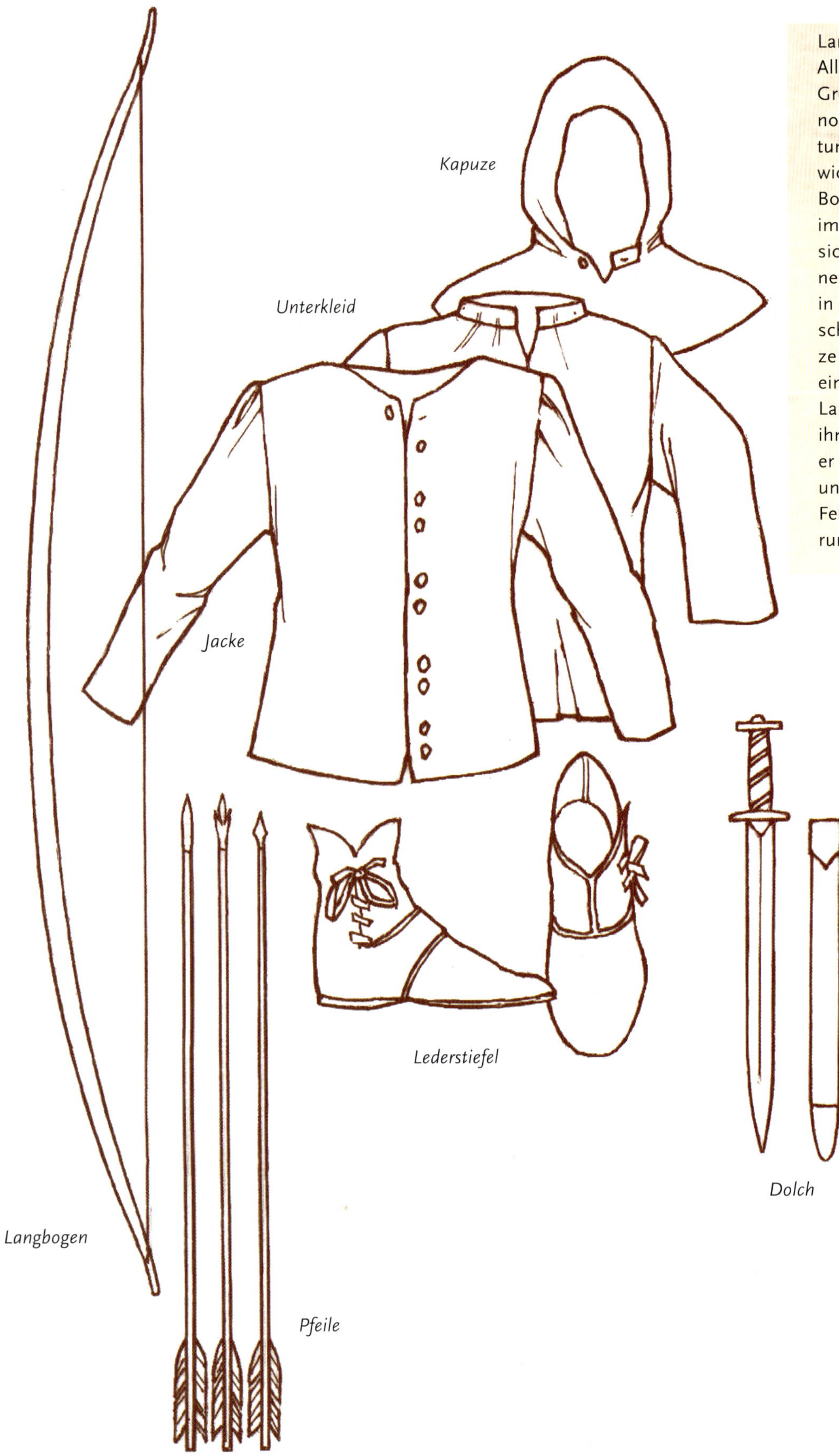

handelte, ist bis heute umstritten. Pfeile sind in ihrer Wirkung nicht weniger gefährlich. Ein Grund für das Edikt war möglicherweise gesellschaftlicher Natur: Denn selbst ein unausgebildeter – und ungebildeter – Bauer konnte mit einer Armbrust einen Ritter töten. Vielleicht wollte man mit dem Verbot dieser Unrühmlichkeit ein Ende setzen – durchsetzen konnte man es allerdings nie.

FEUERWAFFEN

Feuerwaffen basieren auf einer chemischen Reaktion, bei der das Schießpulver nicht explodiert, sondern sehr rasch abbrennt. Kann das dabei entstehende Gas nicht entweichen, entsteht großer Druck. Bei einer Feuerwaffe wie der Arkebuse kann sich dieser Druck nur in eine Richtung entladen: durch das Rohr bzw. den Lauf der Waffe. Liegt in diesem Lauf ein Projektil, wird es durch den Druck hinausgeschleudert und kann dank des geraden Laufs relativ präzise auf ein Ziel gerichtet werden.

Bis zur Erfindung des Geschützes mit gezogenem Rohr waren Feuerwaffen allerdings recht ungenau. Durch den Luftwiderstand verlor die Kugel rasch an Geschwindigkeit – der viel aerodynamischere Pfeil oder Bolzen blieb auch auf größere Distanz hin tödlich. Auf kurze Entfernung erwies sich jedoch auch die Kugel als sehr wirkungsvoll. Sie durchdrang das Ziel zwar nicht wie ein Pfeil, verursachte aber durch die schiere Wucht des Aufpralls ernsthafte Verletzungen. Selbst wenn die Kugel in der Rüstung steckenblieb, konnte ihre Wirkung für den Träger der Rüstung eine tödliche sein.

Die frühesten Feuerwaffen waren Handfeuerwaffen oder Handkanonen – meist wenig mehr als glockenförmige Behälter an einem Stab. Aus ihnen entwickelten sich effektivere Waffen wie beispielsweise die Arkebuse, die in ihrer Form dem modernen Gewehr gleicht.

Geladen wurde die Arkebuse, indem man den Lauf mit Schießpulver füllte und eine Bleikugel darauf setzte. Dann füllte man die »Pfanne« an der Seite der Waffe ebenfalls mit etwas Schießpulver; dies zündete man auf den Feuerbefehl hin mithilfe einer Lunte. Lief alles gut, zündete das Schießpulver in der Pfanne durch das Zündloch das Schießpulver im Lauf; manchmal verpuffte es auch einfach, und die Waffe musste neu geladen werden.

Feuchtes Schießpulver zündete natürlich nicht, und es kam auch vor, dass das Pulver in der Pfanne einige Sekunden später zündete als angenommen. All dies machte die Arkebuse zu einer nicht gerade zuverlässigen Waffe.

Und selbst wenn die Waffe losging, wenn man es von ihr erwartete, so dauerte es doch eine geraume Zeit, bis man sie neu geladen hatte. Aus diesem Grund erfanden die Arkebusiere ein System, einander während des Ladens zu schützen. Ein Arkebusier mit geladener Waffe trat in die vorderste Reihe der Formation, zielte und feuerte. Dann marschierte er zur hintersten Reihe und lud nach, während er sich allmählich wieder nach vorne bewegte. Manchmal geschahen auch Unfälle – wenn etwa beim Nachladen Schießpulver und Lunte sich versehentlich berührten –; passierte dies in den hinteren Reihen, konnte die Wirkung natürlich verheerend sein.

Schwere Arkebusen platzierte man zu Verteidigungszwecken manchmal auch auf Wagen oder Befestigungen. Sie hatten zwar eine enorme Durchschlagskraft, aber dieselbe Reichweite wie leichtere Arkebusen; unter den richtigen Umständen waren sie allerdings tödlich. Die Hussiten etwa verwendeten Arkebusen bei ihrer Wagenburg-Formation (siehe S. 154); aus dieser Formation heraus konnten die Arkebusiere ihre Waffen optimal nutzen.

SCHLEUDERN

Eine Schleuder übte auf das Geschoss eine vergleichbare Wirkung wie die Arkebuse aus; auch mit ihr konnte man erstaunlicherweise sogar Rüstungen durchdringen. Krieger, die diese Waffe effektiv einsetzten, waren jedoch eine Seltenheit. Wucht erhält das Geschoss, das sich durch eine flache Flugbahn auszeichnet, durch das Schleudern der Waffe; es ist allerdings recht schwierig, damit zielgenau zu arbeiten.

Treffsicherer waren eiförmige Steine, die zudem eine größere Reichweite als runde Steine hatten. Dies lag daran, dass sie sich im Flug drehten. Eiförmige Arkebusenkugeln gab es aufgrund des runden

Stilisierte Darstellung eines englischen Langbogenschützen aus dem 19. Jahrhundert. Einige Bogenschützen trugen auch Schwerter, die mit der Zeit nicht mehr ganz so kostspielig waren.

MIT DEM LANGBOGEN SCHIESSEN

Den Bogen hält man in der Mitte und gerade vor der Schulter, der linke Arm ist gestreckt. Es ist viel einfacher, die Sehne zu sich heranzuziehen, als den Bogen von sich wegzuschieben. Der Pfeil liegt auf der linken Hand auf und wird bis zur Wange zurückgezogen. Dies ermöglicht ein genaues Zielen entlang dem Pfeil. Pfeil und rechter Ellbogen sollten eine Linie bilden, damit der Pfeil sein Ziel trifft.

FLUGBAHN

Die meisten Pfeile müssen in einer ballistischen Flugbahn abgefeuert werden, die einen Bogen beschreibt, wenn sie ihr Ziel erreichen sollen. Dazu ist es notwendig, den Bogen nach oben zu richten. Dennoch sollten Pfeil und rechter Ellbogen eine Linie bilden; der Schütze lehnt sich etwas nach hinten, um seine Position auszubalancieren.

HALTUNG

Das Bogenschießen ist eher eine Kunst als eine Wissenschaft. Die Position des Arms und die des Pfeils auf der Sehne sind zwar bei jedem Schützen gleich, doch schon die Fingerhaltung kann erheblich variieren (siehe dazu auch S. 155). Einige Schützen stehen aufrecht, andere lehnen sich in den Bogen; wieder andere gehen mit dem Bogen deutlich aus der Vertikale. Manche Aspekte der Bogenschießkunst kann man erlernen; doch was ein Schütze wirklich aus dieser Kunst macht, ergibt sich erst durch jahrelanges Üben.

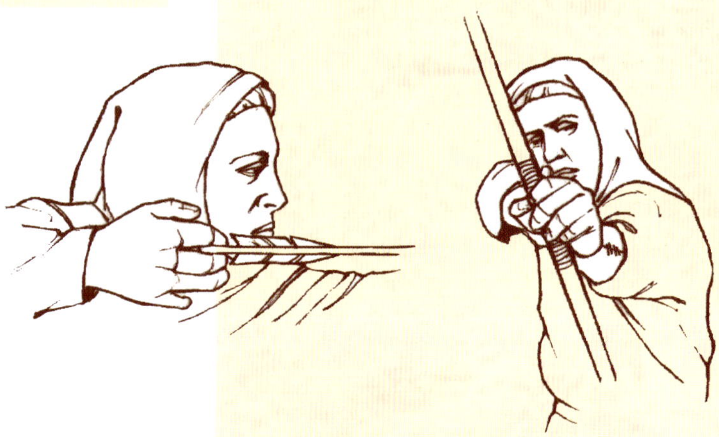

Englische Bogenschützen schießen auf eine Zielscheibe. Aus dem vor 1340 begonnenen lateinischen »Luttrell-Psalter« für Sir Geoffrey Luttrell.

Querschnitts des Rohrs natürlich nicht. Und so sagt man auch heute noch zu einem einzelnen Stück Munition Kugel, obwohl das Geschoss alles andere als kugelförmig ist.

RÜSTUNG UND AUSSTATTUNG

Wie bereits erwähnt, trugen die meisten Schützen kaum eine Rüstung und nur eine Seitenwaffe zu ihrem Schutz. Im Laufe der Zeit entwickelte sich das Schwert zur am weitesten verbreiteten Seitenwaffe. Mit fortschreitenden Kenntnissen in der Metallverarbeitung war es nicht mehr so schwierig – und auch nicht so teuer –, lange Klingen herzustellen. Schwerter waren nun weniger kostspielig und stellten einen ausgezeichneten Kompromiss zwischen Effektivität und Transportabilität dar.

Den größten Teil der Ausrüstung machte Zubehör zur Waffe des Schützen aus: Ersatzpfeile und -sehnen sowie Werkzeug für einfache Reparaturen am Bogen oder an der Armbrust. Darüber hinaus musste er Nahrung und Kleidung transportieren. In der Schlacht schützte sich der Bogen- oder Armbrustschütze manchmal mit angespitzten Holzstecken, die er vor sich in den Boden rammte, oder mit Löchern, die er grub, vor den Angriffen der Reiterei. Auch für diese Zwecke musste der Schütze Gerätschaften bei sich führen.

Der Vorrat an Geschossen – seien es Pfeile oder Armbrustbolzen – nahm im Laufe des Feldzugs natürlich ab. Auch Krankheit, Nahrungsmangel und Erschöpfung machte den Schützen zu schaffen. Überflüssiger Ausrüstung entledigten sie sich deshalb so schnell wie möglich; zum Schluss trugen sie wenig mehr als ihre Waffen bei sich.

LEBEN UND AUSBILDUNG

Schützen wurden meist aus sozialen Schichten rekrutiert, die mit der Jagd vertraut waren – was den Vorteil hatte, dass sie praktisch ständig übten und ihre eigenen Waffen besaßen. Der Nachteil war, dass Jäger eher Individualisten waren und sich schlecht unterordnen konnten. Als Plänkler konnte man sie jedoch gut einsetzen. Einen zusätzlichen Anreiz zum Training – oder zur Ausbildung – stellten Wettbewerbe dar, bei denen dem besten Bogenschützen ein ansehnlicher Preis winkte. So konnten sich auch diejenigen in dieser Kriegskunst schulen, die damit nicht auch ihren »normalen« Lebensunterhalt bestritten.

In England wurden sogar Gesetze erlassen, die das Volk zum regelmäßigen Training mit dem Bogen anhielten. Daraus entwickelten sich Veranstaltungen, die irgendwo zwischen freundschaftlichem Wettbewerb und gesellschaftlichem Ereignis angesiedelt waren. In vielen englischen Dörfern kann man heute noch die großen abgenutzten Steine sehen, an denen Generationen von Bogenschützen die Spitzen ihrer Pfeile wetzten.

Es gab sogar ein Gesetz, das ausdrücklich jeden von einer Schuld freisprach, der beim Üben mit Pfeil und Bogen einen anderen verletzte oder tötete. Die Herrscher Englands waren klug genug, jeden Umstand aus dem Weg zu räumen, der verhinderte, dass aus ihrem Volk ein Volk von exzellenten Bogenschützen wurde; dazu gehörte z. B. auch das Verbieten anderer Sportarten.

Um aus einem Mann einen Bogenschützen zu machen, der kräftig genug war, um sich in der Schlacht als nützlich zu erweisen, bedurfte es jahrelangen Trainings. Er musste den Bogen spannen, den Pfeil ruhig halten, zielen und sein Ziel, das sich natürlich bewegte, notfalls auch aus hundert Meter Entfernung treffen. Dazu mussten Brust- und Armmuskeln besonders trainiert werden.

Wirklich effektive Bogenschützen waren also durchaus eine Seltenheit und standen in hohem Ansehen. Mit einem Speer konnte fast jeder umgehen, mit Pfeil und Bogen nicht. Die Bogenschützen genossen deshalb nicht nur größeren

Armbrustschützen beim Schießen und Laden. Zum Laden Rücken und Beine anstelle der Arme zu benutzen war weniger emüdend.

Respekt, sondern wurden auch besser bezahlt und auf Feldzügen fürsorglicher behandelt als andere Fußsoldaten. Die englischen Bogenschützen waren meist Freisassen, d. h. freie Männer mit kleinen Besitztümern wie z. B. einer Farm. Gesellschaftlich – und auch aufgrund ihrer Rolle in der Schlacht – standen sie eindeutig über den Bauern.

Da die Ausbildung der Bogenschützen sehr aufwendig war, erforderte eine in Kriegszeiten ständig zur Verfügung stehende Streitkraft dieser Art entweder gesetzliche Maßnahmen, wie sie in England in Kraft waren, oder eine stehende Einheit von Bogenschützen. Viele Länder konnten sich Letztere allerdings nicht leisten und mussten auf Söldner zurückgreifen.

Söldnertruppen von Bogenschützen waren zwar ebenfalls sehr kostspielig, konnten jedoch ausbezahlt werden, wenn man sie nicht mehr brauchte. Eine andere Möglichkeit, sich einer Söldnertruppe zu entledigen, bestand darin, sie nicht zu bezahlen und auf ihr Verschwinden zu hoffen – ein gefährliches Unterfangen.

Oder man rekrutierte die Schützen aus Stämmen, die zu ihrem Lebensunterhalt jagten; diese entsprachen aber meist nicht den Erwartungen der Feldherren und waren oft auch unzuverlässig. Alternativ griff man auf Armbrustschützen zurück, deren Ausbildung weit weniger aufwendig war. Das Laden der Waffe war zwar schwierig, ihr Gebrauch dagegen denkbar einfach, da man aufgrund der flachen Flugbahn des schnellen Bolzens nicht so genau zielen musste wie mit Pfeil und Bogen. Auch war es nicht nötig, spezielle Muskelgruppen zu trainieren. Natürlich konnten gut ausgebildete Armbrustschützentruppen schneller nachladen und besser treffen; doch dauerte diese Ausbildung Tage oder Wochen und nicht Jahre wie bei den Bogenschützen.

Ähnliches gilt für Soldaten, die mit Feuerwaffen ausgerüstet waren. Mit der Arkebuse konnte man zwar nicht sehr zielgenau schießen, aus kurzer Entfernung war der Schuss jedoch oft tödlich. Den Arkebusier so weit auszubilden, dass er seine Waffe in der Schlacht bestmöglich nutzte, dauerte wie beim Armbrustschützen ebenfalls nicht sehr lange. Ein Großteil des Trainings bestand in der Technik, sich innerhalb der Formation in Schussposition zu begeben, ohne sich selbst oder die Kameraden zu gefährden.

Das Laden der Arkebuse war am Standard der Zeit gemessen zwar recht komplex, konnte durch wiederholten Drill jedoch gelernt werden. Ein technisches Genie musste man dafür nicht sein – das tausendfache Wiederholen immer desselben Vorgangs genügte.

Eine Streitkraft von Arkebusieren konnte man demnach in relativ kurzer Zeit auf die Beine stellen. Brauchte man sie nicht mehr, entließ man sie einfach. Dies kam natürlich besonders den Königen und Herrschern entgegen, die einen Krieg führen wollten, ohne gleichzeitig über die nötigen finanziellen Mittel zu verfügen. Ein Armee von Soldaten, die mit einfachen Feuerwaffen wie der Arkebuse ausgerüstet waren, war vergleichsweise preiswert und dabei militärisch effizient.

CRÉCY, 1346

Zu der Zeit, als die Schlacht von Crécy stattfand, war man auf dem europäischen Festland davon überzeugt, dass nichts einem Massenangriff französischer Ritter und berittener Soldaten standzuhalten vermochte. Die kombinierten Taktiken der Engländer in der Schlacht bei Halidon Hill waren den Franzosen offenbar entgangen; vielleicht hielten sie sie auch für einen glücklichen Zufall. Denn schließlich hatte die besiegte schottische Armee überwiegend aus Pikenieren bestanden, nicht aus französischen Adligen, deren Rüstungen auf der Höhe der Zeit waren.

Im Jahr 1346 war der englische König Eduard III. auf einem Feldzug in Frankreich. Zunächst standen die Dinge für ihn ganz gut, nun aber waren die englischen Krieger müde, die Vorräte wurden knapp und man kämpfte sich nach Nordosten, um sich mit der verbündeten flämischen Armee zu treffen. Eduard befehligte rund 2000 Soldaten und Ritter, 1000 Speerträger und etwa 5500 Langbogenschützen. Die eher urtümlichen Kanonen spielten in der Schlacht keine Rolle. Den Franzosen unter Philipp VI. standen 10 000 Ritter und Soldaten, 6000 Armbrustschützen aus Genua und rund 14 000 Söldner zur Verfügung. Aus seinem Weg nach Nordosten gelang es Eduard nicht, die französischen Verfolger abzuschütteln; so entschloss er sich dazu, sich ihnen an einem geeigneten Ort zu stellen, bevor ihn die zahlenmäßig weit überlegene französische Kavallerie doch noch einholte.

Statt auf seine Ritter setzte Eduard auf seine wirkliche Stärke: Er sammelte seine Streitkräfte in einer guten Verteidigungsposition auf einem Hügel, die Flanke sicherte das Dorf Crécy. Ganz vorne standen abwechselnd Blöcke von Speerträgern, Infanterie und Bogenschützen; dahinter wartete die Reserve. Zudem bereiteten sich die Engländer mit Gräben auf den Angriff der Reiterei vor.

Obwohl es schon recht spät am Tage war, griffen die Franzosen sofort an. Zuerst schickten sie ihre genuesischen Armbrustsöldner. Sie waren mit guten Rüstungen und Pavesen ausgestattet, hinter die sie sich zum Nachladen zurückziehen konnten – eigentlich hätten sie entscheidend zum Ausgang der Schlacht beitragen sollen. Doch waren die Söldner müde und unorganisiert; außerdem mussten sie hügelaufwärts schießen.

Allmählich verloren die französischen Befehlshaber die Geduld und schickten die Kavallerie vor, die sich ihren Weg durch die Armbrustschützen bahnte. Am Fuß des Hügels erwartete sie ein Pfeilhagel vonseiten der Engländer, der größtenteils direkt von oben kam. Die Ritter kämpften sich weiter voran, gerieten in noch direkteren Beschuss und erreichten schließlich die Engländer. Doch bildeten sie längst keine einheitliche Linie mehr und wurden von den gegnerischen Fußsoldaten zurückgedrängt.

In dieser Darstellung der Schlacht von Crécy aus dem 15. Jahrhundert sieht man, dass die Engländer Langbogenschützen, die Franzosen dagegen Armbrustschützen bevorzugten.

DIE SCHLACHT VON CRÉCY, 1346

Die Ausgangsposition der Engländer (rot) in der Schlacht von Crécy war ideal für den Einsatz von Bogenschützen geeignet. Die Franzosen (blau) sahen sich gezwungen, hügelaufwärts anzugreifen, wo sie die von Fußsoldaten geschützten Bogenschützen erwarteten. So konnten die Engländer das Feuer aus noch größerer Entfernung als üblich eröffnen; die fast senkrecht von oben geschossenen Pfeile trafen wenn nicht den Reiter, dann das Pferd. Obwohl die französische Kavallerie also angreifen konnte, war sie nicht in der Lage, die englischen Bogenschützen zu besiegen.

Dies setzte sich für den Rest des Tages fort. Insgesamt zogen sich die Franzosen 16 Mal zurück und griffen erneut an, und obwohl die englischen Linien von Zeit zu Zeit etwas in Unordnung gerieten, schafften es die Franzosen nicht, sie zu durchbrechen. In der Nacht gaben die Franzosen schließlich auf.

Im Großen und Ganzen rieb sich die französischen Armee gegen eine Mauer zäher englischer Infanterie auf. Jede noch so winzige Durchbruchschance wurde durch den Pfeilhagel, der auf die französischen Ritter niederging, zunichte gemacht. Die Engländer hatten den Verlust von 100 Mann zu beklagen – die Franzosen verloren rund 1500 Ritter und berittene Soldaten sowie 10 000 Fußsoldaten.

TAKTIKEN UND TECHNIKEN

Für die Schützen gab es drei Möglichkeiten, ihre Waffen in der Schlacht einzusetzen: im offenen Angriff, als Plänkler und als Pfeilhagel bzw. Salvenfeuer. Manchmal warfen auch die Fußsoldaten kurz vor dem Kontakt mit dem Feind schwere Geschosse wie Wurfspieße, Äxte oder Streitkolben, um die dergestalt derangierte feindliche Formation anschließend mit Handwaffen anzugreifen – eine Art »Aufweichtaktik« der konventionellen Infanterie. Die eigentlichen Schützen bedienten sich der übrigen beiden Taktiken.

PLÄNKLER

Plänkler entschieden zwar nicht über Sieg oder Niederlage in der Schlacht, konnten den Feind aber ordentlich ärgern. Sie näherten sich dem Feind, feuerten ihre Waffen ab und zogen sich zum Nachladen zurück, ohne einen Gegenangriff zu riskieren. Sie feuerten nicht alle auf einmal

PFEILHAGEL DER LANGBOGENSCHÜTZEN

Bogenschützen waren in der Regel zwar mehr oder weniger Einzelkämpfer, doch bedienten sie sich auf dem Schlachtfeld manchmal auch der sehr wirkungsvollen Taktik des Pfeilhagels. Streitkräfte sind nicht erst dann besiegt, wenn der letzte Soldat gefallen ist; eine Streitkraft ist besiegt, wenn die Moral der Truppe sinkt. Und genau das konnte man mit einem Pfeilhagel erreichen. Schossen die Langbogenschützen alle auf einmal, färbte sich der Himmel schwarz mit Pfeilen, und meist wurden mehrere Gegner gleichzeitig getroffen.

und fügten dem Feind somit auch keine großen Verluste zu. Doch zermürbten sie die gegnerischen Truppen oder provozierten Verfolgungsjagden, die die feindlichen Linien dann doch aufweichten.

PFEILHAGEL

Ein Pfeilhagel erforderte eine Truppenformation, bei der möglichst alle Schützen gleichzeitig feuern konnten. Die Bogenschützen zielten mit ihren Pfeilen über die Köpfe der Kameraden hinweg auf die gegnerischen Linien; den Armbrustschützen und den Soldaten, die mit Feuerwaffen kämpften, war diese Taktik aufgrund der flacheren Flugbahn ihrer Geschosse verwehrt.

Historischen Berichten zufolge hatte es einen verheerenderen Effekt auf die Moral der Truppe, wenn ein halbes Dutzend Krieger gleichzeitig niedergestreckt wurde als wenn fünfmal so viele Männer in fünf Minuten fielen. Mit einem Pfeilhagel erreichte man deutlich mehr als mit Plänkeleien; eine ganze Armee konnte man damit vielleicht nicht vernichten, doch machte man sie zumindest anfällig für einen Angriff anderer Einheiten.

Selten waren Schützen dazu in der Lage, auf sich gestellt in der Schlacht entscheidende Ergebnisse zu erzielen; meist waren sie auf die Unterstützung anderer Truppen angewiesen. Wie effektiv die Kombination von Bogenschützen und schwerer Reiterei war, hatten die Engländer vorgemacht (siehe S. 144f.). Die Bogenschützen weichten die gegnerische Formation auf, die Kavallerie besorgte den Rest. Manchmal machte die Kavallerie den Gegner auch nur bewegungsunfähig, während die Bogenschützen einen Feind nach dem anderen töteten.

SCHÜTZEN SCHÜTZEN

Bei Handgemengen waren die Schützen eindeutig im Nachteil; gegen Schwerter und andere Handwaffen hatten sie kaum eine Chance. Bis zur Erfindung der Repetierbüchse konnten die Schützen längst nicht so schnell schießen wie ein anderer Krieger Hiebe mit dem Schwert austeilen konnte, und auch der zum Schießen erforderliche Platz stand ihnen im Nahkampf nicht zur Verfügung. So trug auch der Schütze meist eine Seitenwaffe oder versuchte, sich aus Zweikämpfen herauszuhalten.

Letzteres war theoretisch zwar eine gute Idee, praktisch aber nicht immer durchführbar. Die Schützen trugen leichtere Rüstungen und konnten sich deshalb auch schneller bewegen als die schwere Infanterie; dies schützte sie jedoch nicht vor Überraschungsangriffen. Mitunter wurden sie auch von der leichten Infanterie über das ganze Schlachtfeld gejagt und wenn auch nicht gefangen, so doch wenigstens vom Schießen abgehalten.

Reiter konnten sich natürlich noch schneller bewegen. Bei vielen kriegerischen Auseinandersetzungen erhielt die schwere oder leichte Kavallerie die Auf-

BERITTENE BOGENSCHÜTZEN

Bei dieser klassischen Taktik begibt sich der jeweils erste Reiter einer Reihe in Schussweite und wendet sein Pferd dann nach rechts. Er reitet für einen kurzen Moment parallel entlang der feindlichen Front und schießt. Dann reitet er an das Ende der eigenen Formation und ruht sein Pferd ein wenig aus. In der Zwischenzeit rückt die nächste Reihe vor. So ergibt sich ein ständiger Beschuss. Später entwickelte die mit Pistolen bewaffnete Kavallerie ein ähnliches Manöver: die sogenannte Caracolla. Da die Bogenschützen mit links schossen, eine Pistole aber mit rechts abgefeuert wird, musste der Reiter sein Pferd nach links wenden.

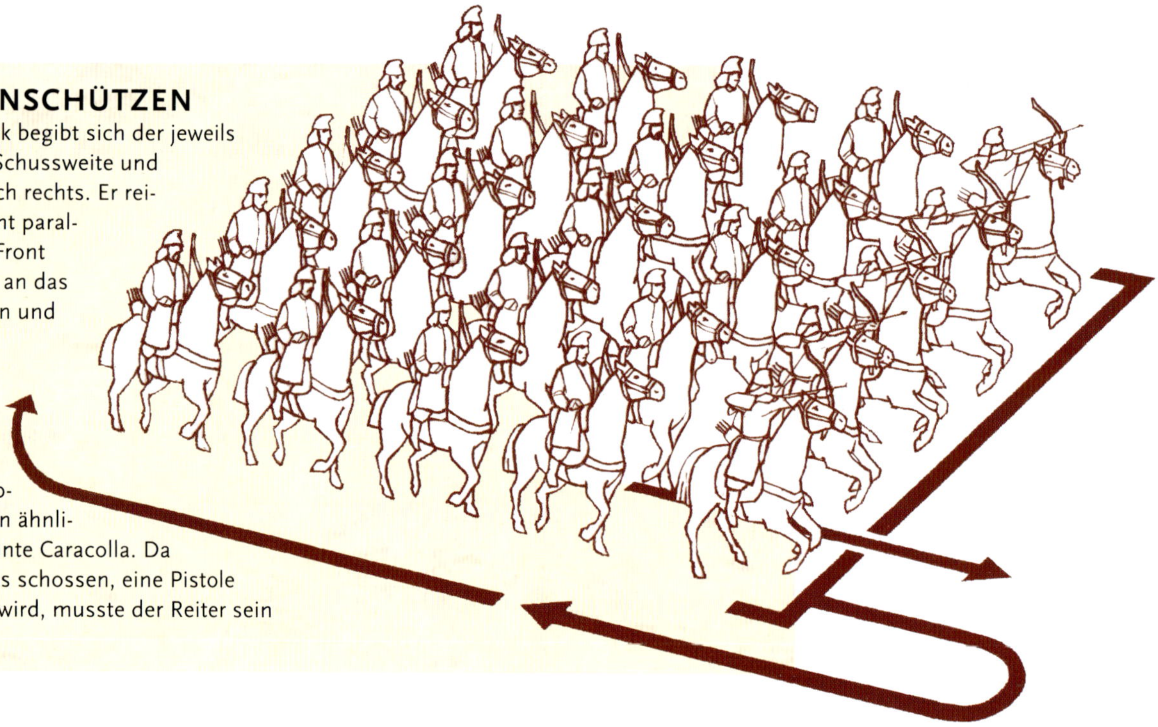

gabe, die gegnerischen Schützen zu überrennen, bevor diese Schaden anrichten konnten. Aus diesem Grund musste ein Weg gefunden werden, die Schützen zu schützen. Entweder postierte man sie in unwegsamem Gelände, wo die Reiterei sie nicht erreichen konnte, oder zumindest dort, wo sie einen strategischen Vorteil hatten.

Eine günstige strategische Position für Bogenschützen war beispielsweise hinter einer Hecke oder einer Mauer oder auf einem Hügel, von dem herab sie auf den Feind schießen konnten. Dort hatten sie auch eine bessere Stellung, sollte es doch zu Zweikämpfen kommen. Einige Bogenschützen rammten angespitzte Holzstäbe vor sich in den Boden, um die Kavallerie abzuhalten. Ein Bogenschütze, der mit einer Handwaffe kämpfte, erfüllte jedoch seine eigentliche Funktion nicht; dies war demzufolge am besten zu vermeiden.

Den besten Schutz für Bogenschützen boten Fußsoldaten oder zu Fuß kämpfende berittene Soldaten, die den Auftrag hatten, den Gegner von den Schützen fernzuhalten. Manchmal erfüllte auch die bloße Anwesenheit einer Kavallerieeinheit diesen Zweck, die jedem, der den Schützen zu nahe kam, mit einem Gegenangriff drohte. Diese Einheit war dann zwar nicht aktiv an der Schlacht beteiligt, konnte aber durchaus über ihren Ausgang entscheiden.

Nicht jeder war bereit, diese Aufgabe zu übernehmen, die nach den Vorstellungen der damaligen Zeit unrühmlich, wenn auch wichtig war. Eine wenig disziplinierte Truppe ließ sich vielleicht doch andernorts in Kämpfe verwickeln und überließ die Schützen ihrem Schicksal.

Den besten Standort hatte ein Bogenschütze innerhalb der Mauern einer Burg oder anderen befestigten Anlage. Dort war er vor einem direkten Angriff geschützt und konnte sein wahres Talent unter Beweis stellen. Umgekehrt war ein

KOMBINATIONSTAKTIK

Die Kreuzfahrer waren nicht die einzige Armee, die sich zuweilen einer Kombinationstaktik bediente. Bei den Seldschuken schützten mit Schilden und langen Speeren bewaffnete Krieger die Bogenschützen dahinter. Solche oder ähnliche Formationen waren im Lauf der Geschichte immer wieder in Gebrauch. Die napoleonische Infanterie etwa schützte sich so vor der gegnerischen Kavallerie; ganz vorne standen Soldaten mit aufgepflanzten Bajonetten, dahinter schießende Soldaten. Erst mit dem Aufkommen von Feuerwaffen mit schneller Schussfolge wurde die Taktik schließlich obsolet.

Schütze dazu in der Lage, einen Feind zu treffen, der sich in einer befestigten Burg verschanzt hatte und für andere Soldaten unerreichbar war. Auf diese Weise unterstützten die Schützen ihrerseits auch die angreifende Infanterie. Insbesondere bei Belagerungen bzw. bei Angriffen auf Befestigungsanlagen spielten die Schützen eine wichtige Rolle. Hatten ihre Geschosse eine flache Flugbahn, was bei Armbrüsten und Feuerwaffen der Fall war, mussten sie natürlich in direkter Linie

In dieser Darstellung einer Schlacht aus dem Hundertjährigen Krieg stehen die Schützen im Vordergrund. Die Rüstungen gab es so nicht.

Gefangene französische Ritter werden nach der Schlacht von Agincourt vom Feld geführt. Bogenschützen konnten sich von Gefangenen kein Lösegeld erhoffen und ließen sie meist frei.

feuern. Auf diese Weise konnte nur jeweils eine Reihe auf einmal feuern, und die Schussfolge war relativ langsam. Auch über ein Hindernis wie beispielsweise eine Burgmauer konnten Armbrustschützen nicht schießen, was für Bogenschützen hingegen nicht das geringste Problem darstellte. So konnten Armbrustschützen auch nur die ersten Reihen des Feindes unter Beschuss setzen.

Bogenschützen feuerten ihre Pfeile in hohem Bogen ab, weshalb mehrere Reihen gleichzeitig schießen konnten. Feuerten viele Bogenschützen ihre Pfeile gleichzeitig ab, färbte sich der Himmel schwarz vor umherschwirrenden Pfeilen; der Anblick und die Geräusche mussten für die gegnerischen Truppen ausgesprochen furchterregend gewesen sein. Ein Beschuss direkt von oben konnte sogar die feindliche Kavallerie außer Gefecht setzen; die Reiter mochten durch ihre Rüstung geschützt sein, die Pferde waren es in der Regel nicht.

Auf diese Weise konnten die Bogenschützen auch die hinteren Reihen des Feindes angreifen. Auf kurze Distanz schoss man einen Pfeil mit hoher Flugbahn mitten in die feindliche Formation hinein, ein Schuss mit flacher Flugbahn hingegen dezimierte die Männer in den vorderen Reihen. Beide Methoden waren außerordentlich wirkungsvoll. Alles in allem war der Bogenschütze der effektivste und wendigste der mittelalterlichen Schützen; dass er allmählich von Soldaten mit Feuerwaffen vom Schlachtfeld verdrängt wurde, hatte eher gesellschaftliche denn technische Gründe.

Es gibt nur eine historisch belegte große Schlacht, in der Schützen mit Schießpulver Schützen mit Pfeil und Bogen sowie Schützen mit Musketen gegenüberstanden: die Schlacht bei Plassey, die 1757 in Indien ausgetragen wurde. Es ist überliefert, dass die Pfeile den Briten stärker zusetzten als die Musketen. Mit einer Muskete beschossen zu werden bedeutete einen Lichtblitz und Rauch, einen Knall und im günstigen Fall die Erkenntnis, nicht getroffen worden zu sein. Pfeile waren eine ganz andere Sache. Der Soldat sah, wie der Pfeil abgeschossen wurde und auf ihn zuflog – genug Zeit, um Angst zu bekommen, auch wenn man nicht getroffen wurde. In gewisser Weise war das Schießen mit Pfeil und Bogen eine viel persönlichere Angelegenheit. Diese Art von Beschuss ließ die Moral der Truppe rascher sinken. Dabei war der Pfeilhagel in Plassey sicher nicht so dicht wie etwa in Agincourt, was verständlich macht, warum der englische Langbogenschütze bei seinen Feinden so gefürchtet war.

AGINCOURT, 1415

Im Jahr 1415 befanden sich die Engländer erneut auf einem Feldzug auf dem europäischen Festland, dieses Mal unter Heinrich V. (1387–1422). Nach der Einnahme von Harfleur zogen die Engländer in

Richtung Calais, wo sie überwintern und sich von der Ruhr erholen wollten. Sie hatten nur rund 750 Ritter und berittene Soldaten sowie etwa 5000 Bogenschützen. Die von Charles d'Albret (gest. 1415) angeführten Franzosen zählten 7000 berittene Soldaten und doppelt so viele Fußsoldaten. Zudem standen ihnen etwa 3000 Armbrustschützen sowie einige Kanonen zur Verfügung. Sie standen zwischen Heinrich und Calais und durften nur nicht geschlagen werden, um zu verhindern, dass der englische König sein Winterquartier erreichte. Also verlegten sie sich zunächst auf eine bloße Verteidigungsstrategie. Heinrich sammelte seine Truppen zur Schlacht; die Flanken waren durch einen Wald geschützt, die Bogenschützen vermischten sich mit den zu Fuß kämpfenden berittenen Soldaten. Um die massive gegnerische Kavallerie abzuhalten, rammte man angespitzte Stämme in den Boden. Da die Franzosen ihrer Verteidigungstaktik zunächst treu blieben, musste Heinrich als Erster angreifen. Seine Bogenschützen eröffneten das Feuer. Aus irgendeinem Grund befanden sich die französischen Armbrustschützen ganz hinten im Feld, und so musste die Kavallerie vorrücken. Schon bald fand diese sich zwischen den Wäldern eingeklemmt und von Langbogenschützen unter Beschuss gesetzt; wo sie direkten Feindkontakt hatte, konnte sie ihn nicht zurückdrängen. Die nachfolgenden Reiter mussten über die Toten und Verletzten hinwegreiten, den schlammigen Boden hatte Hunderte von Pferdehufen zusätzlich aufgeweicht. Es kam zu kleineren Handgemengen, die die Franzosen jedoch auch nicht für sich entscheiden konnten.

Schließlich drängten die Engländer die angreifenden Franzosen zurück. Obwohl ein Großteil der französischen Armee gar nicht in die Schlacht verwickelt gewesen war, waren die Verluste sehr hoch. Heinrich erreichte Calais unbeschadet.

Agincourt kostete die Franzosen fast 100 Adlige und mehr als 1500 berittene Soldaten. Rund 200 Soldaten gerieten in Gefangenschaft. Die Engländer verloren etwa 400 Mann. Dies lag daran, dass die Engländer aus größerer Entfernung zuschlagen konnten und die Franzosen dem wenig entgegenzusetzen hatten. Der stetige Beschuss vonseiten der Langbogenschützen hatte verhindert, dass die Franzosen die englischen Linien durchbrachen.

DIE SCHLACHT VON AGINCOURT, 1415

Wären die Franzosen (blau) ihrem Plan einer Verteidigungsschlacht treu geblieben, hätten sie bei Agincourt sicherlich den Sieg davongetragen. Doch sie griffen die taktisch überlegenen englischen Bogenschützen (rot) auf schlammigem Untergrund an. Die französischen Soldaten kämpften zwar tapfer und konnten kleinere Siege erringen, gegen die Bogenschützen hatten sie jedoch keine Chance.

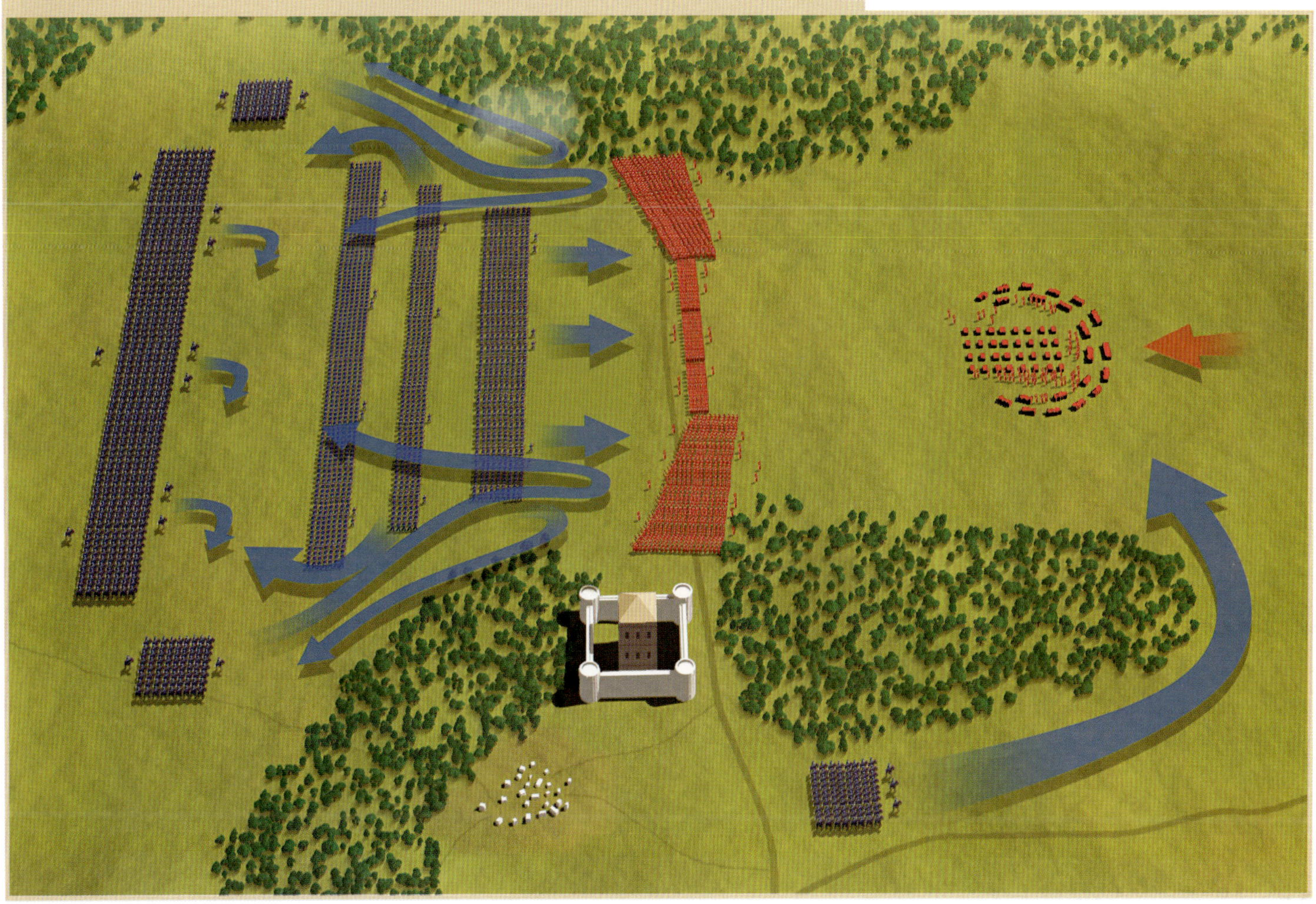

Belagerungs-taktiken

Obwohl mittelalterliche Schlachten und Ritterturniere die Fantasie stärker anregen, war es doch in erster Linie die Einnahme oder Verteidigung von Burgen und anderen befestigten Anlagen, die die Kräfteverhältnisse der damaligen Zeit bestimmten. Die meisten Schlachten wurden geschlagen, um die Einnahme einer Festung zu verhindern oder um eine Armee aufzuhalten, die sich auf dem Vormarsch auf eine befestigte Stadt befand.

In dieser Darstellung aus dem 15. Jahrhundert wird die Belagerung von Mortagne im Jahr 1378 gezeigt. Die Belagerer schießen aus befestigten Feldlagern heraus und benutzen Boote, um sich der belagerten Stadt von der anderen Seite her zu nähern.

Eine Niederlage in der Schlacht veranlasste den Kriegsherrn möglicherweise dazu, Friedensverhandlungen zu führen, weil vielleicht einige seiner wichtigsten Krieger in Gefangenschaft geraten waren. Doch gingen die meisten Schlachten im Großen und Ganzen gesehen eher unentschieden aus. Der »Sieger« hatte nun Zeit, andere Ziele wie etwa das Verwüsten der Gegend oder die Einnahme einer Burg zu verfolgen, doch änderten mittelalterliche Schlachten im Allgemeinen nichts am Lauf der Welt.

Auf Belagerungen hingegen trifft dies nur teilweise zu. Nicht Ritter oder Bogenschütze entschieden über das Schicksal von Königreichen, sondern Sappeur, Truppenhandwerker und Artillerist. Diese aber konnten kaum ihrer Kunst nachgehen, wenn sie von anderen Einheiten angegriffen wurden. Auch die Fußsoldaten und zu Fuß kämpfenden Ritter, deren Aufgabe es war, eine Festung zu stürmen, wollte sich der Feind partout nicht ergeben, mussten von den Schützen die bestmögliche Deckung erhalten.

Eine Festung nahm man mit einem Überraschungsangriff, heimlich, durch Verrat oder auch durch Verhandlungen ein; hatte all das keinen Erfolg, war eine Belagerung die einzige Option. Auch die stärkste Festung konnte eingenommen werden, wenn sie schlecht verteidigt war oder jemand den Angreifern die Tore öffnete – was von Zeit zu Zeit durchaus vorkam. Manchmal erlitten stark befestigte Burgen auch das unrühmliche Schicksal, eingenommen zu werden, weil sich die Angreifer auf ungewöhnliche Art und Weise Zugang verschafften – etwa durch einen Toilettenschacht.

Es konnte auch geschehen, dass die Angreifer die Mauern erklommen und sich dann zu einem Tor durchkämpften, das sie ihren Kameraden öffneten. Die Verteidiger der Burg versuchten dann, das Tor um jeden Preis zurückzuerobern und zu schließen – meist der entscheidende Punkt bei einem Angriff dieser Art.

Auch Verhandlungen waren wie bereits erwähnt nicht selten. Vielleicht war der Befehlshaber einer Festung bestechlich, oft verlangten aber auch die Konventionen eine Kapitulation. Ein Herrscher hatte seinen Vasallen gegenüber eine Fürsorgepflicht; erfüllte er diese nicht, waren auch die Vasallen nicht verpflichtet, bis zum bitteren Ende zu kämpfen.

In dieser Illustration wird die Belagerung Meluns (15. Jh.) in drei Stadien gezeigt: Verhandlungen mit der Besatzung, die Erstürmung der Mauern mit einer Leiter und das Graben eines Tunnels.

BELAGERUNGS-KONVENTIONEN

In diesen Konventionen war u. a. festgehalten, dass die Bevölkerung der belagerten Burg oder Stadt im Falle einer Kapitulation geschont wurde – nicht unbedingt eine Ehrensache für die Belagerer, die harte Entbehrungen hatten erdulden müssen. Kam keine andere Streitmacht der Burg zu Hilfe oder konnten die Belagerer nicht geschlagen werden, einigte man sich meist auf ein bestimmtes Datum und eine Uhrzeit der Kapitulation.

DIE BURG QUÉRIBUS

Die Burg Quéribus stellt ein extremes Beispiel der Erbauung einer Burg auf einem Berg dar. Man erhoffte sich davon einen großen strategischen Vorteil; es war schon schwierig, überhaupt die erste Burgmauer zu erreichen. Potenzielle Angreifer mussten verschiedene Mauern und Tore überwinden, und jedes Mal empfing sie Geschossfeuer von der nächsten Mauer. Natürlich konnte auch eine konzentrisch angelegte Festung wie diese eingenommen werden, doch war die Wahrscheinlichkeit hoch, dass den Belagerern vor der innersten Mauer die Männer ausgingen. Während des Albigenserkreuzzugs (1209–29) hielten die Katharer die Festung, die erst 1255 kapitulierte. Danach nahm Quéribus eine Schlüsselstellung in der Verteidigung Frankreichs gegen spanische Invasoren ein.

Auch die Belagerung selbst folgte bestimmten Mustern. So wurde eine Festung umzingelt, damit keiner daraus fliehen und die Bewohner allmählich ausgehungert werden konnten. Letzteres griff vor allem dann, wenn es den Belagerern nicht gelang, die Burg mit Gewalt einzunehmen. Das Aushungern nahm jedoch eine lange Zeit in Anspruch, während der die belagernde Armee ein Lager vor der Burg oder Stadt errichten musste. Auch diese hatte mit knappen Vorräten sowie Krankheit zu kämpfen; je länger sich eine Belagerung hinzog, desto wahrscheinlicher wurde es, dass eine andere Streitmacht der Festung zu Hilfe kam.

Eine Belagerung mit Handfeuerwaffen sowie Pfeil und Bogen im späten 15. Jahrhundert. Handfeuerwaffen waren jedoch nicht sehr effektiv.

Dies vermied man am besten, indem man die Burg – möglichst erfolgreich – angriff oder zumindest mit einem Angriff drohte; dann standen die Chancen für eine Kapitulation unter günstigen Bedingungen für beide Seiten nicht schlecht. Oft gab der Anblick einer angriffsbreiten Belagerungsmaschinerie den Ausschlag oder auch die Tatsache, dass sich die Belagerer unaufhaltsam den Burgmauern näherten.

Um Mauern zu überwinden, musste man über, unter oder durch sie gelangen. Für den ersten Weg benötigte man Leitern oder Belagerungstürme, die auch dem unaufmerksamsten Beobachter nicht verborgen bleiben konnten. Der Weg unter der Mauer hindurch barg die Gefahr, dass der Tunnel entdeckt wurde und sich in eine Todesfalle verwandelte.

Das machte das Graben als Belagerungstechnik jedoch nicht überflüssig. Es wurde nur nicht zum Umgehen einer Mauer angewendet, sondern um sie zum Einsturz zu bringen. Und dafür gab es zwei Möglichkeiten: Man konnte einen Tunnel graben und diesen einstürzen lassen, wobei die Mauer meist mit zusammenbrach. Man konnte aber auch das Erdreich um die Mauer herum entfernen.

Zudem brachte man Mauern mit Rammböcken oder Katapulten zum Einsturz, im späteren Mittelalter auch mit Kanonen. Das bloße Vorhandensein guten Belagerungsgeräts konnte die Verteidiger schon zur Aufgabe bewegen; wenn nicht, kamen die Maschinen auch zum Einsatz. Die leichte Artillerie hielt die Verteidiger in Schach oder tötete sie, die schwere attackierte die Mauern. Möglicherweise schoss der Feind mit eigener Artillerie zurück; hatte er jedoch keine geeigneten Waffen, konnten sich die Angreifer ungestraft ihrer Arbeit widmen.

Ein anderer Weg durch eine Mauer führte natürlich durch ein Tor. Tore waren in der Regel zwar gut bewacht, doch war selbst das dickste Tor nicht so widerstandsfähig wie eine Steinmauer. Mit fortschreitender Entwicklung der Befestigungen erhielt das Bewachen der Tore oberste Priorität; man erfand spezielle Gebäude wie etwa das Vorwerk, das dieser Schwachstelle in der Verteidungsanlage besonderen Schutz verleihen sollte.

VERTEIDIGUNGSARCHITEKTUR

Mauer mit Zinnen

Befestigungsanlagen bestanden aus einer Reihe von typischen Elementen. Zinnen ermöglichten es Bogenschützen und Spähern, zumindest teilweise in Deckung zu gehen. Manchmal wurde die Lücke noch durch Holztafeln geschützt. Schießscharten waren später kreuzförmig gestaltet; sie boten fast vollständige Deckung und die Öffnung war groß genug, dass man mit einer Armbrust hindurchschießen konnte. Schießscharten für Gewehre waren oft rund. Die Schießscharte gewährte dem Armbrust- oder Bogenschützen Schutz, ohne gleichzeitig eine allzu große Schwachstelle im Mauerwerk zu bilden.

Schießscharte für Bogenschützen

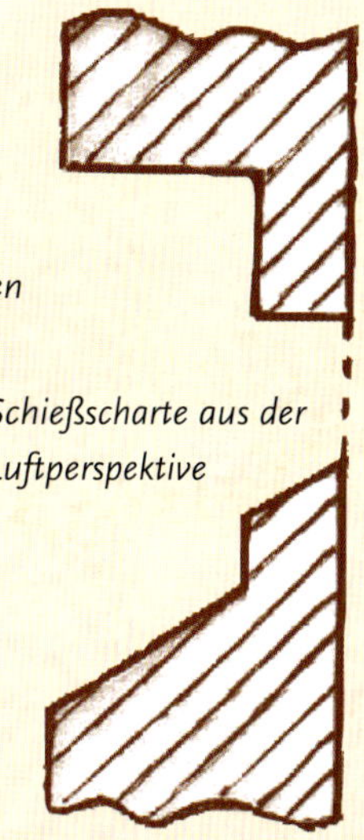

Schießscharte aus der Luftperspektive

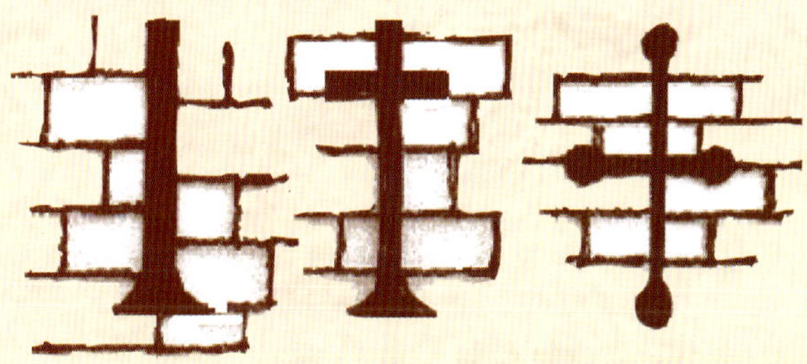

Verschiedene Schießschartenformen

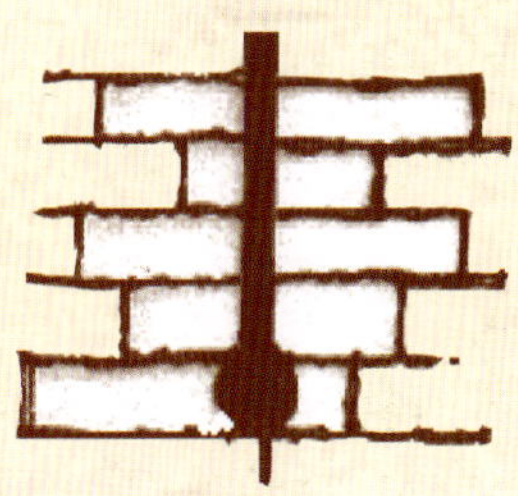

Scharte für eine Handfeuerwaffe

Moderne Militärstrategen sagen, dass ein Hindernis, das keine Deckung erhält, auch kein Hindernis ist. Mit anderen Worten: Auch die beste Mauer ist nutzlos, wenn sie nicht entsprechend verteidigt wird. Befestigungsanlagen hielten zwar den gewöhnlichen Dieb oder Plünderer ab – gegen einen zum Eindringen entschlossenen Feind waren sie machtlos.

Die Festungen im Mittelalter garantierten nicht unbedingt die Sicherheit ihrer Bewohner, sondern dienten lediglich als Verstärkung der Verteidigung. Konnte man sich hinter einem Wall verschanzen, hatte auch eine Handvoll Männer gegen eine ganze Armee eine Chance; diesen Wall zu beseitigen war die Aufgabe des Belagerungspioniers und Artilleristen.

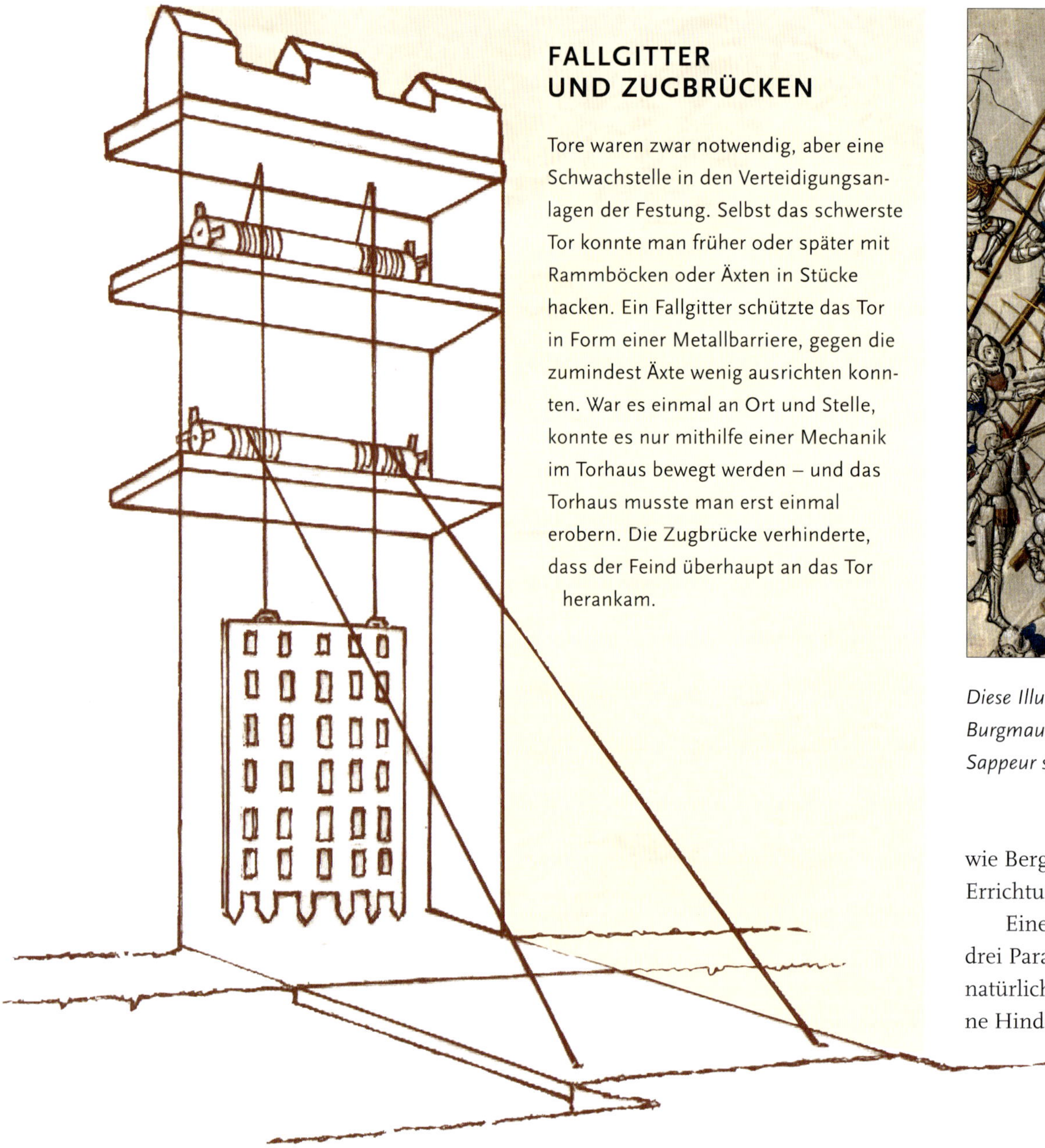

FALLGITTER UND ZUGBRÜCKEN

Tore waren zwar notwendig, aber eine Schwachstelle in den Verteidigungsanlagen der Festung. Selbst das schwerste Tor konnte man früher oder später mit Rammböcken oder Äxten in Stücke hacken. Ein Fallgitter schützte das Tor in Form einer Metallbarriere, gegen die zumindest Äxte wenig ausrichten konnten. War es einmal an Ort und Stelle, konnte es nur mithilfe einer Mechanik im Torhaus bewegt werden – und das Torhaus musste man erst einmal erobern. Die Zugbrücke verhinderte, dass der Feind überhaupt an das Tor herankam.

Diese Illustration (14. Jh.) zeigt den Versuch, Burgmauern mit Leitern zu erstürmen. Ein Sappeur schlägt in den unteren Teil ein Loch.

Belagerungstruppen spielten zwar eine wichtige Rolle, repräsentierten aber nur einen Aspekt der mittelalterlichen Kriegsführung. Nur die Kavallerie kam bei einer Belagerung nicht direkt zum Einsatz; doch auch die Ritter konnten absteigen und ihre Kameraden beispielsweise vor einer der Burg zu Hilfe eilenden Streitmacht schützen.

Auch die Reiter hinter den Mauern der belagerten Burg konnten von ihren Pferden keinen allzu großen Gebrauch machen. Meist kämpften sie zu Fuß und halfen bei der Verteidigung der Mauern und der Tore. Zog sich die Belagerung länger hin, endete so manches Pferd auch im Kochtopf oder in der Pfanne.

Bei der Verteidung oder Belagerung einer Burg oder Stadt spielte demnach fast jeder Krieger eine Rolle. Es gab allerdings auch Spezialisten.

DIE HISTORISCHE PERSPEKTIVE

Schutz zu suchen – vor den Elementen, wilden Tieren oder voreinander – ist eine grundlegend menschliche Eigenschaft. Selbst als man dicke Mauern errichten konnte, griff man bei der Lage der Gebäude noch gerne auf natürliche Hindernisse wie Berge zurück oder bezog sie in die Errichtung einer Festung gleich mit ein.

Eine Befestigungsanlage bestand aus drei Parametern: Mauern, Höhe und natürliche oder von Menschen geschaffene Hindernisse. Die Mauern waren aus Erde, Stein oder Holz gebaut. Sie dienten als Barriere sowie als Schutz vor feindlichen Geschossen und verhinderten, dass der Gegner sah, was in der Festung vor sich ging.

Höhe bot den Verteidigern den Vorteil, von oben kämpfen zu können, was wesentlich weniger kräftezehrend war. Zudem hatten sie einen guten Rundumblick über die Umgebung.

Hindernisse wie etwa ein Burggraben machten es den Angreifern noch schwerer. Sogar ein trockener Graben verhinderte, dass man mit Belagerungsgerät wie Rammböcken oder Türmen allzu nah an die Burg herankam; kämpfte sich der Angreifer mit Leitern durch den Graben, bot er Bogenschützen ein leichtes Ziel. Mit Wasser gefüllte Gräben waren sogar noch effektiver.

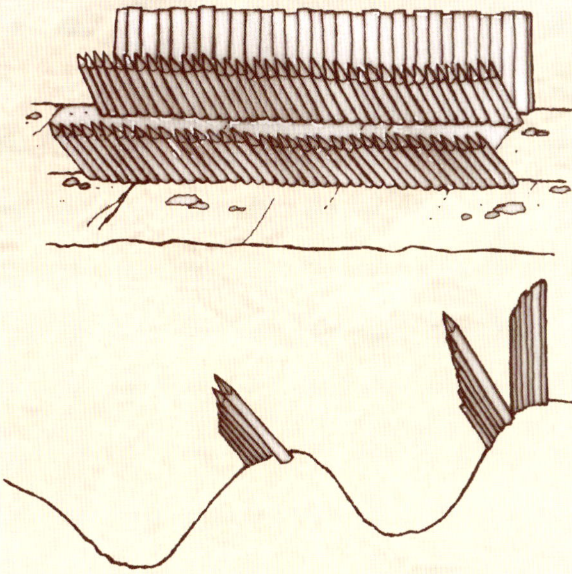

VERSCHANZUNGEN

Ein Graben vor der Mauer machte die Mauer höher und behinderte den Angreifer, der sich erst einmal durch den Graben kämpfen musste und so eine ausgezeichnete Zielscheibe bot. Noch effektiver waren konzentrisch angelegte oder mit Pfählen verstärkte Gräben. Dass sich der Feind darauf aufspießte, kam selten vor, doch erschwerten sie sein Fortkommen erheblich. Manchmal wurden die Gräben auch mit einfachen Zäunen ausgestattet – kein unüberwindliches Hindernis für den Feind, aber eines, das ihn im Idealfall lang genug aufhielt.

Eine Festung auf einem Hügel zu errichten erfüllte eine ähnliche Funktion wie ein Graben: Auch hier lagen die Mauern höher und erschwerten es dem Feind, sie zu erklimmen. Jede Verzögerung auf Seiten des Angreifers gereichte dem Verteidiger zum Vorteil, da nun die Bogen- und andere Schützen mehr Zeit hatten, ihre Geschosse abzufeuern.

Ein Haus mit dicken Mauern in schwer zugänglichem Terrain zu errichten war nicht allzu kostspielig; in Gegenden, die häufig mit Krieg überzogen wurden, finden sich viele dieser befestigten Bauernhäuser des niederen Adels. Sie veränderten sich auch im Laufe der Zeit nur wenig, während die Fertigkeit, eine Burg nach allen Regeln der Kunst zu befestigen, im Mittelalter rasche Fortschritte machte. Zu den frühen Befestigungsanlagen gehörte die Motte, auch Turmhügelburg, Erdhügelburg oder Hausberg genannt. Sie bestand aus einem künstlich angelegten Erdhügel mit meist turmförmigem Gebäude. Das angrenzende Dorf war in der Regel noch von einer Holzpalisade umgeben.

Allmählich wichen Holzbauten gehobeneren Steinkonstruktionen, die mit ihren soliden Fundamenten eine bessere Barriere darstellten. Sie waren auch weniger brandanfällig.

HOLZBAUTEN

Oben waren Festungsmauern oft mit balkonartigen Holzbauten ummantelt. So hatte der Angreifer keine Chance, am Fuß der Mauer Schutz zu suchen. In den Boden der Holzummantelung waren Löcher gesägt, durch die man auf den Feind darunter schießen konnte. Auch das Herunterschütten von beispielsweise heißem Wasser war sehr wirkungsvoll. Die meisten dieser Holzbauten wurden nur vorübergehend errichtet, manchmal waren sie jedoch fester Bestandteil der Burg.

SCHUSSFELDER

All die Mauern, Wälle, Gräben und andere Hindernisse, die sich der Erbauer einer Burg ausdenken konnte, hielten einen entschlossenen Angreifer nicht für immer ab. Diese Befestigungsanlagen dienten lediglich als »Kraftverstärker«, indem sie den Angreifer behinderten und so sein Fortkommen verzögerten – was dem Verteidiger wiederum mehr Zeit gab, auf den Angreifer zu schießen. Deshalb war es lebenswichtig, dass der Verteidiger von jedem Punkt der Festung aus gute Sicht hatte. So mussten beispielsweise Türme einander überschneidende Schussfelder haben, damit sich nirgends ein toter Winkel ergab. Letzterer hätte es dem Angreifer ermöglicht, sich in aller Ruhe der Mauer zu nähern und ungehindert an ihrem Einsturz zu arbeiten.

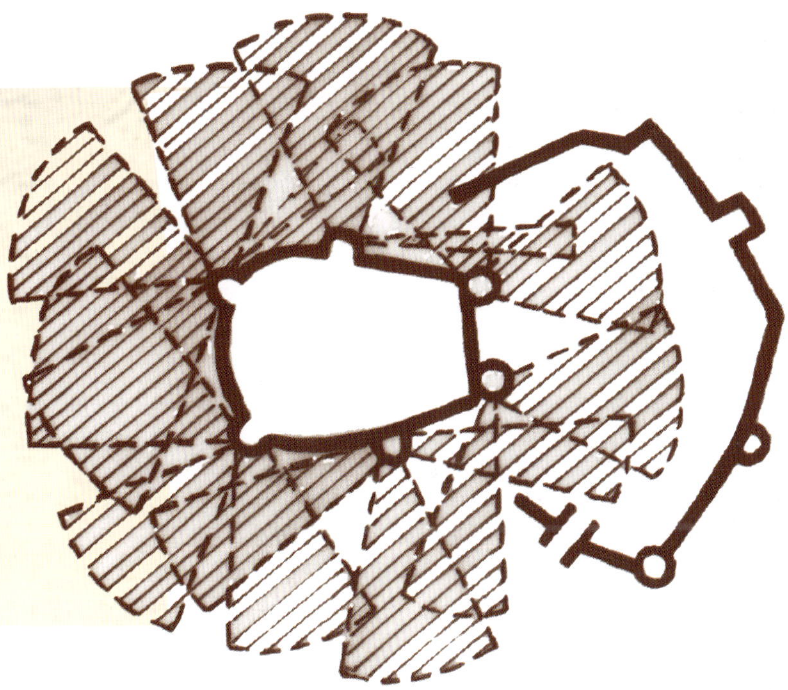

Fortezza di Sarzanello (Italien)

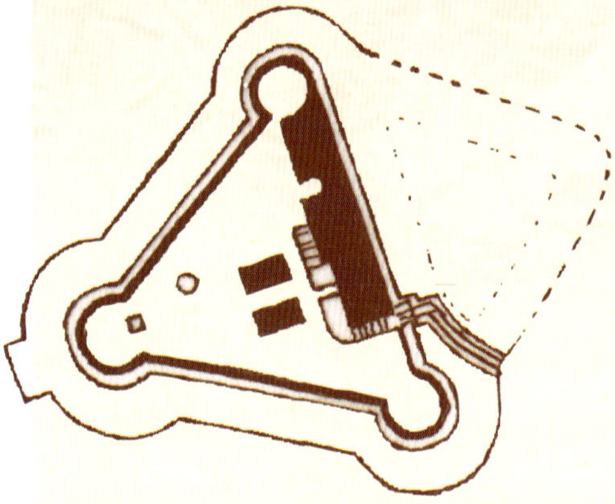

Tor, Alhambra (Spanien)

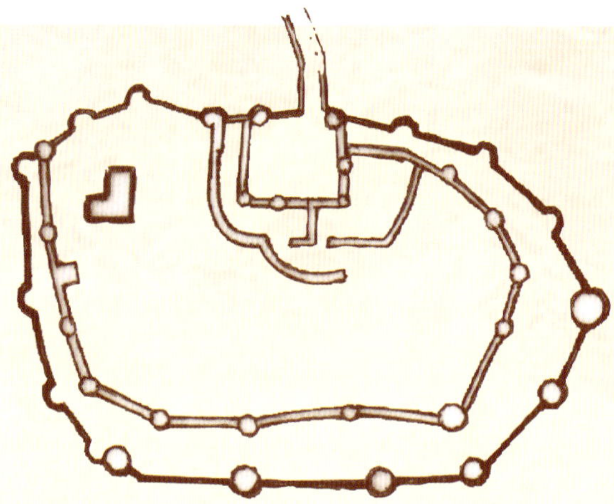

Carcassonne (Frankreich)

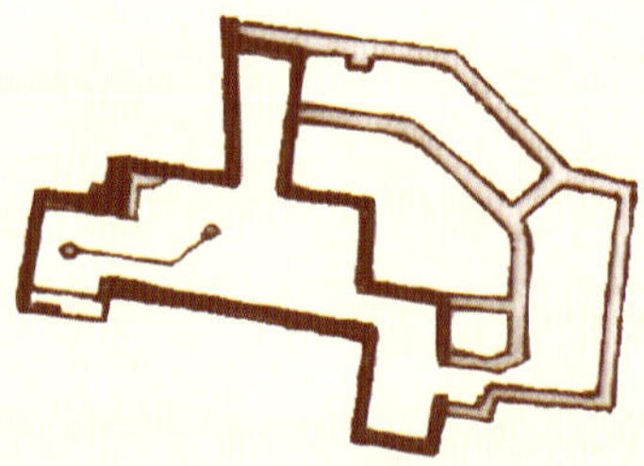

Calatrava la Nueva (Spanien)

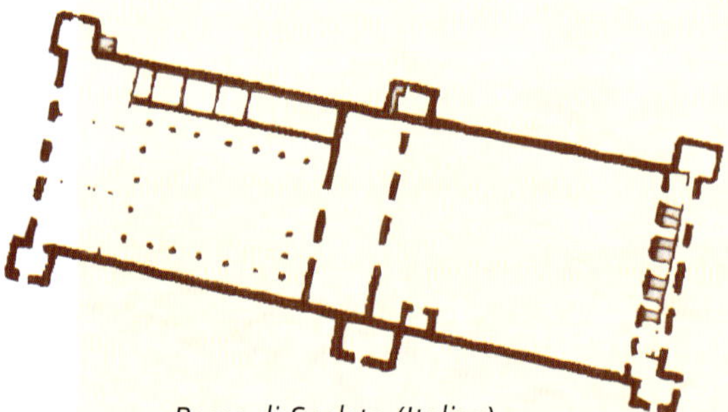

Rocca di Spoleto (Italien)

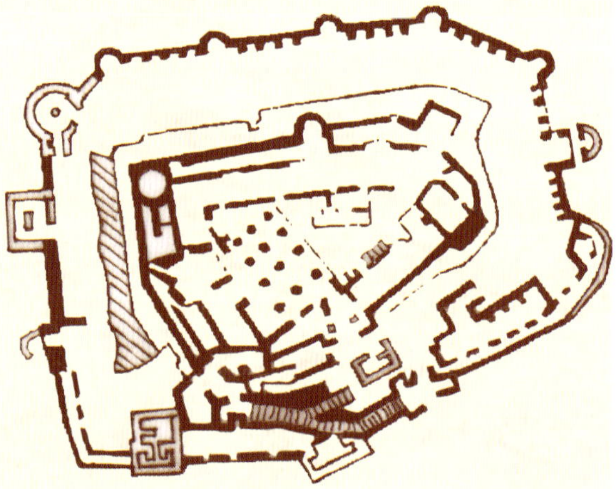

Krak des Chevaliers (Syrien)

VERSCHIEDENE FESTUNGEN

Die klassisch mittelalterliche Burg bestand aus einer Außenmauer mit Türmen, Torhaus und weiteren Befestigungen, die einen inneren Bezirk mit einer Reihe von Gebäuden schützten, zu denen Stallungen, Schmieden und dergleichen gehörten. Letzte Zuflucht bot der Bergfried, der Hauptturm, innerhalb der Burg selbst. Eine solche Burg konnte noch mit konzentrischen Mauern verstärkt werden. In manchen Gegenden befand sich der Bergfried nicht innerhalb der Mauern, sondern war Teil derselben; so konnte der Burgherr den Zugang zur Burg vom stärksten Punkt der Verteidigungsanlage aus kontrollieren. Einige Festungen waren außerordentlich komplex mit äußeren und inneren Bezirken sowie einer Zitadelle angelegt.

Je erfinderischer ein Angreifer darin wurde, in eine Festung einzudringen, desto komplexer wurden auch die Befestigungsanlagen. Die Grundform der Zitadelle mit einfachen Außenmauern wurde im Laufe der Zeit durch Türme auf den Mauern erweitert, die es den Verteidigern ermöglichten, auch parallel zur Mauer zu schießen. Wachhäuschen und Vorwerke schützten die Tore. Die Mauern selbst wurden durch immer ausgefeiltere und solidere Streben verstärkt und ebenso wie die Türme so gestaltet, dass sie Geschosse ablenkten.

Die Kunst des Festungsbaus gipfelte schließlich in konzentrisch angelegten Burgen; gelang es dem Angreifer, eine Mauer zu überwinden, empfing ihn bereits Geschützfeuer von der nächsten. Die Tore bekamen nun ihre eigenen Befestigungen, zu denen auch eine »Todeszone« gehörte, die sich zwischen äußerem und innerem Tor befand. Kam ein Angreifer durch ein Tor, erwartete ihn ein zweites, und er musste noch einmal von vorne anfangen.

Dennoch war keine Festung uneinnehmbar. Meist dienten die Befestigungsanlagen dazu, die Zahl des Feindes immer weiter zu dezimieren. Das bedeutete, dass ein Belagerer mit der nötigen Truppenstärke aufkreuzen musste, wollte er überhaupt eine Chance haben. Gab es nicht genug Bogenschützen, Fußsoldaten und Belagerungsmaschinen, gingen dem Belagerer die Männer aus, bevor die Burg eingenommen war. Dies wiederum machte doch einige Festungen praktisch uneinnehmbar, weil sich kein Angreifer die erforderlichen Truppen leisten konnte – und in weiser Voraussicht meist auch den Versuch unterließ.

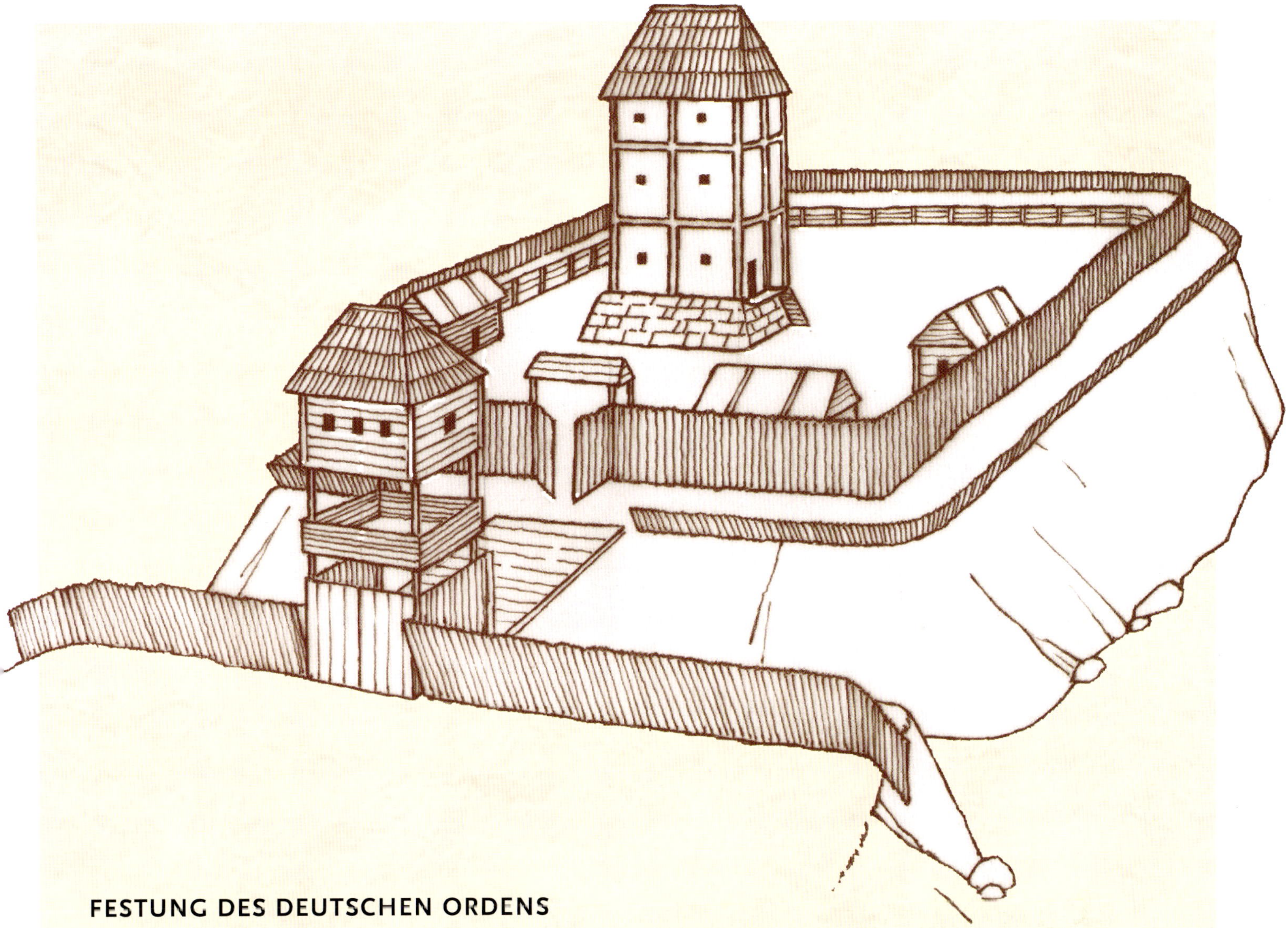

FESTUNG DES DEUTSCHEN ORDENS

Die früheste bekannte Festung bei Marienwerder bestand aus einem hölzernen Bergfried, den man auf einem Steinhügel errichtet hatte. Der Bergfried war von Palisaden umgeben, die sich über die gesamte Hochebene erstreckten. Weiter unten befand sich eine zweite, steil geneigte Palisade, die das Erklimmen der Hochebene selbst erschwerte. Zugang erhielt man über eine schmale Holzbrücke mit Mauer und Torhaus. Die Erbauer machten das Beste aus den natürlichen Gegebenheiten.

Um eine Mauer zu überwinden, konnte der Angreifer mithilfe von Leitern oder Türmen darüber klettern, durch ein Tor brechen oder ein Loch in die Mauer schlagen. Letzteres war recht schwierig; man benutzte zwar Rammböcke oder Katapulte, die damit geschleuderten Steine hatten jedoch eine nach unten gerichtete, keine gerade Flugbahn. Mit dem Aufkommen von Kanonen änderte sich das. Sie feuerten ihr Projektil direkt in die Mauer, entwickelte so eine viel größere Wucht und konnten ganze Mauerabschnitte zerstören. Was ein Katapult mit schweren Steinen in Stunden nicht ausrichten konnte, schaffte eine Kanone möglicherweise in Minuten – die schwere Artillerie mit Kanonen und Schießpulver war geboren.

Heute noch nennt man eine bestimmte Artillerieabteilung nach dem französischen Wort für Schlägerei »Batterie«, was ursprünglich diese Art von Angriff auf Festungen bezeichnete. Mit dem Aufkommen der schweren Artillerie änderte sich notwendigerweise auch die Konstruktion von Befestigungsanlagen.

SAPPEURE UND MINEURE

Sappeure und Mineure waren eher Handwerker denn Soldaten. Sie kämpften nicht, sondern gruben Löcher und beschafften Steine. Generell arbeitete ein Sappeur über der Erdoberfläche, ein Mineur darunter. Beide waren jedoch in unmittelbarer Feindesnähe tätig und befanden sich deshalb meist in Lebensgefahr.

Dennoch standen gerade die Sappeure bei ihren Kriegsherren in nicht allzu großem Ansehen. Alles, was die Sappeure ihrer Meinung nach tun mussten, war, ein Loch zu graben oder mithilfe eines Hebels Steine aus einer Mauer zu stemmen. Dies erforderte weder Geschicklichkeit noch eine Ausbildung; deshalb waren Sappeure zwar auch nicht besonders teuer, aber jederzeit ersetzbar.

TUNNEL

Mit dem Graben eines Tunnels konnte man Befestigungsanlagen zum Einsturz bringen. Doch die Arbeit war gefährlich und extrem zeitaufwendig. Wann immer möglich, wurden die Tunnel heimlich gegraben. Die Verteidiger deckten die Grabarbeiten auf, indem sie Schalen mit Wasser auf den Boden stellten und beobachteten, ob sich das Wasser kräuselte. Anhand dieser simplen Methode konnte man die Position des Feindes erstaunlich genau feststellen.

Der Sappeur wurden normalerweise aus der Bauernmiliz rekrutiert. Über eine militärische Ausrüstung verfügte er nicht, nur das Werkzeug wurde ihm zur Verfügung gestellt – manchmal hob er es auch einfach vom Boden auf, wo der Mann, den er ersetzte, es hatte fallen lassen, als er getötet wurde.

Mit der Zeit erlangte die Arbeit der Sappeure jedoch mehr Anerkennung. Allmählich entwickelten sich richtige Einheiten von speziell ausgebildeten Sappeuren und Belagerungspionieren.

Mineure mussten etwas geschickter sein als Sappeure; ihre Aufgabe war es, Tunnel zu graben, die zumindest einige Tage lang nicht einstürzten. Diese Arbeit ging nur sehr langsam voran. Außerdem sollte der Tunnel meist auch zu einer bestimmten Stelle führen – der Kommandeur der Mineure musste also mehr können als nur graben. Die eigentliche Grabarbeit verrichteten in der Regel ebenfalls Bauern.

Sappeure und Mineure waren oft unterernährt und schlecht ausgerüstet. Als Seitenwaffe führten sie meist nur ein Messer oder einen Dolch mit sich – im Notfall benutzten sie auch ihre Werkzeuge zum Kämpfen.

DER ARTILLERIST

Vor der Erfindung des Schießpulver feuerte die Artillerie mit Steinen oder Bol-

In dieser Darstellung (14. Jh.) schützen sich die Angreifer mit einer fahrbaren Überdachung vor herabgeworfenen Steinen und heißem Wasser.

RIESENARMBRUST

Mit Waffen dieser Art konnte man den Mauern einer Festung zwar wenig anhaben, dem Feind aber hohe Verluste zufügen – ohne dass dieser die Möglichkeit zur Vergeltung gehabt hätte. Wurden die Männer auf diese Weise einer nach dem anderen niedergestreckt, senkte das die Moral der Verteidiger enorm und verleitete sie zur Unachtsamkeit. Dann wiederum hatten Sappeure leichteres Spiel. Die Belagerten ihrerseits hatten die Möglichkeit, leichtere Maschinen in ihren Türmen zu installieren, um damit auf die Angreifer zu schießen. In dieser erhöhten Position waren die Maschinen gegenüber denen, die vom Boden feuerten, etwas überlegen.

zen. Leichtere Maschinen wurden zwar gegen die Verteidiger der belagerten Burg oder Stadt eingesetzt, gegen die Befestigungen konnten sie allerdings nichts ausrichten. Schwerere Maschinen konnten dagegen sogar Steinmauern beschädigen. Dafür war das schwerere Gerät aber auch schwieriger zu transportieren und aufzubauen. Es kam durchaus vor, dass Belagerungsmaschinen in Einzelteilen mitgeführt und erst vor Ort zusammengesetzt wurden. Oder man suchte sich das Material an Ort und Stelle zusammen. Der Transport ganzer Belagerungsmaschinen in der Zeit vor der Verwendung des Schießpulvers war unüblich. Aus diesem Grund waren Belagerungen in Gegenden, wo kein Holz oder anderes Baumaterial aufzutreiben war, äußerst problematisch.

Die Beschaffung des Baumaterials war ebenso Aufgabe des Artilleristen wie das Abfeuern der Waffen selbst. Manchmal musste er im Umkreis von mehreren Kilometern nach dem geeigneten Holz für das Trébuchet suchen. Errichtete er die Maschine aus minderwertigem oder

TRÉBUCHET MIT GEGENGEWICHT

Das Trébuchet machte sich das Hebelarmprinzip zunutze, bei dem ein Gegengewicht auf der kurzen Armseite für die notwendige Beschleunigung der langen Armseite sorgte. Am Ende der langen Armseite war eine Schlinge o. Ä. angebracht, in der sich das Geschoss befand. Senkte sich der kurze Hebel, wurde das Geschoss in Richtung Feind geschleudert. Das Trébuchet konnte sehr präzise ausgerichtet werden.

fehlerhaftem Material, konnte sie beim Abfeuern kaputt gehen, was für die unmittelbare Umgebung natürlich extrem gefährlich war.

War das Material gesammelt – meist aus feindlichem Gebiet –, musste die Belagerungsmaschine zusammengebaut werden. Auch Fehler zu diesem Zeitpunkt konnten tödliche Folgen haben; so musste zumindest einer der Artilleristen ein ausgebildeter Handwerker sein, der sich im Umgang mit Holz und Seilen auskannte, oder ein Spezialist im Errichten von Belagerungsmaschinen.

Die Artilleristen waren auch für die Projektile zuständig, die mitunter sehr schwer sein konnten. Sie mussten sie in die richtige Schussposition hieven – eine Arbeit, die Muskelkraft erforderte und auch von nicht ausgebildeten Männern verrichtet werden konnte. Musste das Projektil allerdings in irgendeiner Weise angepasst werden, war das wieder die Aufgabe des Spezialisten. Steine mussten die richtige Größe und Form haben und deshalb manchmal vor dem Gebrauch von Steinmetzen bearbeitet werden.

War die Belagerungsmaschine zusammengebaut und an der richtigen Stelle und stand ein ausreichender Vorrat an Munition zur Verfügung, konnte der Beschuss beginnen. Die Maschine schussbereit zu machen war schon eine komplexe Angelegenheit, bei der mehrere Männer koordiniert werden mussten. Doch schließlich sollte das Projektil auch noch ein bestimmtes Ziel treffen. Eine Burg stellte zwar ein recht großes Ziel dar, doch waren überall verstreute Treffer kaum das Ergebnis, das man sich wünschte. Idealerweise musste man mehrmals dieselbe Stelle treffen, um effektiv zu sein, und das wiederum erforderte ein großes Maß an Geschicklichkeit.

Die typische Artilleriemannschaft setzte sich aus Experten, Handwerkern und Arbeitern zusammen, die kräftig genug waren, um die Knochenarbeit zu verrichten. Letztere »lieh« man sich meist von der Infanterie aus; die Späher suchten auch nach Projektilen und Holz.

Artilleristen waren in der Regel nur leicht bewaffnet und gerüstet. In den Nahkampf waren sie fast nie verwickelt, zudem befanden sie sich meist außerhalb der Reichweite der Bogenschützen. Doch gab es auch feindliche Angriffe auf die Belagerungsmaschinen, auf die die Artilleristen vorbereitet sein mussten. In diesem Fall kämpften sie mit ihrer Seitenwaffe oder mit zu einer Waffe umfunktioniertem Werkzeug.

KANONIERE

Kanonen, Bombarden und ähnliche Schießpulverartillerie konnte man nicht aus Material zusammensetzen, das man vor Ort fand. Sie mussten zur Belagerungsstätte transportiert werden, ebenso wie das Schießpulver und die Kanonenkugeln. Manchmal fertigte man auch aus Steinen Kanonenkugeln, doch das Pulver und die Kanone selbst waren auf jeden Fall Teil des Belagerungstrosses. Der Beruf des Kanoniers war eine anspruchsvolle Aufgabe. Den Transport der Kanone konnte fast jeder kräftige Mann übernehmen, der im Ernstfall auch ersetzbar war. Doch die Kanone feuerbereit zu machen, ohne dass die Umstehenden dabei ihr Leben riskierten, war wiederum Spezialisten vorbehalten. Es war ebenfalls nicht so einfach, mit der Kanone ein bestimmtes Ziel zu treffen. Bei einer einfachen Bombarde, die aus kurzer Distanz geradewegs auf eine Burgmauer feuerte, musste man

Auf diesem Holzschnitt (15. Jh.) ist der Mönch und Alchemist Berthold der Schwarze (14. Jh.) bei der Schießpulverherstellung zu sehen.

KANONEN ZUR ZEIT DER BURGUNDERKRIEGE

In den Kriegen im 15. Jahrhundert kam zunehmend Schießpulver zum Einsatz, sowohl bei Belagerungen als auch auf dem Schlachtfeld. Die frühen, primitiven Kanonen waren in der Schlacht nahezu unbrauchbar, da sie viel zu schwer waren. Langsam entwickelte man leichtere Waffen, die man auf Wagen montierte. Doch auch im späten 15. Jahrhundert waren Kanonen selbst in großer Zahl noch nicht wirklich effektiv. In der Schlacht bei Grandson (1476) beschoss der burgundische Herzog Karl der Kühne seine Schweizer Gegner einige Zeit mit der Artillerie. Wie viele Kanonen genau er einsetzte, ist nicht bekannt; es müssen aber viele gewesen sein, denn er verlor fast 400 an die Schweizer Verstärkung. Dennoch hatten die Schweizer nur den Verlust von einigen Hundert Mann zu beklagen.

vor allem das Schießpulver richtig dosieren – nahm man zu viel, konnte die Kanone bersten; nahm man zu wenig, erreichte die Kugel die Mauer nicht einmal. Bei einer Kanone mit größerer Reichweite musste man jedoch schon einiges von Ballistik verstehen, um mit der Waffe richtig umgehen zu können.

Auch die Kanoniere waren eher leicht gerüstet. Sie mussten sich um die Pflege und das »Futter« für ihre Kanonen kümmern, Mann gegen Mann kämpften sie auf dem Schlachtfeld nicht. Da sie jedoch meist auf sich gestellt waren, trugen sie Seitenwaffen wie Schwerter und Dolche.

BELAGERUNGS-KOMMANDANTEN

Eine Belagerung war im Großen und Ganzen eine Angelegenheit für Spezialisten, die meist über den Ausgang eines Feldzugs entschieden. Der gesamte Feldzug stand zwar unter dem Kommando eines Kriegsherrn oder Königs, doch wurde bei einer Belagerung eigens ein Befehlshaber ernannt. Dieser musste über ein strategisches Wissen verfügen – entweder aus eigener Erfahrung oder aus zweiter Hand.

Der Belagerungskommandant war immer ein Adliger, vorzugsweise einer, der sich schon einmal in einer solchen Situation befunden hatte. Einen Stab im heutigen Sinne hatte er nicht, er konnte jedoch auf einen kleinen Kreis an Beratern zurückgreifen.

Der Belagerungskommandant ernannte einen obersten Kanonier oder Artilleristen, einen obersten Mineur und so fort. Bei diesen handelte es sich optimalerweise um Experten, meist waren es aber einfach die besten Leute, die aufzutreiben waren. Mangelte es dem Belagerungskommandanten und seiner Crew an Erfahrung, wurden Fehler gemacht – die Belagerung zog sich länger hin, wurde kostspieliger und war nicht immer von Erfolg gekrönt.

Mitunter verließen sich die Experten auch auf fähige Untergebene, die die eigentlichen Arbeiten beaufsichtigten. Im Allgemeinen legte der oberste Kanonier den Standort der Kanone fest und ordnete deren Zusammanbau an; die Details – den Beschuss der Burg- oder Stadtmauern – überließ er seinen Kapitänen oder anderen Untergebenen. Der oberste Mineur beschloss, wo ein Tunnel gegraben werden sollte und half bei der Konstruktion – beim Graben allerdings weniger. Wahrscheinlich gehörte aber die Kontrolle des Tunnels zu seinen Aufgaben.

Meist waren all diese Leute keine Adligen und brauchten deshalb einen Ritter der nominell das Kammonado hatte. Weise Könige und Kriegsherren wussten

GEGENÜBER: Der zeitgenössische Stich erzählt von der Belagerung Konstantinopels durch die Osmanen unter dem Kommando Mehmets II. im Jahr 1453. Die Belagerung und der nachfolgende Angriff waren erfolgreich.

allerdings, wie wichtig gute Belagerungsarbeiten waren, und hatten größten Respekt vor den Belagerungskommandanten.

So versuchte man auch, Belagerungskommandanten von Gefahren fernzuhalten. Sie trugen zwar eine Seitenwaffe, ins Gefecht gerieten sie jedoch fast nie. Ihre Untergebenen, die direkter in das Geschehen involviert waren, schützten sich dagegen mit einer leichten Rüstung.

CHÂTEAU-GAILLARD, 1203/04

Die konzentrisch angelegte Festung Château-Gaillard im Norden Frankreichs befand sich in englischer Hand. Sie wurde auf zwei Seiten von der Seine geschützt, auch der Zugang von den anderen Seiten war mehr als schwierig. Ihre Lage auf einem Hügel, ein Burggraben und eine Holzpalisade verhinderten, dass man allzu nah an die Burgmauern herankam.

Die Befestigungsanlagen bestanden aus drei Bereichen. Jeder Bereich war durch eigene Türme gesichert, die nach innen hin immer höher wurden und dem Angreifer damit nicht nur einen Pfeilhagel, sondern auch den demoralisierenden Anblick weiterer Verteidigungswälle bescherten. Der innerste Bezirk war von einem tiefen Graben umgeben, über den eine natürliche Steinbrücke führte.

Wie vielen anderen französischen Monarchen waren auch Philipp II. August die Engländer in der Normandie ein Dorn im Auge. Zudem lag die Festung an einer strategisch wichtigen Stelle, an der man die Seine überqueren konnte.

Philipp begann seinen Feldzug mit der Isolierung der Burg; er besetzte schwächere Festungen in unmittelbarer Nähe und bereitete sich akribisch auf eine Belagerung Château-Gaillards vor. Als ersten Schritt ließ er ein befestigtes Feldlager errichten. Philipp wusste, dass sich die Belagerung Château-Gaillards vermutlich sehr lange hinziehen würde, und brachte die nötige Geduld mit, die diese Aufgabe von ihm forderte. Seine Truppen brachte er in Holzhütten unter, damit sie vor Wind und Wetter geschützt waren.

Als zweiten Schritt befahl Philipp seinen Truppen, den äußeren Burggraben aufzufüllen und die Palisade niederzureißen. Dies gelang ihnen auch ohne größere Störungen von englischer Seite. Die Brücke, die an dieser Stelle über die Seine geführt hatte, war von den Engländern zerstört worden; an ihrer Stelle ließen die

UNTEN: Die Festung Château-Gaillard, hoch über der Seine gelegen und mit ihren konzentrischen Verteidigungsanlagen

DIE BELAGERUNG VON CHÂTEAU-GAILLARD, 1203/04

Der Belagerung der Festung ging eine lange Zeit der Vorbereitung voraus, der eine relativ kurze Reihe von Angriffen folgte. Jede der konzentrisch angelegten Verteidigungsanlagen nahm man auf andere Art und Weise ein: mit Sturmleitern, mit einer List und mit einem Tunnel, den man unter der letzten Mauer hindurch grub. Die Engländer ergaben sich ehrenvoll; sie hatten alles zur Verteidigung der Burg getan.

Franzosen nun eine Reihe von Booten zu Wasser. Nachdem sie einen recht unkoordinierten Versuch zur Rettung der Burg abgewehrt hatten, bauten die Franzosen ihre Belagerungsmaschinen auf und begannen, mit Steinen und anderen Geschossen auf Château-Gaillard zu schießen. Im Niemandsland zwischen den Franzosen und der Burg befand sich eine Gruppe armer Zivilisten, die die Engländer aus Château-Gaillard verbannt hatten, damit die Vorräte für die Soldaten länger reichten. Da die Franzosen sie nicht passieren ließen, blieb ihnen nichts anderes übrig, als zu verharren und langsam zu verhungern.

Die Belagerung zog sich den ganzen Winter des Jahres 1203/04 hin. Der englische König Johann Ohneland unternahm einige halbherzige Versuche, die Belagerer zu zerstreuen, indem er Überfälle in der Umgebung anzettelte. Philipp war jedoch schlau genug, diese zu ignorieren, und ließ sich von seinem eigentlichen Ziel nicht ablenken.

Es gelang den Franzosen, die äußeren Verteidigungsanlagen mit Sturmleitern

zu erklimmen – eigentlich ein Wunder, da die Leitern nicht lang genug waren. Doch schlugen sich einige erfinderische Soldaten Steighilfen in die Mauer und gelangten schließlich ganz nach oben. Die Verteidiger taten ihr Bestes, konnten die Franzosen jedoch nicht vertreiben, die ihre Stellung auf der Mauer ausbauten und immer mehr Kameraden nachholten.

Daraufhin zogen sich die Engländer zum zweiten Ring der Verteidigungsanlage zurück; die Franzosen mussten nun noch einmal von vorne anfangen. Ihre Belagerungsmaschinen nützten ihnen dieses Mal wenig, da der äußere Verteidigungsring noch im Weg war. Die Franzosen griffen zu einer List: Einige Fußsoldaten zwängten sich durch einen Toilettenschacht in die Kapelle der Burg, wo sie ein Feuer legten, das für Ablenkung sorgte. Im nachfolgenden Durcheinander erlangten sie die Kontrolle über ein Tor, das sie so lange offen halten konnten, bis sich die Franzosen auch dort eingenistet hatten. Die Engländer zogen sich zum dritten, letzten und stärksten Verteidigungsring zurück. Den einzigen Zugang zum Tor dieser Mauer bildete eine Steinbrücke, die einen direkten Angriff wenig praktikabel machte. Auch Sturmleitern kamen nicht infrage, da man sie nirgends aufstellen konnte, und ein Graben machte den Gebrauch von Belagerungsmaschinen unmöglich.

Dennoch war die Lösung einfach: Die Franzosen gruben einen kurzen Tunnel unter der Mauer hinweg, wobei sie die Steinbrücke ironischerweise zum Schutz vor feindlichem Feuer nutzten. Die letzte Mauer fiel im März 1204 nach acht Monaten Belagerung. Nun hatten die Verteidiger keine Rückzugsmöglichkeit mehr.

In dieser zeitgenössischen Darstellung sieht man Philipp II. August von Frankreich und Richard I. von England bei einem Staatsakt vor ihrem Aufbruch zu einem Kreuzzug.

An diesem Punkt sorgten die Konventionen der Zeit dafür, dass keine der Parteien ihr Gesicht verlor. Die Engländer hatten sich bislang tapfer verteidigt und hätten weitergekämpft, wenn sie auch nur die geringste Chance gehabt hätten, den allerletzten Angriff der Franzosen abzuwehren. Wahrscheinlicher war jedoch, dass die Belagerung dann in einem Massaker geendet hätte.

Aussicht auf Rettung von außen bestand ebenfalls nicht, und Philipp hätte seine Angriffe mit Sicherheit so lange fortgesetzt, bis sie schließlich erfolgreich waren. Bis zum Tode zu kämpfen war

Blick von unten auf die Mauern des Château-Gaillard. Ein solches Hindernis mit Sturmleitern zu erklimmen wäre an sich schon schwierig gewesen, auch ohne oben wartende Verteidiger.

keine angenehme Perspektive; es wurde auch gar nicht verlangt, weil es die Franzosen höchstens ein paar Dutzend Fußsoldaten gekostet hätte. So trafen die Engländer die kluge Entscheidung, sich zu ergeben; nun hatte Philipp uneingeschränkten Zugang zur Normandie. Nach einem kurzen Feldzug wurden die Engländer aus den meisten Territorien auf dem europäischen Festland vertrieben. Dieser Verlust mehrerer Burgen und fast der gesamten Ländereien fügte dem Prestige König Johanns enormen Schaden zu, der England zu dieser Zeit im Namen seines Bruders Richard regierte. Das war möglicherweise auch ein Grund dafür, warum sich die englischen Lords gegen Johann stellten, was schließlich zur Unterzeichnung der Magna Carta führte.

Die ersten sieben der acht Monate, die die Belagerung Château-Gaillards dauerte, verbrachte man mit Vorbereitungen. Als alles an Ort und Stelle war, brauchte man nur einen Monat von der Erstürmung der ersten Mauer bis zur Kapitulation der Engländer. In der aktiven Phase hing alles von dieser exzellenten Vorbereitung ab.

Die Einnahme der Festung stellte ein Schlüsselereignis bei den französischen Bemühungen in der Normandie dar; sie veränderte den Lauf der Geschichte. Philipp hatte mit seiner Entscheidung, sich auf die Belagerung der Burg zu konzentrieren, anstatt sich in Schlachten verwickeln zu lassen, Recht behalten.

WAFFEN, TAKTIKEN UND TECHNIKEN

Die Einnahme und Verteidigung von Festungen stand im Mittelpunkt der mittelalterlichen Kriegsführung. Im Laufe der Zeit bildeten sich verschiedene Taktiken und Techniken heraus, die zum Standardwissen gehörten und vom Gegner schlicht erwartet wurden. Jeder einigermaßen kompetente Verteidiger einer Burg oder Stadt unternahm Schritte, um sich vor altbekannten Tricks und Täuschungsmanövern der Angreifer zu schützen. Fand der Angriff auf die Burg nicht überraschend statt, folgte die Belagerung gewissermaßen einem Standardmuster.

DIE BELAGERUNG

Wollte man eine Festung einnehmen, überlegte man zunächst, ob man dies durch einen Überraschungsangriff bewerkstelligen konnte. War das auszuschließen, war der nächste logische Schritt die Belagerung. Zunächst umzingelte man die Burg oder Stadt, um den Nachrichtenfluss und die Versorgung mit Vorräten zu unterbrechen. Dass dies gar nicht so einfach war, belegen Zeugnisse von Nachrichten oder sogar Besuchern, die dann doch durchkamen.

So weit dies möglich war, stellte man Truppen rund um die Festung auf. Im

Belagerungstross aus dem späten 15. Jahrhundert. Die mit Wagen transportierten Vorräte und die Ausrüstung waren für den Ausgang der Belagerung von entscheidender Bedeutung.

BELAGERUNGSTURM

Belagerungstürme verschiedener Größen ermöglichten es den Angreifern, relativ mühelos auf die Mauern der Festung zu gelangen. Dazu musste der Burggraben allerdings aufgefüllt und Hindernisse mussten beseitigt werden. Die aufwendigsten Belagerungstürme verfügten über breite Rampen, damit möglichst viele Soldaten auf einmal angreifen konnten; ganz oben waren meist Bogenschützen oder leichteres Belagerungsgerät postiert. Doch erforderte auch der einfachste Turm einen großen Aufwand an Zeit und Material. Gelang es den Verteidigern, einen Belagerungsturm zu zerstören, war dies ein herber Rückschlag für die Angreifer.

ungünstigen Fall bestand dieser Ring lediglich aus einigen Außenposten, die den Haupttruppen meldeten, wenn der Feind versuchte, aus der oder in die Burg zu gelangen. Um einen Hafen herum errichtete man eine Schiffsblockade. Die Belagerungsstätte vollständig von der Außenwelt abzuschneiden war kaum möglich, den Versuch aber wert. Konnten die Verteidiger aufgrund einer Nachricht hoffen, bald Hilfe zu erhalten, hielten sie ihren Widerstand in der Regel viel länger aufrecht. Ausfälle vonseiten der Verteidiger stellten ein weiteres Problem dar – und es gab einige Gründe für die Verteidiger, ihre Burg zu verlassen. Möglicherweise wollten sie den Angreifern im direkten Kampf eine entscheidende Niederlage zufügen und so die Belagerung beenden. Manchmal hatte der Überfall aber auch ein ganz konkretes Ziel.

Die Illustration aus der »Great Bible«, der ersten autorisierten englischen Ausgabe der Bibel (frühes 15. Jh.), zeigt die Belagerung Jerusalems durch den babylonischen König Nebukadnezar II.

Dazu gehörten Angriffe, die die Moral der Belagerer senken und die der Verteidiger heben sollten; lohnend war es auch, die Belagerungsmaschinen und Vorräte des Feindes zu zerstören oder selbst Vorräte zu ergattern. Ebenfalls nicht unüblich war es, einen Angriff vorzutäuschen, damit Späher in die Burg gelangen oder sie verlassen konnten.

Das Verlassen bzw. Betreten der Burg oder Stadt stellte natürlich den gefährlichsten Moment des Ausfalls dar. Wenn die betreffende Streitkraft über die Burg- oder Stadttore hinausgelangen konnte, war es ihr vielleicht möglich, sich ganz freizukämpfen und später mit Verstärkung zurückzukehren, um die Belagerer anzugreifen. Wenn sie jedoch gleich bei den Verteidigungsanlagen oder vor dem verschlossenen Tor gestellt wurde, war die Lage ernst. Gleiches galt, wenn die Belagerer durch das Tor, das für die Ausfallstreitkraft geöffnet worden war, in die Festung gelangen konnte.

Deshalb gehörte es zu den wichtigsten Routineaufgaben der Belagerer, alle Ein- und Ausgänge der belagerten Festung ständig zu kontrollieren.

Manchmal mussten sich aber auch die Belagerer mit Befestigungen vor Angriffen schützen, etwa durch eine Umwallung oder Circumvallation, die zur belagerten Burg wies, oder durch eine Gegenverschanzung im Rücken der Angreifer. Die Gegenverschanzung sorgte auch dafür, dass den Boten oder Spähern, die den Verteidigern Nachrichten überbringen wollten, der Zugang zur belagerten Burg oder Stadt verwehrt blieb.

DIE BELAGERUNG DER BELAGERER

Nicht ungewöhnlich war es, dass sich die Belagerer Angriffen ausgesetzt sahen oder selbst belagert wurden. Bei der Belagerung Akkos, die 1189 begann, waren die muslimischen Verteidiger der Stadt recht zuversichtlich, dass sie den Angriffen der Kreuzfahrer standhalten würden, bis Rettung nahte. Die Verstärkung konnte die Kreuzfahrer jedoch nicht vernichtend schlagen und verlegte sich auf die Belagerung der Belagerer – die fast zwei Jahre dauerte, bis es den Kreuzrittern schließlich gelang, die Befestigungen zu überwinden und Akko einzunehmen.

In einigen Fällen errichteten die Belagerer auch Befestigungsanlagen, die der Offensive dienten. Dazu gehörten z. B.

Die Kreuzfahrer nehmen Akko ein (1191), während die muslimischen Verteidiger der Stadt ihre Gegner um Gnade bitten.

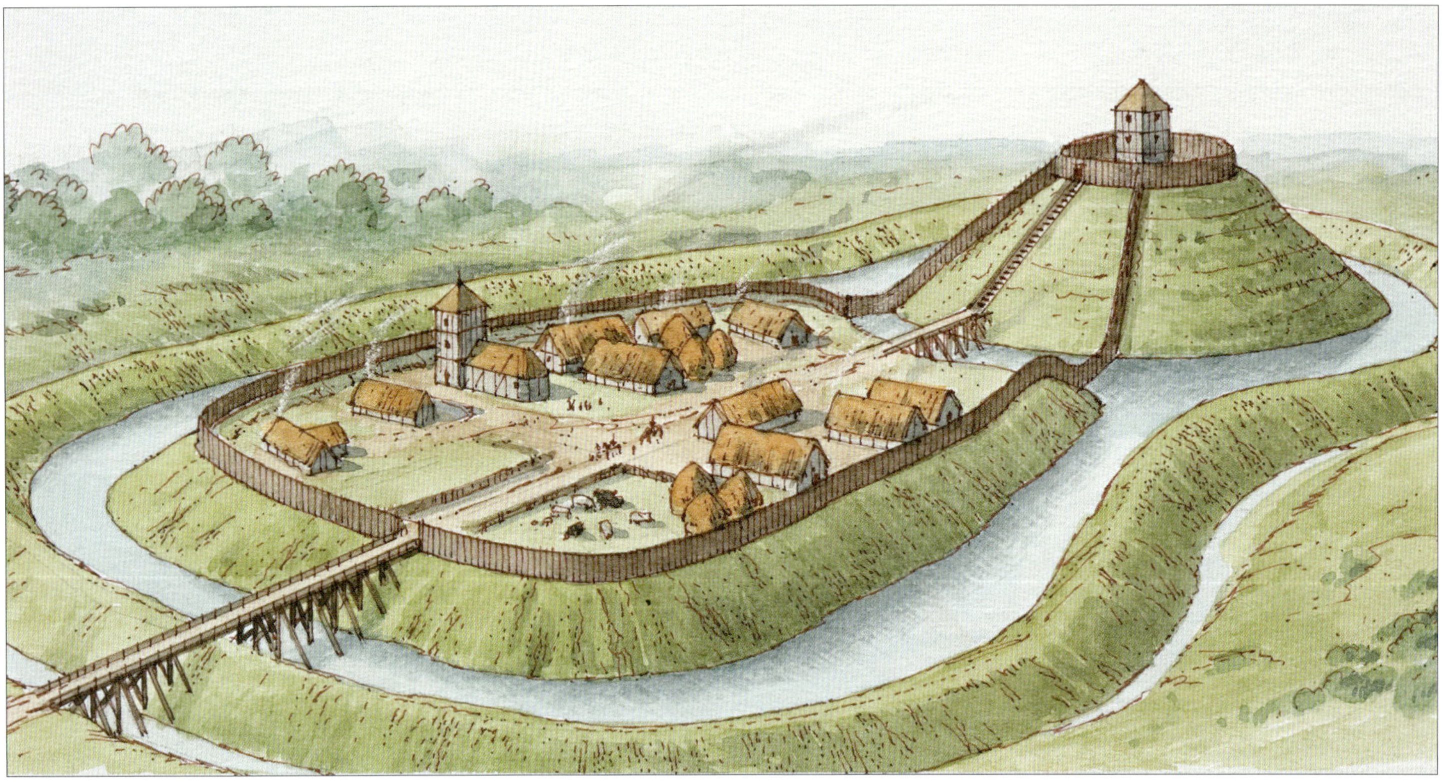

GEGENÜBER: Der Burgtyp der Motte, umgeben von zwei mit Wasser gefüllten Burggräben, stellt ein fast unüberwindliches Hindernis dar.

Erdhügel, von denen aus man besser auf die Festung schießen konnte. Die Errichtung eines solchen Hügels war jedoch außerordentlich gefährlich, da er sich – um überhaupt von Nutzen zu sein – natürlich auch innerhalb der Reichweite der gegnerischen Bogenschützen befinden musste. Doch war der Hügel einmal aufgeschüttet, bot er den Angreifern eine ausgezeichnete Ausgangsposition – und Deckung – und beraubte die Verteidiger eines Großteils ihres Schutzes. Man

UNTEN: Die syrische Festung Krak des Chevaliers diente den Kreuzfahrern nicht nur als sichere Zuflucht, sondern auch als Symbol ihrer Macht.

errichtete Erdhügel dieser Art allerdings nur, wenn sich abzeichnete, dass sich die Belagerung lange hinziehen würde.

Hatten die Belagerer für ihre eigene Sicherheit gesorgt und die Festung umzingelt, begann die eigentliche Belagerung. Das Ziel, die Verteidiger auszuhungern, war aus mehreren Gründen schwierig zu erreichen. Zum einen verfügten die meisten Burgen über Vorräte für mindestens mehrere Monate, und die Verteidiger hatten weniger Mäuler zu stopfen als die Angreifer. Die Nahrungssuche war also eher für die Belagerer problematisch, obwohl diese wenigstens die Umgebung nach Essbarem absuchen konnten.

Zum anderen war ein Feldlager ernsthafter von Krankheiten bedroht als eine permanente Siedlung. Niederschläge, Kälte und Wind machten den Belagerern zu schaffen, konnten sie sich nicht in angemessene Unterkünfte zurückziehen. So hatte auch die Errichtung fester Behausungen bei der Vorbereitung einer Belagerung hohe Priorität.

Auch ohne die Angst, von einer Verstärkungsarmee angegriffen zu werden oder das eigene Heim nach dem Feldzug verwüstet vorzufinden, brachte eine Belagerung für alle Beteiligten enorme Strapazen mit sich. Die Burg auszuhungern war das letzte Mittel, wenn alle anderen versagt hatten, und kostete die Belagerer fast ebenso viel wie die Belagerten.

So griff man während längerer Belagerungen auf einige unappetitliche Methoden zurück, den Feind zu zermürben. Man katapultierte Leichen oder Leichenteile von Gefangenen oder auch Tierkadaver über die Burgmauern, in der Hoffnung, dass in der Burg eine Seuche ausbrechen möge. Derlei Demoralisierungsversuche unternahm man allerdings nur, wenn beide Seiten schon einigermaßen verzweifelt waren.

Manchmal verbannten die Verteidiger auch die Zivilisten aus der Burg oder Stadt, damit die Lebensmittelvorräte länger für die Soldaten reichten. Hatten die Zivilisten Glück, gewährten ihnen die Belagerer freien Abzug; häufiger kam es allerdings vor, dass man sie nicht passieren ließ. Dann blieb ihnen nichts anderes übrig, als vor der Festung zu verharren, wo sie langsam verhungerten.

VERHANDLUNGEN, VERRAT UND LIST

Belagerungen stellten sowohl Verteidiger als auch Angreifer auf eine harte Probe, weshalb es nach einem erfolgreichen Angriff zu Übergriffen kommen konnte. Das lag jedoch im Interesse keiner der beteiligten Parteien, und so versuchte man es in der Mehrzahl der Fälle mit vernünftigen Verhandlungen.

Bestand für die Festung keine Aussicht auf Rettung von außen, lag es im Ermessen des Befehlshabers, sich ehrenvoll zu ergeben. Dies hatte seine Wurzeln in dem Gesellschaftsvertrag zwischen Lehnsherr und Vasall: War der König oder Herrscher, dem die Burg verpflichtet war, nicht in der Lage, etwas zur Rettung der Burg zu unternehmen, war der Vasall seinerseits nicht dazu verpflichtet, bis zum bitteren Ende zu kämpfen.

Einem schwachen Angreifer ergab sich der Befehlshaber natürlich nicht; auch der Zeitrahmen der Kapitulation war Verhandlungssache. Kam es zu einer Einigung, waren die Bedingungen meist umso großzügiger, je schwieriger es gewesen wäre, die Burg auf andere Weise einzunehmen. Schwache Verteidiger hatten Glück, wenn sie mit heiler Haut davonkamen; konnten sie dem Angreifer aber schwere Verluste zufügen oder die Belagerung noch Monate in die Länge ziehen, war ihre Verhandlungsposition wesentlich stärker.

Meist einigte man sich auf einen bestimmten Tag und eine bestimmte Uhrzeit, zu der man die Festung übergeben wollte, wenn keine Rettung nahte. Doch eine solche ehrenvolle Kapitulation musste man sich erst verdienen. Und dabei ging es nicht nur um die Ritterehre, sondern um das nackte Überleben. Hatte man sich auf ein Datum geeinigt, musste der Belagerer die Belagerung nur noch aufrechterhalten und nicht mehr angreifen.

Hielt sich der Befehlshaber nicht an die vereinbarte Kapitulation, weil sich vielleicht die Umstände geändert hatten

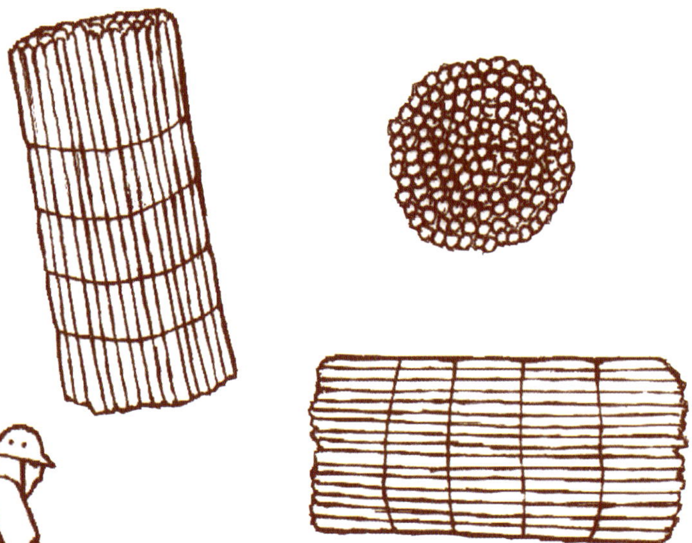

FASCHINEN

Faschinen waren mit Seilen zusammengebundene Reisiggeflechte für Befestigungsbauten. Mit ihnen füllte man beispielsweise Gräben auf. Da sie allerdings unter Belastung nachgaben, mussten sie noch mit einer Planke oder – wenn die Zeit es erlaubte – mit Erde bedeckt werden. Erst dann konnten Belagerungstürme oder andere schwere Maschinen den Graben sicher überqueren.

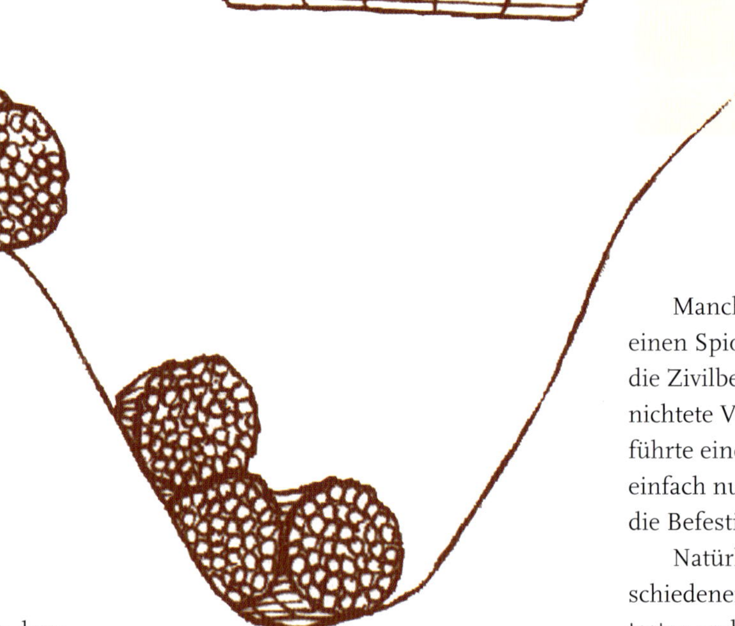

oder gute Nachrichten in die Burg drangen, hatte der Angreifer Zeit und Vorräte verschwendet und womöglich Männer durch Krankheiten und Desertation verloren – Gnade ließ er dann sicherlich keine mehr walten.

Deshalb war es meist Ehrensache, die Bedingungen einer Kapitulation einzuhalten. Man einigte sich auf einen Zeitraum, in dem eine Verstärkungsarmee noch die Chance hatte, zur Rettung der Burg zu eilen; geschah bis dahin nichts, übergab der Befehlshaber den Belagerern die Burg unbeschädigt. Im Gegenzug erhielten die Verteidiger das Recht, die Festung in Rüstung und bewaffnet zu verlassen.

Ein solches Arrangement mochte dem Lehnsherrn der Burg zwar gegen den Strich gegangen sein, doch schrieben es die Konventionen der Zeit vor, dass er zu einem Rettungsversuch verpflichtet war. Kam er dieser Pflicht nicht nach, hatte er kein Recht, sich über eine Kapitulation zu beschweren. Der Befehlshaber kapitulierte auch erst dann, wenn die Lage wirklich ernst war; bestand noch irgendeine Aussicht auf Rettung, hielten die Verteidiger durch. Was auch immer der Einzelne von einer Kapitulation gehalten haben mochte: Sie war gängige Praxis, und solange der Befehlshaber sich nicht der Feigheit schuldig gemacht hatte, hatte er sich auch nichts vorzuwerfen.

Doch auch Verrat kam vor. Man konnte den Kommandeur einer Festung bestechen – Hochverrat, der entsprechend geahndet wurde. Die meisten Verräter waren niedrigeren Ranges. Man ließ »aus Versehen« ein Tor offen, verriet eine Schwachstelle in der Verteidigungsanlage oder verließ seinen Posten, um keine Notiz von gewissen Vorgängen nehmen zu müssen.

Manchmal schmuggelte man auch einen Spion in die Festung, der sich unter die Zivilbevölkerung mischte. Dieser vernichtete Vorräte, vergiftete Brunnen oder führte einen Meuchelmord aus – oder gab einfach nur wichtige Informationen über die Befestigungen weiter.

Natürlich bediente man sich auch verschiedener Listen und Tücken. Am weitesten verbreitet war der Nachtangriff, mit dem man die Verteidiger zu überraschen hoffte. Das Ziel eines solchen Angriffs war niedrig gesteckt: Man wollte beispielsweise die Kontrolle über ein Tor erlangen.

Eine ausgefeiltere List bestand darin, sich über Schwachstellen Zugang zu den Verteidigungsanlagen zu verschaffen. Man zwängte sich durch Toilettenschächte oder – falls vorhanden – durch natürliche Tunnel, die von Wasser ausgehöhlt waren. Und wo Heimlichkeit nicht funktionierte, griff man auf Täuschungsmanöver zurück. Manchmal war es sogar taktisch geschickter, das Ziel ganz offen anzugreifen.

Eine sehr erfolgreiche List ist überliefert: Dabei spielt eine Gruppe angeblicher Kaufleute eine Rolle, die mit ihren Waren in der belagerten Stadt Zuflucht suchte. Der Karren, auf dem die Waren transportiert wurden, blieb anscheinend in einem der Tore stecken. Während sich die »Kaufleute« noch abmühten, den Karren freizubekommen, wagten die Belagerer einen raschen Vorstoß. Als die Verteidiger davon Wind bekamen, waren die Angreifer schon fast am Tor; sie konnten ihre Waffen ziehen und das Tor so lange offen halten, bis Verstärkung kam.

LÖCHER UND TUNNEL

Erwies es sich als unmöglich, ein Tor durch eine List einzunehmen, konnte man sich selbst eins schaffen, indem man die Mauer an einer bestimmten Stelle zum Einsturz brachte. Dafür gab es zwei Methoden: das oberirdische Graben – die Aufgabe der Sappeure – und das unterirdische Graben – die Aufgabe der Mineure. Beides hatte einen ähnlichen Effekt: das Fundament der Mauer zu schwächen, damit diese schließlich kollabierte.

Das Tunnelgraben war sehr mühsam und nur bei einer langen Belagerung sinnvoll. Üblicherweise grub man den Tunnel von einem Punkt außerhalb der Reichweite des gegnerischen Geschützfeuers aus. So konnten sich die Mineure relativ frei bewegen. Im Idealfall blieb die genaue Lage oder sogar die Existenz des Tunnels verborgen. Damit musste der Ausgangspunkt auch außerhalb der Sichtweite des Gegners liegen.

Hatte der Tunnel sein Ziel erreicht, weitete man ihn zu einer Höhle aus, die man mit Holzpflöcken sicherte. Zum gegebenen Zeitpunkt steckte man die Pflöcke in Brand; wurde das Gewicht der darüberliegenden Mauerfundamente zu groß, stürzte die Mauer ein. Deckte der Gegner einen Tunnel auf, konnte er nur einen Gegentunnel graben, der den der Angreifere kreuzte oder unter ihm verlief.

Dann gab es verschiedene Taktiken. Wenn sich die Tunnel kreuzten, verwickelte man den Angreifer in erbitterte Nahkämpfe und versuchte, den Tunnel selbst zum Einsturz zu bringen. Im späteren Mittelalter verwendete man dafür meist Schießpulver, das man nicht nur im Tunnel, sondern auch im umgebenden Erdreich verteilte. Dies machte das Graben von weiteren Tunnel zu gefährlich.

Das direkte Untergraben der Mauer ging natürlich viel schneller. Ursprünglich bezeichnete man damit die Technik, einen Graben an der Basis der Mauer entlangzuziehen; später bezog man auch andere Techniken mit ein. Man bearbeitete die Mauer z. B. mit Spitzhacken oder versuchte, Steine herauszuhebeln.

Auch diese Arbeit war ausgesprochen gefährlich, und nicht nur deshalb, weil sie dem Feind kaum verborgen bleiben konn-

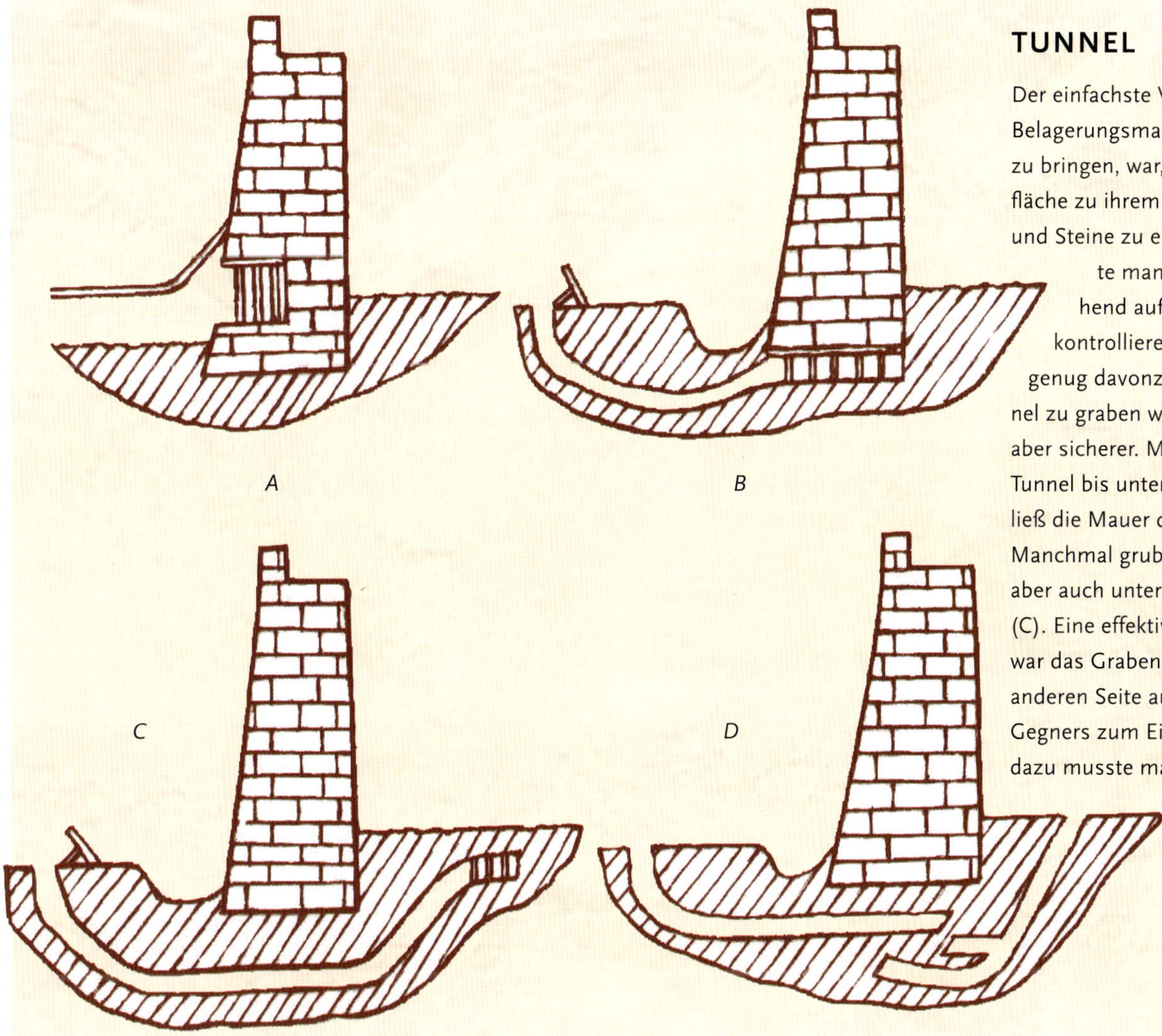

TUNNEL

Der einfachste Weg, eine Mauer ohne Belagerungsmaschinen zum Einsturz zu bringen, war, sich an der Erdoberfläche zu ihrem Fundament zu graben und Steine zu entfernen (A). Dann füllte man die Lücke vorübergehend auf, um den Einsturz zu kontrollieren, oder hoffte, schnell genug davonzukommen. Einen Tunnel zu graben war zeitaufwendiger, aber sicherer. Meist grub man den Tunnel bis unter das Fundament und ließ die Mauer dann einstürzen (B). Manchmal grub man sich den Weg aber auch unter der Mauer hindurch (C). Eine effektive Gegenmaßnahme war das Graben eines Tunnels von der anderen Seite aus, der den Tunnel des Gegners zum Einsturz brachte (D) – dazu musste man natürlich wissen, wo sich der Tunnel des Angreifers befand.

BALLISTA

Die Ballista war schon bei der römischen Armee sehr beliebt, die sie ebenfalls bei Belagerungen verwendete. Auf einen mobilen Feldwagen montiert kam sie auch in der Schlacht zum Einsatz. Als Ballista bezeichnete man einerseits eine riesige Armbrust, die sich das Prinzip der Spannung zunutze machte, und andererseits das hier abgebildete Torsionsgeschütz. Bei ihm erhielten die Geschosse ihre Schleuderkraft durch die Verdrehung – Torsion – der Sehnen. Die zielgenaue Ballista setzte man eher gegen Menschen, nicht gegen Befestigungen ein; sie hatte eine maximale Reichweite von einigen Hundert Metern, wobei die Treffsicherheit mit zunehmender Entfernung abnahm.

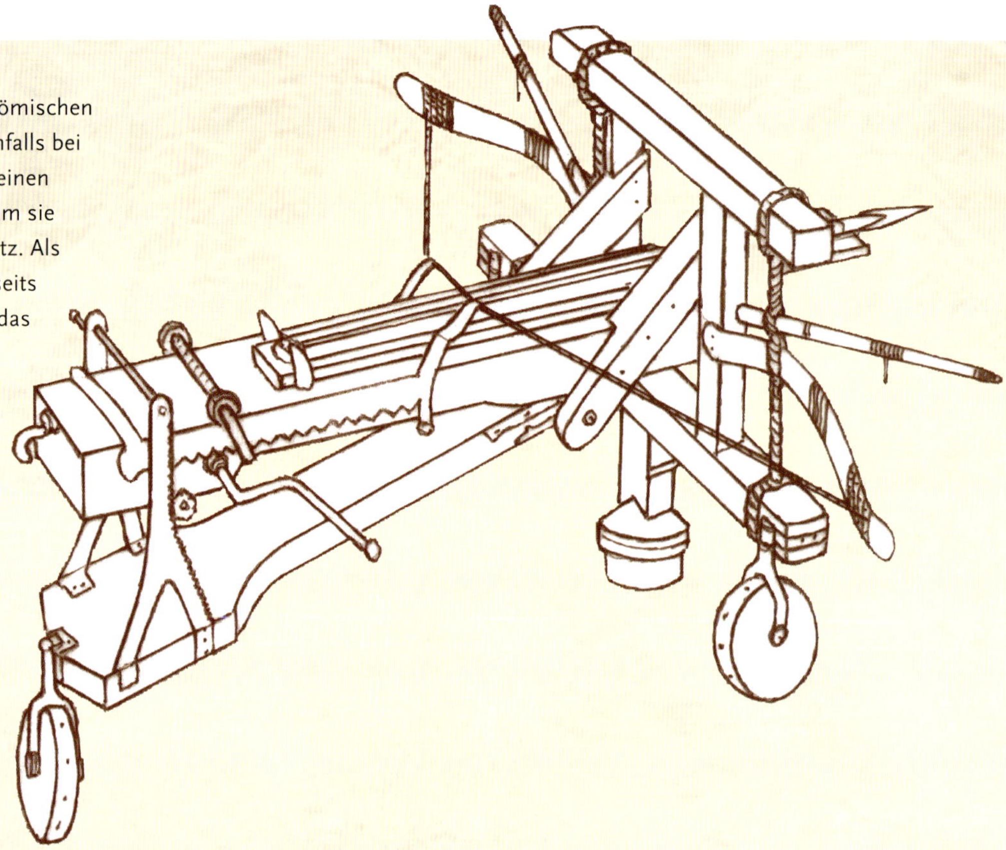

te. Die Sappeure befanden sich nicht nur in Schussweite des Gegners, sie liefen überdies Gefahr, von der einstürzenden Mauer getroffen zu werden. Doch während man für das Graben eines Tunnels spezielle Kenntnisse haben musste, konnte fast jeder ein Loch ausheben, und Ersatzsappeure standen überall und jederzeit zur Verfügung.

ARTILLERIE OHNE SCHIESSPULVER

Aufgabe der leichten Artillerie war es, die Belagerten mit Bolzen oder kleineren Steinen zu beschießen. Die Geschosse hatten zwar eine größere Reichweite als die der Bogen- und Armbrustschützen, verloren mit zunehmender Entfernung jedoch an Wucht und Treffsicherheit. Je näher die Artillerie dem Feind kam, desto effektiver war sie zwar, doch dafür auch ihrerseits umso angreifbarer.

Im gesamten Mittelalter waren verschiedene Belagerungsarmbrüste im Einsatz. Meist handelte es sich dabei nur um Waffen im größeren Maßstab als die »normale« Armbrust, die man auf ein Gerüst montieren musste. Die Bolzen hatten eine relativ flache Flugbahn, trafen ihr Ziel sehr genau und mit großer Wucht und aus größerer Entfernung als die Armbrustbolzen der Infanterie. Am Standard der Artilleriewaffen der damaligen Zeit gemessen, waren die Belagerungsarmbrüste außerdem eher leicht und einfach zu transportieren. Zudem konnte man sie schnell an den Ort des Geschehens bewegen, wenn man einen bestimmten Abschnitt der Befestigungsanlagen rasch unter Beschuss setzen wollte.

Die schon bei den Römern bekannte Ballista, ebenfalls eine Wurfmaschine, stellte eine größere Variante der gleichen Waffe dar. Mit ihr schleuderte man große, wurfspießähnliche Projektile in Richtung des Feindes.

Das Prinzip dieser Maschinen beruhte auf der Spannung der Sehnen, durch die die Geschosse ihre Schleuderkraft erhielten. Die Größe der Projektile war nach oben begrenzt, und keine der Maschinen war so konzipiert, dass man mit den Geschossen Festungsmauern durchschlagen konnte. Man konnte sie allerdings gegen Menschen einsetzen, wenngleich eher zur Unterstützung eines Angriffs oder um anderen Belagerungsmaschinen Deckung zu geben. Um eine Burg zu schleifen, brauchte man größeres Gerät. Einige ebenfalls auf dem Prinzip der Spannung beruhende Maschinen, sogenannte Torsionsgeschütze, bedienten sich der Verdrehung zweier Sehnenbündel anstatt der Rückstellkraft der eisernen Bügel, wie dies bei der Armrbust der Fall ist. Diese Waffen bezeichnete man als Katapulte; dazu gehörten beispielsweise der Onager und die Mangonel. Beide Maschinen funktionierten auf ähnliche Art und Weise.

Beide Waffen beziehen die Energie zum Schuss aus der Verdrehung – Torsion – von Seilbündeln. Die Geschosse bestanden in aller Regel aus kleineren oder größeren Steinen. Manchmal feuerte man auch mit Tierkadavern oder brennenden Projektilen auf den Feind, wofür die Katapulte allerdings nicht sonderlich geeignet waren.

Die Mangonel setzte man in erster Linie gegen Befestigungen ein. Das Geschoss hatte eine relativ flache Flugbahn und traf eher im rechten Winkel auf eine Mauer als das Projektil eines Trébuchets.

Darüber hinaus zeichnete sich die Mangonel durch eine sehr schnelle Schussfolge aus. Einziger Nachteil dieser Wurfmaschine: Ihre Treffgenauigkeit ließ zu wünschen übrig, das Ziel – etwa eine Befestigungsmauer – musste also groß genug sein. Eine Garantie, zweimal dieselbe Stelle zu treffen, gab es nicht; die Angreifer mussten demnach immer und immer wieder schießen, um das gewünschte Ergebnis zu erzielen.

Das Trébuchet hingegen war kein Katapult im eigentlichen Sinne, da es sich nicht des Torsionsprinzips, sondern der Schwerkraft bediente. Man ließ ein schweres Gewicht am kürzeren Arm eines Hebels fallen, wobei der längere Arm entsprechend emporschnellte, sich bog – was gefährlich sein konnte, hatte man minderwertiges Holz verwendet – und das auf ihm liegende Geschoss mit erstaunlicher Beschleunigung in Richtung des Feindes schleuderte. Der Effekt wurde noch verstärkt, wenn man das Projektil nicht in eine Schale, sondern in eine schlingenartige Vorrichtung legte. Das Trébuchet schleuderte große und schwere Geschosse wie etwa runde Steine in einem hohen Bogen. Deshalb zielte man damit entweder über die Mauern der Burg oder feuerte mit so schweren Projektilen, dass man mit einem einzigen Schuss ein Loch in die Mauer schlagen konnte.

Am Standard der Zeit gemessen, war das Trébuchet sehr genau; allerdings sackte das Geschoss beim Aufprall ab und verschwendete dabei eine Menge Energie. Darüber hinaus war es gar nicht so einfach, die Wurfmaschine aufzubauen; hatte man nicht das geeignete Holz für den Hebelarm, ging es gar nicht. Doch stand die Maschine einmal, demonstrierte

ONAGER

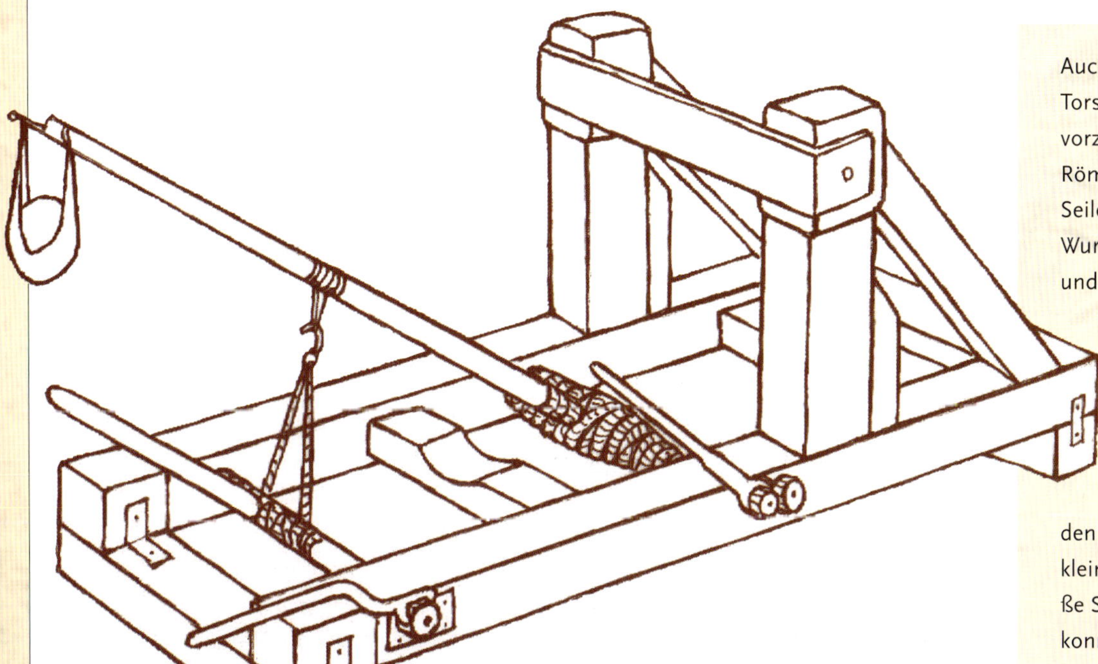

Auch der Onager, ebenfalls ein Torsionsgeschütz, war ein bevorzugtes Belagerungsgerät der Römer. Dabei verdrehte man die Seile mithilfe einer Winde. Der Wurfarm schnellte nach vorne und schleuderte Steine und andere Geschosse in hohem Bogen auf das Ziel. Die Projektile lagen entweder in Schalen oder – wie hier abgebildet – in Schlingen. Schalen hatten den Vorteil, dass man mehrere kleine Geschosse, etwa faustgroße Steine, auf einmal abfeuern konnte. Meist zielte man damit auf Menschen.

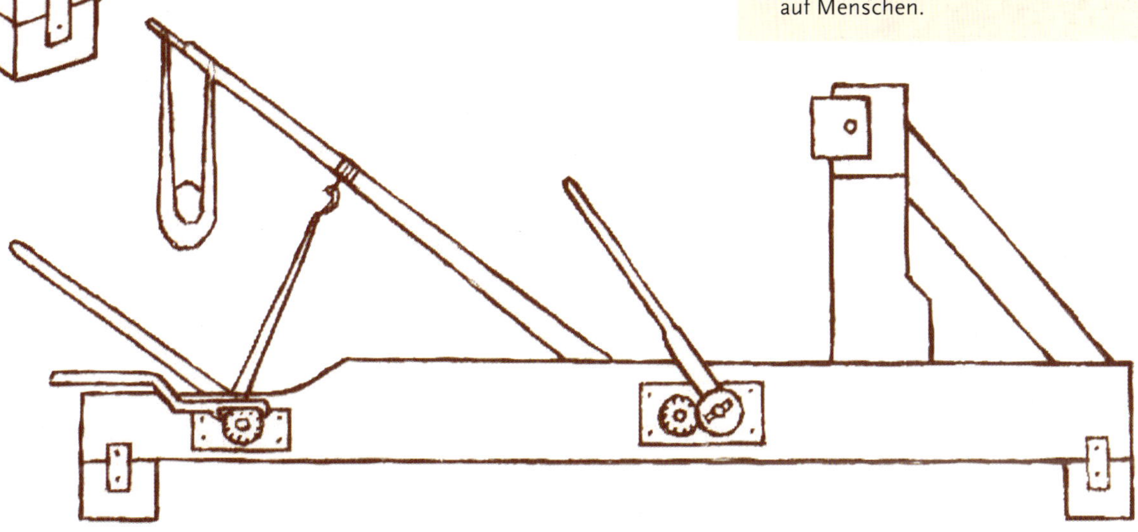

TRÉBUCHET MIT GEGENGEWICHT

Das Trébuchet war eine große Belagerungsmaschine, die schwer zu errichten, aber einfach zu bedienen war. Der Wurfarm war drehbar; am kürzeren Ende war ein schweres Gewicht wie z. B. eine Ladung Steine angebracht. Am längeren Ende war eine Schlinge befestigt, in der sich ein kleineres, aber immer noch relativ großes Projektil befand. Normalerweise bestand das Geschoss aus einem abgerundeten Stein, doch konnte beinahe alles geworfen werden – manchmal verwendete man auch Tierkadaver oder die verstümmelten Leichen von Geiseln. Betätigte man einen Mechanismus, schnellte das längere Ende empor und das Geschoss wurde in Richtung Feind geschleudert.

sie eine unglaubliche Macht. Man sagt, dass allein ihr Anblick die Verteidiger einer Festung zum Aufgeben zwingen konnte. Einige Feldherren gaben ihren Trébuchets sogar Namen; Richard I. nannte seine Wurfmaschine, die er 1191 bei der Belagerung Akkos einsetzte, stolz »Gottes Katapult«.

ÄRA DES SCHIESSPULVERS

Die einfachste Form der Kanone stellte die Bombarde dar, ein glockenähnliches Gebilde, das man auf ein hölzernes Gerüst montierte. Selbst kleine Bombarden – und die meisten Bombarden waren sehr groß – waren nicht besonders beweglich. Wie die Trébuchets so flößten auch die riesigen Belagerungsbombarden dem

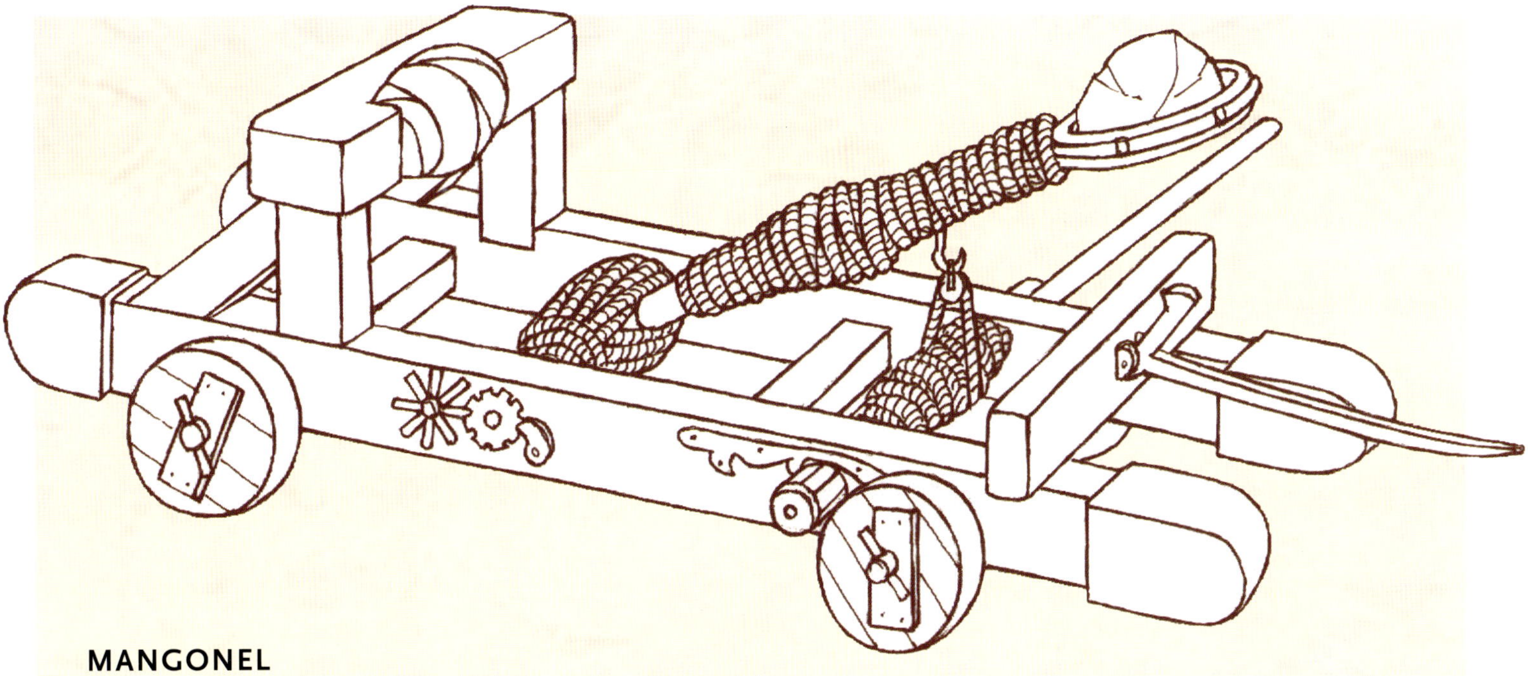

MANGONEL

Oft verwendet man die Begriffe »Mangonel« und »Onager« für die gleichen Maschinen, da die Waffen einander sehr ähneln. Bei der Mangonel liegt das Geschoss eher in einer Schale als in einer Schlinge. Die Wurfmaschine wurde in erster Linie gegen Menschen eingesetzt, obwohl man mit ihr nicht sehr genau zielen konnte. Deshalb kam sie vor allem dann zum Einsatz, wenn man einen größeren Bereich abdecken wollte, etwa den Zugang zu einem Stadt- oder Burgtor.

Gegner Angst ein; eine der berühmtesten – mit dem klangvollen Namen »Mons Meg« – ist heute noch in Edinburgh Castle zu sehen.

Als Projektile verwendete man Stein- oder Metallkugeln; sie hatten eine recht flache Flugbahn und eine kurze Reichweite. Dennoch konnte eine Bombardenkugel mühelos ein Loch in eine Burgmauer schlagen. Ein solches Unterfangen musste jedoch lange vorbereitet werden, da erst eine geeignete Position gefunden werden musste; während die Bombardiere ihre Arbeit verrichteten, brauchten sie also Schutz vor feindlichem Feuer.

In der offenen Schlacht war die Bombarde aufgrund ihrer kurzen Reichweite und ihrer Unhandlichkeit wenig nützlich. Theoretisch konnte man damit natürlich auch direkt auf die feindlichen Linien feuern, in der Praxis war dies aber nahezu unmöglich. Dies ging schon besser mit leichteren Kanonen, die man entweder mit einer großen Kugel oder mit zahlreichen kleinen Projektilen – sogenannten

SALVENGESCHÜTZ

Das Salven- oder Orgelgeschütz war gewissermaßen der Vorläufer des Maschinengewehrs. Es bestand aus mehreren kleinen Kanonen, die in einer oder mehreren Reihen angeordnet waren. Feuerte man die Kanonen in rascher Schussfolge ab, waren die Geschosse trotz ihrer kurzen Reichweite und unbefriedigenden Treffgenauigkeit tödlich. Die Hussiten benutzten Salvengeschütze von ihrer Wagenburg-Formation aus.

Bombarde

Die frühesten Belagerungskanonen waren einfache Bombarden wie die hier abgebildete (oben) aus dem 15. Jahrhundert. Im 16. Jahrhundert kamen aufwendigere Waffen mit längeren Geschützrohren (Mitte) in Gebrauch. Sie waren effektiver, funktionierten aber auf dieselbe Art und Weise. Eine extrem große Version der Bombarde (unten) ließ sich Mehmet II. 1464 anfertigen und in Konstantinopel zur Seeseite hin aufstellen.

Belagerungskanone

Große türkische Bombarde

Hagelgeschossen – bestückte. Es sollte noch viele Jahre dauern, bevor die Kanone leicht genug für taktische Schlachtfeldmanöver war; als Verteidigungswaffe eignete sie sich jedoch schon davor. Die Hussiten etwa montierten kleine Kanonen auf Wagen – in der Offensive wenig nützlich, in der Defensive geradezu unschätzbar. Die Hussiten kämpften aus ihrer berühmten Wagenburg-Formation heraus; der Feind kam also zur Kanone und nicht umgekehrt.

Gegen Menschen setzten die Hussiten und andere Soldaten sogenannte Salven- oder Orgelgeschütze ein. Sie bestanden aus einem Bündel kleinerer Kanonen, die man auf eine Plattform montierte und gleichzeitig abfeuerte. Mit einer solchen schnellen Schussfolge versuchte man, die Nachteile der Waffe – kurze Reichweite und Treffungenauigkeit – auszugleichen.

Darüber hinaus setzte man Schießpulver auch beim Graben von Tunneln und zum Sprengen von Hindernissen ein. Die Petarde beispielsweise diente genau diesem Zweck. Sie bestand aus einem Gusseisenbehälter, der an einem Ende offen war und in den man das Schießpulver gab. Dann brachte man die Petarde

BELAGERUNGSKANONE

Die einfachsten Belagerungskanonen waren die Bombarden – Geschützrohre, die man auf ein hölzernes Gestell montiert hatte. Ihr Vorteil gegenüber älteren Waffen bestand darin, dass die Kugeln eine flachere Flugbahn hatten und somit fast im rechten Winkel auf das Ziel – etwa eine Befestigungsmauer – auftrafen. Da Bombarden eine kurze Reichweite hatten, mussten sie nah am Feind aufgestellt werden; dabei schützte sich die Mannschaft mit speziellen Vorrichtungen, sogenannten Batterien. Der Begriff wird heute noch für eine bestimmte Abteilung der Artillerie gebraucht.

BOMBARDE

Das Geschützrohr einer Bombarde wurde in ähnlicher Weise wie eine Glocke gegossen und dann mit Eisenringen verstärkt. Letztere wurden noch heiß an das Rohr gehämmert und zogen sich beim Abkühlen zusammen. Dennoch konnten Kanonen auch bersten – tödlich für alle Umstehenden. Fehler im Rohr waren nicht immer offensichtlich, weshalb das erste Abfeuern der Kanone immer ein gefährliches Unterfangen war. Aber auch eine erprobte Kanone konnte versagen. Viele Herrscher verboten es ihren obersten Artilleristen, sich beim Abfeuern der Kanonen in deren Nähe aufzuhalten.

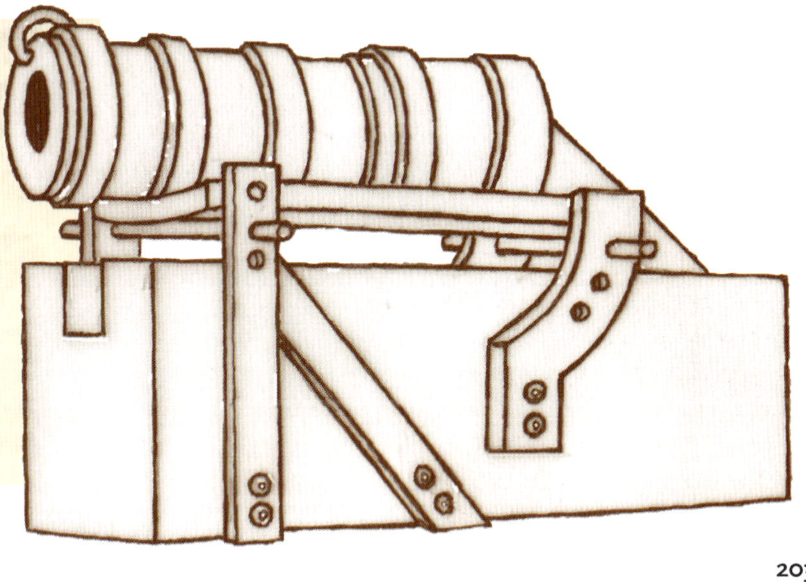

GEGENÜBER: *Die Einnahme der französischen Stadt Évreux (1325–1350, »Chroniques de France et de Saint Denis«). Während der Belagerung greift eine Gruppe von Rittern das Haupttor an, während eine andere eine Belagerungsmaschine zusammenbaut.*

nahe an das Ziel heran und zündete das Pulver; das Projektil wurde herausgeschleudert und landete in der Tür oder einem anderen Hindernis, das man beseitigen wollte. Üblicherweise verwendete man als Projektile kurze, dicke Holzstücke, die zwar eine kurze Reichweite hatten, aber eine große Wucht beim Aufprall entwickelten. Eine Petarde zu bedienen war sehr gefährlich, da die Zünder damals mehr als unzuverlässig waren.

WEITERES BELAGERUNGSGERÄT

Ein Großteil der Ausrüstung für Belagerungen war einfach, aber erstaunlich effektiv. In den Händen fähiger Sappeure wurden simple Spaten und Hacken zu Werkzeugen, mit denen man ganze Festungen zu Fall bringen konnte.

Das sogenannte Sturmdach war ebenfalls sehr wichtig, wenn auch wenig spektakulär. Darunter verstand man die größere Version einer Pavese; es schützte Belagerungsmaschinen und Soldaten gleichermaßen bei der Verrichtung ihrer Arbeit – allerdings nur passiv, da es zu groß war, um rasch in eine andere Richtung bewegt zu werden. Um ein Sturmdach aufzubauen, bedurfte es mehrerer Männer. Doch trotz dieser Einschränkungen verhinderte das Sturmdach, dass die Angreifer beim Bedienen ihrer Maschinen allzu große Verluste erlitten.

HILFSGERÄT

STURMDACH

Das Sturmdach war ein großer, halb-beweglicher Schild aus Holz oder anderem Material. Man nutzte es als Schutzschild etwa für Bogenschützen, die über die Befestigungsmauern schossen, für Belagerungsmaschinen und auch Sappeure. Das Sturmdach wurde bei Bedarf aufgebaut, abgebaut und an einem anderen Ort wieder aufgebaut; es konnte auch von mehreren starken Männern getragen werden und bot ein mobiles Schutzschild, wenn sich eine Einheit beispielsweise den Burg- oder Stadtmauern näherte. Sturmdächer waren auch sehr hilfreich, wenn eine Truppe einen Graben auffüllte.

RAMMBOCK

Man konnte zwar auch bloß mit einem Baumstamm gegen eine Mauer oder ein Tor anrennen, doch hatte ein Rammbock entscheidende Vorteile. Er hing frei beweglich an einem Gestell – manchmal mit Rädern –, das seinerseits abgedeckt werden konnte. So waren die Männer geschützt, wenn sie den Baumstamm wieder und wieder gegen die Mauer rammten.

EINEN BURGGRABEN ÜBERBRÜCKEN

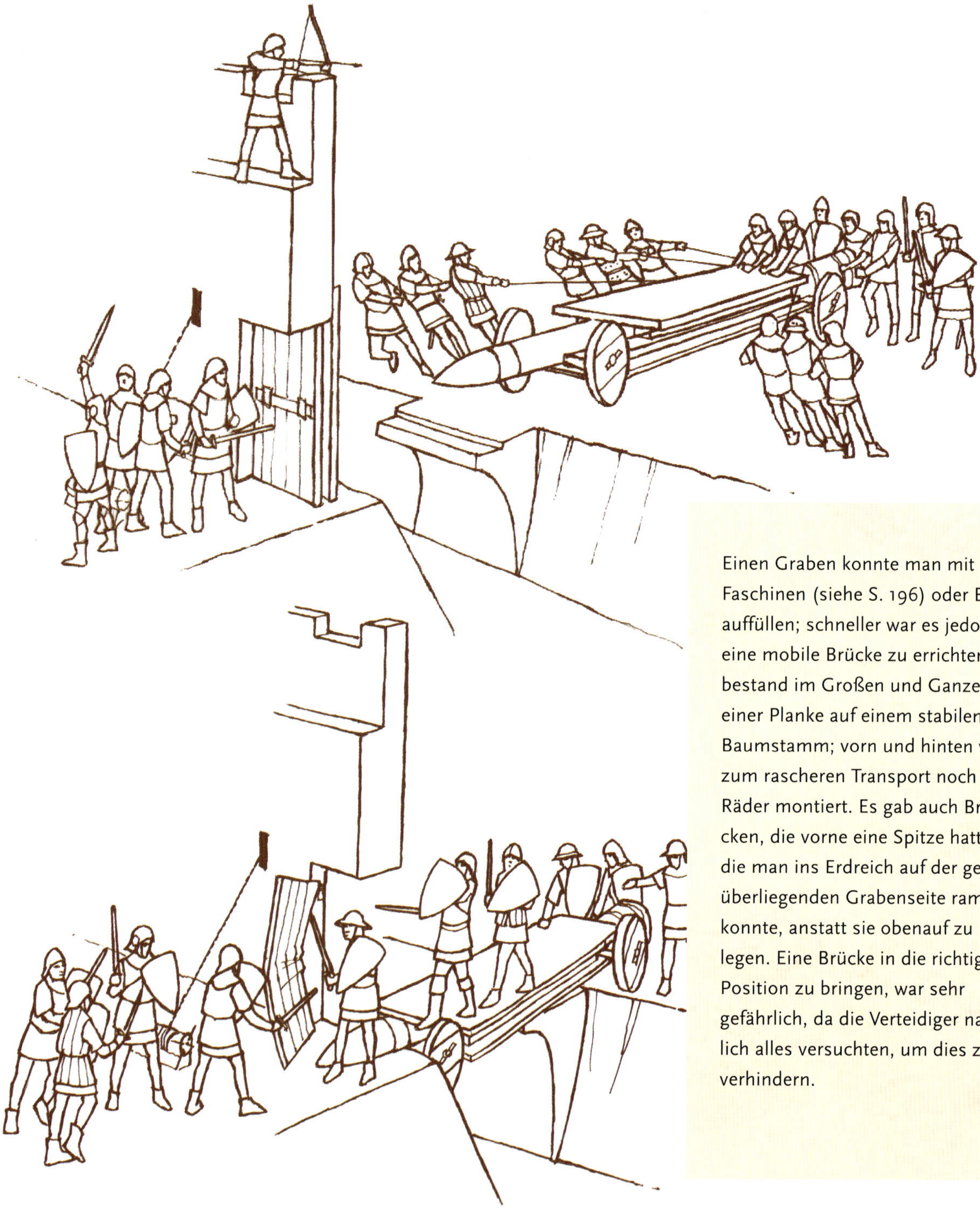

Einen Graben konnte man mit Faschinen (siehe S. 196) oder Erde auffüllen; schneller war es jedoch, eine mobile Brücke zu errichten. Sie bestand im Großen und Ganzen aus einer Planke auf einem stabilen Baumstamm; vorn und hinten waren zum rascheren Transport noch Räder montiert. Es gab auch Brücken, die vorne eine Spitze hatten, die man ins Erdreich auf der gegenüberliegenden Grabenseite rammen konnte, anstatt sie obenauf zu legen. Eine Brücke in die richtige Position zu bringen, war sehr gefährlich, da die Verteidiger natürlich alles versuchten, um dies zu verhindern.

Um Männer oder Maschinen, die in der Nähe des Feindes arbeiten mussten, zu schützen, bediente man sich auch sogenannter Faschinen. In diesem Zusammenhang sind damit mit Erde gefüllte Körbe gemeint, aus denen man schnell Schutzwälle errichten konnte. Man positionierte zunächst die leeren Körbe und füllte sie dann mit Erde auf; dazu brauchte man kein Fachpersonal, und die entbehrlichen Männer kamen meist auch ums Leben. In der Regel mussten diese Aufgabe Bauern oder Zivilisten erfüllen.

Um Mauern oder Tore zu durchbrechen, war der Rammbock unentbehrlich. Er bestand aus einem schweren Baumstamm, den man manchmal noch mit einer Metallkappe versah und in einem

Gegenüber: *Die Darstellung (15. Jh.) zeigt die Belagerung von Rhodos. Die Türken konnten die Ritter des Malteserordens schließlich vertreiben – auf Malta gelang ihnen dies nicht.*

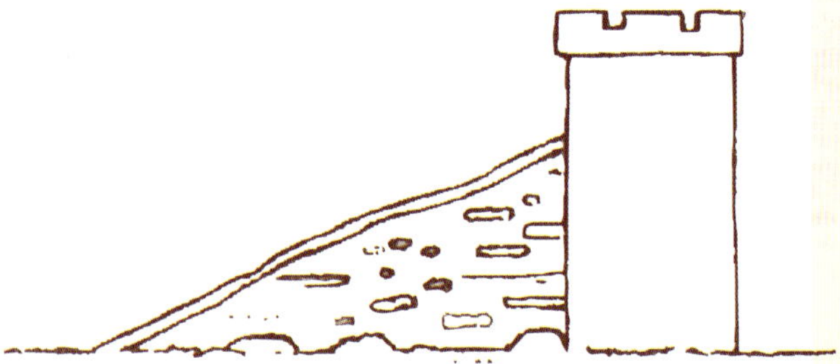

EINE RAMPE BAUEN

Mit einer Rampe konnte man zwar mühelos eine Mauer erklimmen, die Rampe zu bauen war jedoch sehr zeitaufwendig und gefährlich. Manchmal verwendete man eine niedrige Rampe als Basis für eine Sturmleiter. Der Begriff »Rampe« bezog sich zudem auf eine freie Fläche vor den Befestigungsanlagen, auf der man einen Rammbock oder Belagerungsturm postieren konnte.

fahrbaren Gestell frei beweglich aufhängte. Eine Leder- oder Holzabdeckung schützte vor feindlichen Pfeilen. Man rollte das Gestell zum Ziel und rammte den Baumstamm immer wieder dagegen. So konnte man Tore durchbrechen und Steine aus Mauern schlagen.

Einen ähnlichen Effekt erzielte man natürlich auch, wenn man nur einen Baumstamm verwendete und damit auf das Ziel einhämmerte, doch waren die Männer dabei ungeschützt. Völlig improvisierte Rammböcke ließen an Effektivität sehr zu wünschen übrig und wurden vom Feind in der Regel in kurzer Zeit zerstört.

Manchmal wurde der Rammbock auch im unteren Bereich eines Belagerungsturms montiert. Dieser bestand aus Holz und hatte Räder; er ermöglichte es den Angreifern, aus erhöhter Position zu schießen und die oberen Stockwerke von Verteidigungsanlagen zu erreichen. Sie konnten mithilfe einer Zugbrücke sogar ganz oben auf die Mauer gelangen – an den Flanken waren sie vom Turm selbst geschützt, und von oben gaben ihnen Bogenschützen Deckung.

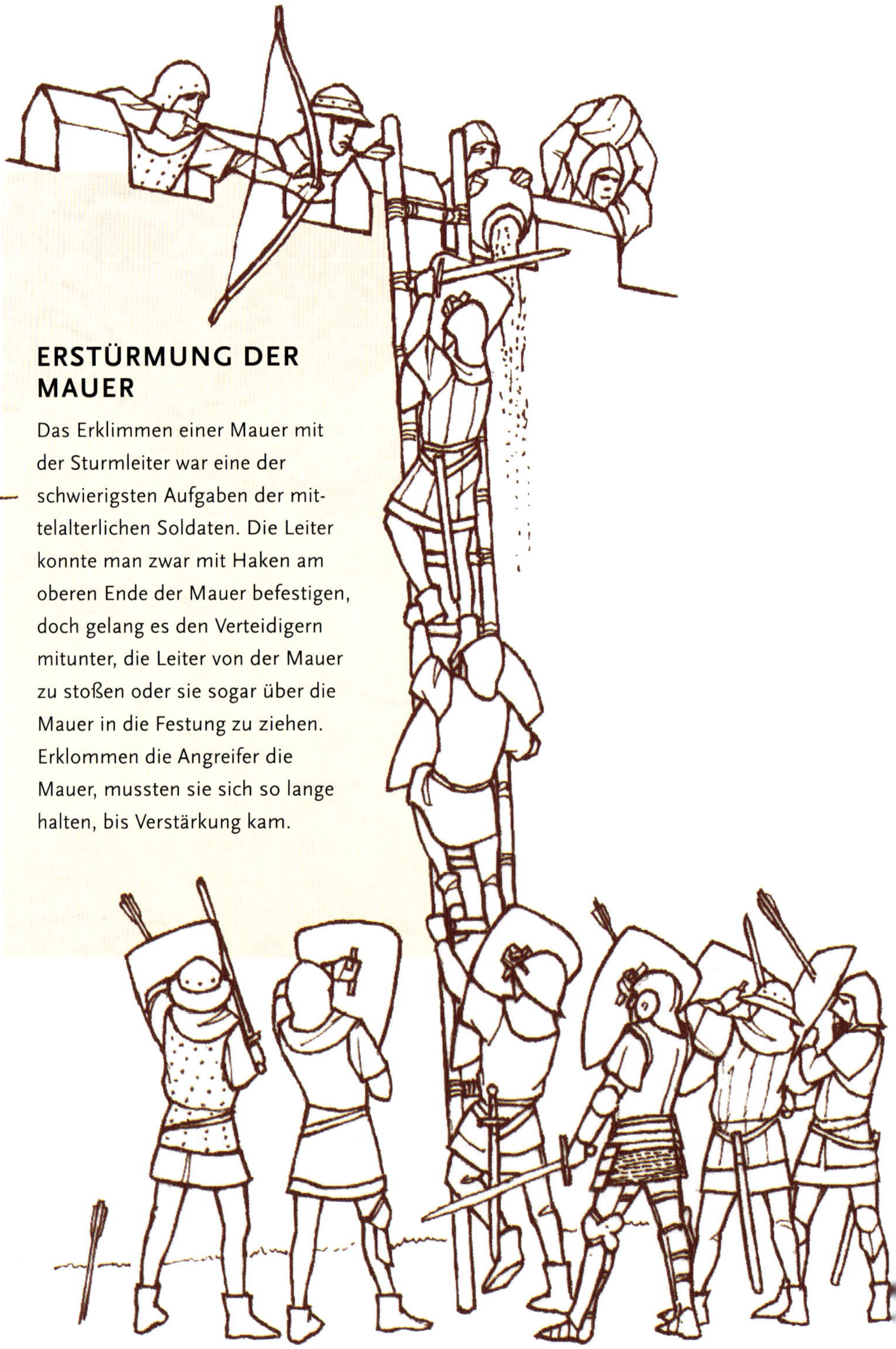

ERSTÜRMUNG DER MAUER

Das Erklimmen einer Mauer mit der Sturmleiter war eine der schwierigsten Aufgaben der mittelalterlichen Soldaten. Die Leiter konnte man zwar mit Haken am oberen Ende der Mauer befestigen, doch gelang es den Verteidigern mitunter, die Leiter von der Mauer zu stoßen oder sie sogar über die Mauer in die Festung zu ziehen. Erklommen die Angreifer die Mauer, mussten sie sich so lange halten, bis Verstärkung kam.

GRÖSSERE STURMDÄCHER

Vom Sturmdach gab es auch eine größere Version, hinter der sich z. B. mehrere Bogenschützen auf einmal postieren konnten. Zudem schützte ein großes Sturmdach Belagerungsmaschinen vor feindlichem Feuer von der Flanke. Da die Sturmdächer sehr schwer waren, verfügten sie meist über Räder; sollte das Sturmdach bewegt werden, stellten sich die Bogenschützen auf die hölzernen Vorsprünge am Boden. Geräte dieser Art machten viele Vorteile wett, die die Verteidiger einer Burg oder Stadt aufgrund ihrer geschützten Position hatten.

Um einen Belagerungsturm möglichst nah an die Festungsmauer oder das Tor heranzubringen, musste man zuerst den Burggraben auffüllen oder überbrücken. Das konnte auf verschiedene Art und Weise geschehen, etwa mithilfe sogenannter Faschinen. In diesem Zusammenhang sind damit Reisigbündel gemeint, die man in den Graben warf und wenn möglich mit Erde bedeckte, um die Stabilität zu erhöhen.

Auch Erdrampen ebneten den Weg für Belagerungstürme; sie hatten zudem den Vorteil, dass man damit die Höhe des Turms an das Ziel anpassen konnte. Zwar war die Errichtung einer solchen Rampe sehr zeitaufwendig und gefährlich, doch stand sie einmal, konnten die Belagerer angreifen.

Ein ebenfalls weit verbreitetes Belagerungsgerät war die Sturmleiter. Sie wurde vor Ort aus Holz gezimmert und diente den Angreifern zum Erstürmen der Festungsmauer. Ein solcher Angriff musste allerdings entweder überraschend erfolgen oder eine gute Deckung erhalten.

Dennoch war das Erstürmen der Mauer eine höchst riskante Angelegenheit. Die größte Aussicht auf Erfolg versprach ein gleichzeitiger Versuch, die Mauer bzw. ein Tor zu durchbrechen, oder die Unterstützung durch einen Belagerungsturm. So mussten die Verteidiger an mehreren Fronten gleichzeitig kämpfen, und die Angreifer hatten eine größere Chance, ihre Position auf der Mauer zu halten. Waren erst einmal genug Angreifer auf der Mauer, konnten sie den Kameraden an anderen Abschnitten der Mauer zu Hilfe eilen oder in die eigentliche Festung vordringen.

Meist waren die Verluste bei einem solchen Erstürmungsversuch jedoch sehr hoch. Gab es zu wenig Leitern, boten die am unteren Ende der Mauer wartenden Soldaten leichte Ziele, und die Verteidiger nahmen oben jeden Angreifer einzeln in Empfang.

WIDERSTAND UND KAPITULATION

Nach einem erfolgreichen Angriff kam es oft zu Übergriffen und Plünderungen. Die Männer hatten harte Entbehrungen und oft auch schwere Verluste hinnehmen müssen, sie hatten ihr Leben riskiert und erachteten Plünderungen gewissermaßen als Entschädigung dafür. Doch nicht nur Raubzüge und Vergewaltigungen waren an der Tagesordnung; manchmal hielten es die Angreifer auch für ihr gutes Recht, alle Gegner inklusive der zivilen Bewohner der Burg oder Stadt hinzurichten.

Aus diesem Grund waren beide Seiten daran interessiert, eine Kapitulation auszuhandeln. Zeichnete sich ab, dass ein Angriff der Belagerer mit aller Wahrscheinlichkeit erfolgreich sein würde, hatten die Verteidiger die Wahl, was als Nächstes geschehen sollte. Ergaben sie sich, verlor keiner sein Gesicht; ergaben sie sich nicht und war der Angriff erfolgreich, mussten die Verteidiger auch die Konsequenzen tragen. Der Vorstellung von Ritterlichkeit entsprach das zwar nicht, doch war es gängige Praxis. Plünderungen ließen sich ohnehin kaum vermeiden; hatten die Soldaten einmal Blut geleckt, waren sie schwer wieder unter Kontrolle zu bringen.

Im Falle des Widerstands griffen die Verteidiger ihrerseits auf Gerätschaften zurück, mit denen sie entweder die Belagerungsmaschinen zerstören oder die jeweilige Besatzung töten konnten. So warfen sie sich etwa nasses Leder über,

Der Stich erzählt vom Tod des letzten byzantinischen Kaisers, Konstantins XI., als die Osmanen im Jahr 1453 die befestigte Stadt Konstantinopel einnahmen.

VERTEIDIGUNG DER MAUER

Meist waren auf der Mauer Bogen- und Armbrustschützen sowie Soldaten mit Handfeuerwaffen postiert. Sie sollten den Feind mit seinen Sturmleitern, Rammböcken und anderem Belagerungsgerät abwehren. Handfeuerwaffen waren besonders praktisch, da sie wenig Raum beanspruchten – ein kleines Loch für den Lauf reichte schon. Man konnte die Waffe aber auch auf der Mauer ablegen; durch die stabilere Haltung traf der Schütze besser. Die kurze Reichweite der Waffe stellte kaum ein Problem dar, da sich der Feind der Mauer ja näherte.

mit dem sie Brandpfeile abwehrten. Gegen Rammböcke schützten sich die Verteidiger, indem sie mit Wolle gefüllte Säcke an der entsprechenden Stelle der Mauer oder am Tor herabließen.

Mitunter verwendete man auch lange Stangen mit Haken, um den Rammbock festzuhalten oder umzukippen. Mit den gleichen Haken gingen die Verteidiger auch gegen den Feind selbst vor, den sie über die Mauer hievten und töteten.

Auch heiße Flüssigkeiten stellten eine effektive Verteidigungsmaßnahme dar. Siedendes Öl oder flüssiges Blei verwendete man entgegen der landläufigen Vorstellung kaum – kochendes Wasser tat es auch und war viel billiger. Heißer Sand war besonders tückisch: Er speicherte Hitze sehr lange und drang in jede Rüstung ein.

DER ANGRIFF

Wenn alle anderen Maßnahmen versagt hatten und ein Angriff erfolgte, mussten sich die Verteidiger so gut wie möglich hinter den zerstörten Toren und Mauern verbarrikadieren und die Angreifer im Nahkampf abwehren. Ein an den Feind verlorenes Tor musste man unter allen Umständen zurückerobern, sonst war das Schicksal der ganzen Festung rasch besiegelt.

Fiel die äußere Mauer, konnte man immer noch auf die inneren Befestigungsanlagen hoffen. Bei vielen mittelalterlichen Burgen war die Anlage in einen äußeren und einen inneren Bereich aufgeteilt; oft stellte ein Bergfried oder eine Zitadelle im Kern der Anlage den letzten Zufluchtsort dar. Einige Burgen verfügten auch über mehrere solcher Zufluchtsorte, an die sich die Verteidiger zum letzten Gefecht zurückziehen konnten.

Nur wenige Zitadellen hatten ein Tor auf Erdgeschosshöhe; in die meisten Zitadellen gelangte man nur über eine Treppe. Dies machte Rammböcke nutzlos. Auch waren die Zitadellen mit hohen Türmen ausgestattet, von denen aus die Bogenschützen auf den Feind auf den äußeren Befestigungsanlagen schießen konnten. Zudem waren sie so steil, dass man sie mit Sturmleitern nicht erklimmen konnte.

Hatten sich die Verteidiger jedoch in die Zitadelle zurückgezogen, saßen sie dort auch in der Falle. Sie konnten nur hoffen, dass Wasser und Lebensmittel so lange reichten, bis Verstärkung nahte. Viele Belagerungen endeten mit einer Kapitulation, obwohl es der Großteil der Verteidiger bis in die Zitadelle geschafft hatte. Konnten dann noch günstige Bedingungen ausgehandelt werden, sprach kaum noch etwas für Widerstand. Es kam sogar vor, dass die Belagerten sich ergaben, obwohl sie kaum auf Gnade hoffen konnten.

Doch so weit kam es im Allgemeinen gar nicht. Eine Kapitulation war nur dann undenkbar, wenn das sichere Massaker bevorstand oder doch noch Rettung von außen erwartet wurde; dann kämpften die Verteidiger bis zum Tod. Normalerweise jedoch war eine ehrenvolle Kapitulation die bessere Alternative. Andererseits führten auch die Belagerer nur im absoluten Notfall einen Angriff aus – wenn eine Ret-

In Vorbereitung auf den Zweiten Kreuzzug trafen sich 1147 zahlreiche Ritter mit Ludwig VII. und Papst Eugen III.; der Kreuzzug führte auch zur Rückeroberung Lissabons.

tungsarmee nahte, wenn sich die politischen Umstände änderten, wenn der Winter besonders hart war oder wenn im Lager eine Seuche ausbrach. Und meist standen diese »Zwangsangriffe« unter keinem guten Stern, denn auch die Verteidiger wussten, dass die Angreifer nicht gerade gute Karten hatten – was die Moral der Belagerten wiederum stärkte.

Der französische Marschall de Tavennes verglich die Städte und Festungen eines Landes mit Herz und Eingeweiden. Dort musste man sie angreifen – entweder direkt oder durch eine Belagerung. Schlachten waren zwar wichtig, wurden aber in der Regel nur ausgetragen, um über den Ausgang einer Belagerung zu entscheiden. Erst mit der Erstürmung oder der Übergabe einer Festung oder Stadt war die Angelegenheit wirklich geregelt. Das Schicksal ganzer Königreiche hing vom Durchhaltevermögen der Belagerer und Belagerten ab, nicht von einer hitzig ausgefochtenen Schlacht.

LISSABON, 1147

Im 8. Jahrhundert n. Chr. hatten die nordafrikanischen Mauren einen Großteil der Iberischen Halbinsel erobert; auch in den nachfolgenden Jahrhunderten blieb das Land fest in maurischer Hand. In vielen Gegenden hatten die Mauren Festungen errichtet, die die Christen während der sogenannten Reconquista zurückzuerobern versuchten. Dadurch erlebte das Land eine nicht abreißende Folge kleinerer Scharmützel, wenn nicht gar richtiggehender Kriege.

Lissabon war zu dieser Zeit eine große, wohlhabende und gut befestigte Siedlung. Dennoch erhielt eine Streitmacht von Kreuzfahrern den Auftrag, die Stadt einzunehmen. Die Kreuzfahrer waren von England aus auf dem Weg ins Heilige Land und segelten die Iberische Küste entlang. Als sie an Land gingen, um ihre Vorräte aufzustocken, bat man sie, Lissabon zurückzuerobern.

Was genau die Kreuzfahrer dazu bewegte, auf die Bitte einzugehen, ist nicht bekannt. Die Religion und der Reichtum der Stadt spielten sicherlich eine Rolle. Auch waren solche »Umwege« zur Zeit der Kreuzzüge keine Seltenheit; überall begab man sich auf Nebenfeldzüge, die mit dem eigentlichen Ziel – Jerusalem – nicht das Geringste zu tun hatten.

Mit Unterstützung einheimischer Truppen bezogen die Kreuzfahrer in der Nähe der Stadtmauern Position. Die Belagerung Lissabons begann am 1. Juli 1147; zunächst beschäftigte man sich jedoch ausschließlich damit, welcher Kreuzfahrerkommandeur wofür zuständig war.

Der anglo-normannische Teil der Truppen sollte sich um den Westsektor kümmern, die flämischen und deutschen Kreuzritter um den Osten und die einheimischen Portugiesen um den Norden. Vielleicht hätte man Lissabon aushungern können – die Versorgung einer so großen Stadt war viel schwieriger als die einer Burg. Doch wollten sich die Kreuzfahrer weder so lange Zeit nehmen noch war auszuschließen, dass Verstärkung unterwegs war. So also einigte man sich auf die Erstürmung der Stadt. Die kleineren Siedlungen außerhalb der Stadtmauern griffen die Kreuzfahrer zuerst an. Den Bogen- und Armbrustschützen gelang es gemeinsam mit der Infanterie, die muslimischen Verteidiger abzuwehren, die sich hinter die Stadtmauern zurückzogen. Das allerdings war nur das Vorspiel zur eigentlichen Belagerung.

Eines der größten Probleme stellten die Stadtmauern dar, die die Kreuzfahrer nun mit Trébuchets anzugreifen versuchten. Die Mauren antworteten, indem sie die Kreuzfahrer mit leichteren Maschinen unter Beschuss setzten und einige Ausfäl-

Die Kreuzzüge erforderten viel logistisches Geschick. In dieser Darstellung (12. Jh.) werden Galeeren als Fähren für die Krieger benutzt.

le wagten – teilweise erfolgreich, denn einer Truppe gelang es, fünf Trébuchets niederzubrennen. Die Kreuzfahrer setzten ihren Beschuss der Stadtmauern fort.

In der Hoffnung, die Dinge zu beschleunigen, wagten die Kreuzritter nun auch einen direkten Angriff. Sie bauten einen hohen Belagerungsturm, mit dem sie allerdings im weichen Erdboden stecken blieben. Nach vier Tagen Artilleriebeschuss war der Turm zerstört. Die Kreuzfahrer bauten einen zweiten Turm – und erreichten die Stadtmauern. Hätten sie auch eine ordentliche Rampe für den Turm gebaut, wäre er sicherlich effektiver gewesen; doch die Belagerer standen unter Zeitdruck. Danach nahm die Belagerung ihren gewohnten Lauf: Die Stadtmauern konnten dem Artilleriefeuer der Kreuzfahrer gut standhalten. Viele ihrer portugiesischen Verbündeten kehrten nach Hause zurück, um die Ernte einzubringen. Deshalb entschieden sich die Kreuzfahrer für einen zweiten Angriff: Sie gruben Tunnel durch den felsigen Untergrund. Die meisten entdeckte man, doch einer wurde am 16. Oktober unter der Stadtmauer zu einer Höhle ausgeweitet.

Als man die Strebebalken in der Höhle in Brand steckte, stürzte der Tunnel ordnungsgemäß ein und mit ihm auch ein Teil der Stadtmauer. Die Kreuzfahrer stürmten voran, trafen jedoch auf erbitterten Widerstand; den Mauren gelang es, das Loch in der Mauer zu verbarrikadieren.

Daraufhin errichteten die Kreuzfahrer einen dritten Belagerungsturm, der diesmal mit Sturmdächern ausgerüstet war, der die Männer darauf und darunter schützte. Am 20. Oktober wollten sie den Turm an der Mauer in Position bringen; bevor sie ihn jedoch nutzen konnten, wurden sie von der steigenden Flut von ihrem Ziel abgeschnitten – ein fataler, geradezu lächerlicher Fehler.

GEGENANGRIFF

Am 21. Oktober griffen die Mauren den Turm an. Nach 36 Stunden Kampf waren die Kreuzfahrer jedoch noch immer nicht besiegt, und die Moral der Verteidiger sank. Nach über vier Monaten Belagerung wurden auch sie nun allmählich mürbe.

Abgesehen davon, spielte sicherlich auch die Tatsache eine Rolle, dass die Kreuzfahrer offensichtlich gar nicht daran dachten, die Belagerung aufzugeben und ins Heilige Land zu ziehen. Sie hatten ihre Schiffe am Strand in Sicherheit gebracht und die Segel verstaut. Ob nun Täuschungsmanöver oder Vorsichtsmaßnahme angesichts des drohenden Winters – die Geste hatte Erfolg. Den letzten Ausschlag gab die Nachricht, dass keine Verstärkungsarmee zur Rettung der Stadt unterwegs war. Die Kreuzfahrer hatten den Boten zwar abgefangen, ihn aber mit

Der zinnenbewehrte Turm der Burg von Lissabon heute. Dass viele vor Hunderten von Jahren errichtete Befestigungsanlagen heute noch existieren, zeugt von ihrer soliden Bauweise.

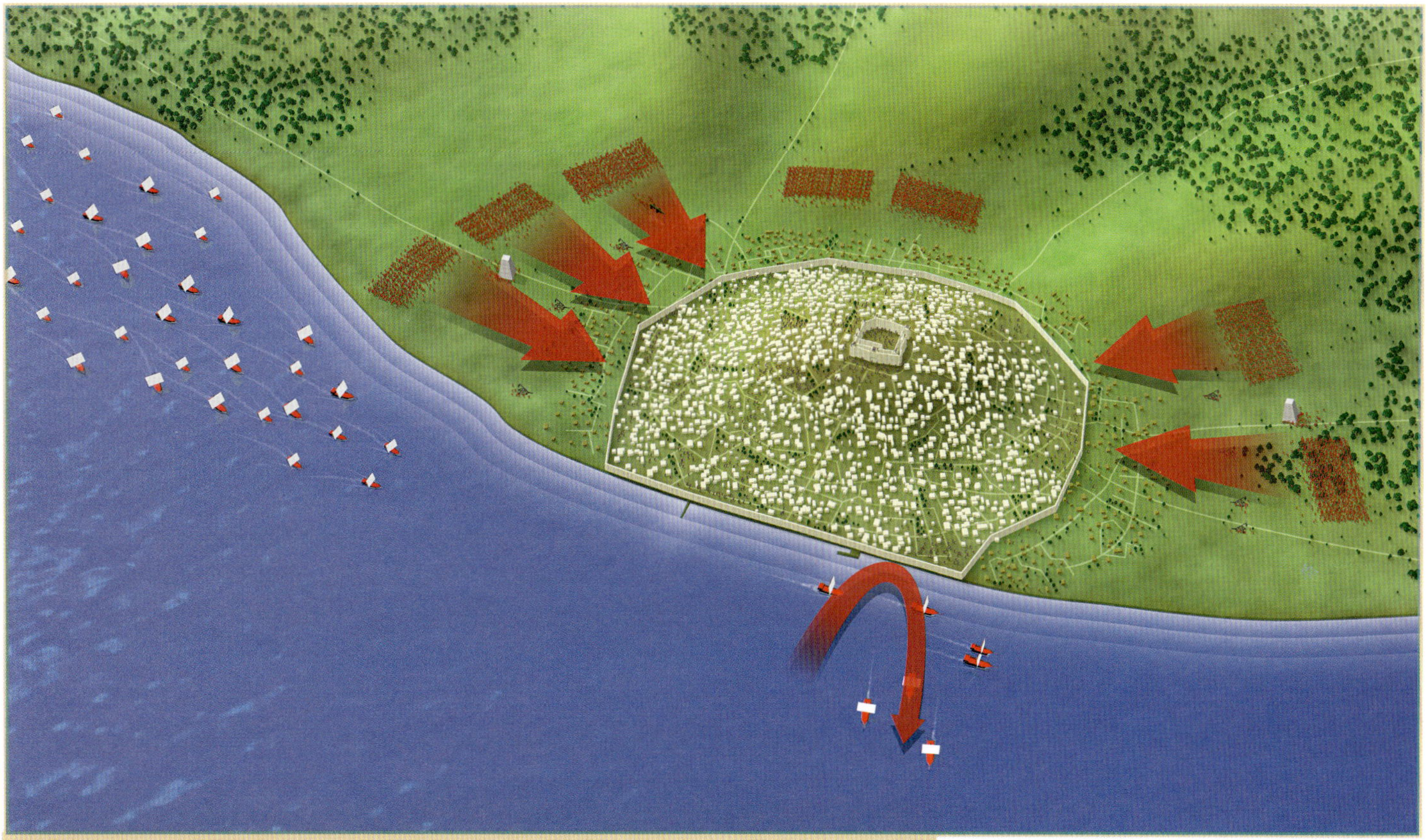

DIE BELAGERUNG LISSABONS, 1147

Der Angriff der Kreuzfahrer auf die von den Mauren besetzte Stadt Lissabon war typisch für die »Umwege«, zu denen es auf den Kreuzzügen oft kam. Die Stadt war ausgezeichnet befestigt, und die Mauren waren zu allem entschlossen; deshalb zog sich die Belagerung lange hin, obwohl die Mauren schließlich kapitulierten.

dieser Nachricht umgehend unversehrt zu den Mauren geschickt, wo er am 21. Oktober ankam.

Mit dem Belagerungsturm vor den Toren der Stadt und einem Feind, der augenscheinlich dazu entschlossen war, die Belagerung endlos in die Länge zu ziehen, begannen die Mauren zu verhandeln. Dies kam den Belagerern sehr entgegen, die eigentlich schon längst im Heiligen Land hätten sein sollen. Man einigte sich darauf, die Stadt und ihre Bewohner zu schonen.

Aufgrund des Gerüchts riesiger Reichtümer kam es dann aber dennoch zu Plünderungen; zudem brachen Streitigkeiten zwischen den Kreuzfahrern aus, wer die – nicht existierenden – Schätze denn nun behalten dürfe; so also machte man Lissabon schließlich doch dem Erdboden gleich.

Der portugiesische König Alfons I. (1109–1185) war eng in die Reconquista verstrickt, bei der die Christen versuchten, die Iberische Halbinsel von den Mauren zurückzuerobern.

QUELLEN

Asbridge, Thomas S. *The First Crusade: A New History.* New York: Oxford University Press, 2004.

Aubrey, B. *God's Heretics.* Stroud: Sutton Publishing Ltd, 2002.

Bennett, Matthew & Hooper, Nicholas. *Cambridge Illustrated Atlas.* »Warfare: The Middle Ages 768–1487«. Cambridge: Cambridge University Press, 1996.

Bennett, Matthew. »The Development of Battle Tactics in the Hundred Years War« in *Arms, Armies and Fortifications in the Hundred Years War,* Anne Curry und Michael Hughes (Hrsg.). Woodbridge, Suffolk: The Boydell Press, 1994.

Boardman, Andrew W. *The Medieval Soldier in the Wars of the Roses.* Stroud: Sutton Publishing Ltd, 1998.

Boss, Roy. *Justinian's Wars: Belisarius, Narses and the Reconquest of the West.* Stockport: Montvert Publications, 1993.

Bradbury, Jim. *Philip Augustus, King of France 1180–1223.* Harlow: Addison Wesley Longman Ltd., 1998.

Bradbury, Jim. *The Medieval Siege.* Woodbridge, Suffolk: The Boydell Press, 1992.

Bradbury, Jim. *The Routledge Companion to Medieval Warfare.* London: Routledge, Taylor and Francis Group, 2004.

Brown, R. Allen (Hrsg.). *Castles, A History and Guide.* Poole: Blandford Press, 1980.

Brown, R. Allen. *English Castles.* 3. Auflage. London: B.T. Batsford Ltd, 1976.

Burl, Aubrey. *God's Heretics.* Sutton, UK: Stroud, 2002.

Burne, Alfred H. *The Agincourt War: A Military History of the Latter Part of the Hundred Years War from 1369 to 1453.* London: Eyre and Spottiswoode, 1956.

Burne, Alfred H. *The Crecy War: A Military History of the Hundred Years War from 1337 to the Peace of Bretigny, 1360.* London: Eyre and Spottiswoode, 1955.

Contamine, Philippe. *War in the Middle Ages.* Übersetzt von M. Jones. Oxford: Basil Blackwell, 1984.

Cowper, Marcus. *Cathar Castles.* Oxford: Osprey Publishing Ltd, 2006.

Delbrück, H. *History of the Art of War III: Medieval Warfare.* Lincoln: University of Nebraska Press, 1990.

DeVries, Kelly. *A Cumulative Bibliography of Medieval Military History and Technology.* History of Warfare, 8. Leiden: Brill, 2002 (Neuauflage 2005).

DeVries, Kelly. *Infantry Warfare in the Early Fourteenth Century: Discipline, Tactics, and Technology.* Woodbridge, Suffolk: The Boydell Press, 1996.

DeVries, Kelly. *Medieval Military Technology.* Peterborough: Broadview Press, 1992.

Forey, Alan. *The Military Orders: From the Twelfth to the Early Fourteenth Centuries.* Toronto: University of Toronto Press, 1992.

France, John. *Victory in the East: A Military History of the First Crusade.* Cambridge: Cambridge University Press, 1994.

France, John. *Western Warfare in the Age of the Crusades, 1000–1300.* Ithaca: Cornell University Press, 1999.

Friel, Ian. *The Good Ship: Ships, Shipbuilding and Technology in England 1200–1520.* Baltimore: Johns Hopkins University Press, 1995.

Gardiner, Robert (Hrsg.). *The Age of the Galley.* London: Conway Maritime Press, 1995.

Gardiner, Robert. *Cogs, Caravels and Galleons: The Sailing Ship, 1000–1650.* London: Conway Maritime Press, 1994.

Garmonsway, G. N. *The Anglo Saxon Chronicle.* London: J. M. Dent & Sons, 1975.

Gillmor, C. M. »The Introduction of the Traction Trebuchet into the Latin West«, *Viator,* xii, 1981, S. 1–8.

Gravett, C. *English Medieval Knight 1300–1400.* Oxford: Osprey Publishing, 2002.

Haldon, John. *Warfare, State and Society in the Byzantine World, 565–1204.* London: UCL Press, 1999.

Hattendorf, John B., und Richard W. Unger (Hrsg.). *War at Sea in the Middle Ages and the Renaissance.* Woodbridge, Suffolk: The Boydell Press, 2003.

Heath, Ian. *Armies of the Middle Ages,* Bd. 1. London: The Wargames Research Group, 1982.

Heath, Ian. *Armies of the Middle Ages,* Bd. 2. London: The Wargames Research Group, 1984.

Heath, Ian. *Armies of Feudal Europe 1066–1300.* London: The Wargames Research Group. 1978.

Houseley, Norman. *Crusading and Warfare in Medieval and Renaissance Europe.* Aldershot: Ashgate Variorum, 2001.

Hutchinson, Gillian. *Medieval Ships and Shipping.* Rutherford: Fairleigh Dickinson University Press, 1994.

Jenkins, R. P. »A Second Agincourt«, *Miniature Wargames* Nr. 3. London: Conflict Publications, 1983.

Kaeuper, Richard W. *Chivalry and Violence in Medieval Europe.* Oxford: Oxford University Press, 1999.

Keen, Maurice (Hrsg.). *Medieval Warfare: A History.* Oxford: Oxford University Press, 1999.

Keen, Maurice. *The Laws of War in the Late Middle Ages.* London: Routledge and Kegan Paul, 1965.

Kennedy, Hugh. *The Armies of the Caliphs: Military and Society in the Early Islamic State.* London: Routledge, 2001.

Kenyon, John R. *Medieval Fortifications.* New York: St. Martin's Press, 1990.

Mallett, Michael. *Mercenaries and their Masters: Warfare in Renaissance Italy.* Totowa: Rowman and Littlefield, 1974.

Marshall, Christopher. *Warfare in the Latin East, 1192–1291.* Cambridge: Cambridge University Press, 1992.

Miller, Douglas. *The Swiss at War 1300–1500.* Oxford: Osprey Publishing, 1979.

Newark, Tim, *Medieval Warlords,* Poole. UK: Blandford Press, 1987.

Nicolle, David C. *Arms & Armour of the Crusading Era, 1050–1350.* London: Greenhill Books, 1998.

Nicolle, David C. *Medieval Siege Weapons (1).* Oxford: Osprey Publishing, 2002.

Nicolle, David C. *Medieval Warfare Source Book.* Bd. 1: *Warfare in Western Christendom.* London: Brockhampton Press, 1995.

Nicolle, David C. *Medieval Warfare Source Book.* Bd. 2: *Christian Europe and its Neighbours.* London: Brockhampton Press, 1996.

Nicholson, Helen. *Medieval Warfare: Theory and Practice of War in Europe, 300–1500.* Houndmills: Palgrave Macmillan, 2004.

Oman, Sir Charles. *A History of the Art of War in the Middle Ages 378–1485* (2 Bde.) London: Greenhill Books, 1991.

Prestwich, Michael. *Armies and Warfare in the Middle Ages: The English Experience.* New Haven: Yale University Press, 1996.

Pryor, John H. *Commerce, Shipping and Naval Warfare in the Medieval Mediterranean.* London: Variorum Reprints, 1987.

Queller, Donald E. *The Fourth Crusade: The Conquest of Constantinople, 1201–1204.* Philadelphia: University of Pennsylvania Press, 1977.

Robson, Brian. *The Road To Kabul.* Staplehurst, Kent: Spellmount, 2003.

Rodger, N. A. M. *The Safeguard of the Sea: A Naval History of Great Britain.* Bd 1: *660–1649.* London: Harper Collins, 1997.

Rogers, R. *Latin Siege Warfare in the Twelfth Century.* Oxford: Clarendon Press, 1992.

Runciman, Steven. *The Fall of Constantinople, 1453.* Cambridge: Cambridge University Press, 1965.

Smail, R. C. *Crusading Warfare (1097–1193).* Cambridge: Cambridge University Press, 1956.

Strickland, Matthew. *War and Chivalry: The Conduct and Perception of War in England and Normandy, 1066–1217.* Cambridge: Cambridge University Press, 1996.

Strickland, Matthew. *Anglo-Norman Warfare: Studies in Late Anglo-Saxon and Anglo-Norman Military Organization and Warfare.* Woodbridge, Suffolk: The Boydell Press, 1992.

Sumption, Jonathan. *The Hundred Years War.* Bd. 1: *Trial by Battle.* Philadelphia: University of Pennsylvania Press, 1990.

Turnbull, Stephen. *Mongol Warrior 1200–1350.* Oxford: Osprey Publishing, 2003.

Turnbull, Stephen. *The Hussite Wars 1419–36.* Oxford: Osprey Publishing, 2004.

Tzu, Sun. *The Art of War.* London: Oxford University Press, 1963.

Vale, Malcolm. *War and Chivalry: Warfare and Aristocratic Culture in England, France and Burgundy at the End of the Middle Ages.* Athens, Georgia: University of Georgia Press, 1981.

Verbruggen, J. F. *The Art of Warfare in Western Europe during the Middle Ages.* Woodbridge, Suffolk: The Boydell Press, 1997.

REGISTER

BILDNACHWEIS

Alle Karten und Schwarz-Weiß-Zeichnungen von JB Illustrations.

AKG-Images: 22, 42, 56/57 & 70 (British Library), 71, 75 & 81 (British Library), 86(o) (Jérôme da Cunha), 115 (British Library), 117 (Electa), 121(l), 135 (Jérôme da Cunha), 144(r), 149 & 154 (Erich Lessing), 170, 192 & 204 (Erich Lessing)

Art Archive: 76(o) (Gianni Dagli Orti/Musée Condé Chantilly), 106/107 (Alfredo Dagli Orti/Biblioteca Nazionale Marciana), 153(l)

Art-Tech: 11, 202(alle)

Art-Tech/MARS: 29, 146(l), 191

Board of Trustees of the Armouries: 24, 43, 44(r), 53, 62, 67(l&r), 79, 97, 114(l&r), 116, 121(r), 123(o&u), 158

Bridgeman Art Library: 6/7 (Peter Willi), 33 (Bibliotheque Nationale), 69 (Archives Charmet), 88, 93 (British Library), 103 (Stadt Bayeux), 124 (K. Savitsky Art Museum), 147(l) (Stadt Bayeux), 156 (Museum of London), 186 & 196 (Bibliotheque Nationale)

Cody Images: 14, 32(r), 74(u), 112, 145, 164

Corbis: 8/9 (Jonathan Blair), 17 (Gallery Collection), 23 (Art Archive), 32(l) (Historical Picture Archive), 34 (Gianni Dagli Orti), 78 (Art Archive), 94/95, 184 (Christel Gerstenberg), 187 (Julia Waterlow/Eye Ubiquitous), 190 (Philippa Lewis/Edifice)

De Agostini: 194/195 (G. Dagli Orti)

Dorling Kindersley: 26, 44(l), 47(l&or), 52, 64, 86(u), 146(r), 148, 155, 194(o)

Dreamstime: 47(ur) (Lilsqueaky59), 74(o) (Kovalvs), 98 (Creativefire)

Getty Images: 40, 48, 80, 96, 105(b) (Time Life Pictures), 132, 134 (Gustave Dore), 137 (Time Life Pictures), 153(r), 210, 214, 215

Heritage Image Partnership: 10 (British Library), 12/13 (Print Collector), 14/15 (Art Media), 20 (Print Collector), 65 (British Library), 68(alle) (Print Collector), 72 & 76(u) (British Library), 144(l) (Print Collector), 163 & 169 (British Library), 172/173 (British Library), 174 & 176 (British Library), 178 & 182 (British Library), 193 (British Library), 211 (Art Media)

Mary Evans Picture Library: 25, 30, 90, 104, 105(o), 140, 143, 147(r), 161 (Grosvenor Prints), 165, 212/213

Nationalmuseum, Stockholm: 129, 131

Photos12.com: 126 (Collection Cinéma), 138/139 & 141 (Oasis), 189 (ARJ)

Photos.com: 55, 100

TopFoto: 18/19 (British Library/HIP)